SUSTENTABILIDADE
O que está em jogo?

Dados Internacionais de Catalogação na Publicação (CIP)
(Câmara Brasileira do Livro, SP, Brasil)

Jacques, Peter
  Sustentabilidade : O que está em jogo? / Peter Jacques ; tradução de Guilherme Summa. – Petrópolis, RJ : Vozes, 2024.

  Título original: Sustainability.
  ISBN 978-85-326-6855-4

  1. Biodiversidade 2. Ecologia 3. Ética ambiental 4. Humanismo 5. Sustentabilidade I. Título.

24-205016   CDD-304.2

Índices para catálogo sistemático:

1. Sustentabilidade ambiental : Ecologia   304.2
Tábata Alves da Silva – Bibliotecária – CRB-8/9253

PETER JACQUES

SUSTENTABILIDADE
O que está em jogo?

Tradução de Guilherme Summa

EDITORA VOZES

Petrópolis

© 2021, Peter Jacques
Tradução autorizada da edição em língua inglesa, publicada pela Routledge, membro do Grupo Taylor & Francis.

Tradução do original em inglês intitulado *Sustainability – The Basics*

Direitos de publicação em língua portuguesa – Brasil:
2024, Editora Vozes Ltda.
Rua Frei Luís, 100
25689-900 Petrópolis, RJ
www.vozes.com.br
Brasil

Todos os direitos reservados. Nenhuma parte desta obra poderá ser reproduzida ou transmitida por qualquer forma e/ou quaisquer meios (eletrônico ou mecânico, incluindo fotocópia e gravação) ou arquivada em qualquer sistema ou banco de dados sem permissão escrita da editora.

CONSELHO EDITORIAL

Diretor
Volney J. Berkenbrock

Editores
Aline dos Santos Carneiro
Edrian Josué Pasini
Marilac Loraine Oleniki
Welder Lancieri Marchini

Conselheiros
Elói Dionísio Piva
Francisco Morás
Gilberto Gonçalves Garcia
Ludovico Garmus
Teobaldo Heidemann

Secretário executivo
Leonardo A.R.T. dos Santos

PRODUÇÃO EDITORIAL

Aline L.R. de Barros
Marcelo Telles
Mirela de Oliveira
Otaviano M. Cunha
Rafael de Oliveira
Samuel Rezende
Vanessa Luz
Verônica M. Guedes

Conselho de projetos editoriais
Luísa Ramos M. Lorenzi
Natália França
Priscilla A.F. Alves

Diagramação: Editora Vozes
Revisão gráfica: Bianca Guedes
Capa: Lara Gomes

ISBN 978-85-326-6855-4 (Brasil)
ISBN 978-0-367-36517-2 (Reino Unido)

Este livro foi composto e impresso pela Editora Vozes Ltda.

À minha amada Racine,
te amica mea totidem dies
quot ventus transiens gramen viride est

Sumário

Lista de imagens, 11

Prefácio da segunda edição, 13

Agradecimentos, 17

Introdução, 19

1 Sustentabilidade: o que está em jogo?, 39

1.1 O que está além dos portões de Roma? 39

1.2 O que é sustentabilidade? 43

1.3 Ponto de partida: responsabilidade e conhecimento . . 45

1.4 Mudança ambiental e social global 48

1.5 Resumo 60

1.6 Leitura complementar. 62

2 Os princípios da sustentabilidade, 65

2.1 Pesca do bacalhau e uma grande encrenca 65

2.2 Estrutura problemática da sustentabilidade. 68

2.3 Terreno contestado 71

2.4 Primeiros Princípios da sustentabilidade. 74

2.5 Sistemas de sustentação 79

2.6 Panarquia e o ciclo adaptativo 81

2.7 Resumo 94

2.8 Leitura complementar. 95

3 Resistência e ruína: um registro econômico, 97

3.1 O persistente fantasma de Malthus e as fantasias de Godwin 102

3.2 Percepções da política 108

3.3 O Relatório Brundtland: o registro do "desenvolvimento sustentável" 116

3.4 Resumo 124

3.5 Leitura complementar 126

4 Medição da sustentabilidade, 128

4.1 O Relógio do Juízo Final: sete... seis... cinco minutos para a meia-noite 128

4.2 Ponto de partida: como reconhecemos a sustentabilidade quando a vemos? 130

4.3 A pegada ecológica 132

4.4 Modelando a sustentabilidade 143

4.5 Índices 155

4.6 Heurística e metáforas 157

4.7 O tripé da sustentabilidade: avaliação categórica das decisões 173

4.8 Resumo 175

4.9 Leitura complementar 177

5 Ética, justiça, ordem moral e esquecimento, 179

5.1 Ponto de partida: a ética realmente importa para a sustentabilidade? 182

5.2 Humanismo sustentável 185

5.3 Desigualdade e justiça 187

5.4 Sistemas éticos e sustentabilidade 192

5.5 Agência e posição 196

5.6 Resumo 207

5.7 Leitura complementar 210

6 Política no fim do mundo, 212

6.1 Ponto de partida: que política mais provavelmente evitará a falha normativa? 216

6.2 Problemas de ação coletiva. 222

6.3 A trajetória da governança global para a sustentabilidade 231

6.4 As pessoas se preparam: sociedade civil, movimentos sociais e hegemonia 240

6.5 Resumo 245

6.6 Leitura complementar. 248

7 O colapso das civilizações e a Idade das Trevas, 249

7.1 Ponto de partida: as civilizações realmente colapsam?.. 253

7.2 Como ocorrem os colapsos? 256

7.3 Colapso de civilizações complexas 258

7.4 O ciclo adaptativo, panarquia e colapso 262

7.5 O declínio dos maias das terras baixas 263

7.6 Idade das Trevas. 269

7.7 Resumo 275

7.8 Leitura complementar. 277

Conclusão, 279

Glossário, 285

Referências, 295

Índice Remissivo, 321

Lista de imagens

Figuras

Figura 1 – Serviços ecossistêmicos e constituintes do bem-estar, 31

Figura 2 – Curva de Keeling do CO_2 atmosférico no Mauna Loa, Havaí, 56

Figura 3 – Panarquia do ciclo adaptativo, 85

Figura 4 – Curva de equilíbrio de crescimento da panarquia da pesca global, 86

Figura 5 – Crescimento da população mundial e taxas de crescimento populacional, 1700-2100, 104

Figura 6 – Pegada ecológica do mundo, 138

Figura 7 – Pegada ecológica do Marrocos, 140

Figura 8 – Pegada ecológica dos Estados Unidos, 142

Figura 9 – Os limites do crescimento, Cenário 1, execução padrão, também conhecida como *business as usual*, 150

Figura 10 – Fronteiras planetárias, 159

Figura 11 – Desigualdade de renda nos Estados Unidos (renda disponível), 1961-2017, 188

Figura 12 – Clássico reino dos maias das terras baixas, 264

Quadros

Quadro 1 – Princípios operacionais de Daly de desenvolvimento sustentável, 74

Quadro 2 – Os Primeiros Princípios da sustentabilidade, 77

Quadro 3 – Capacidade de carga: um parâmetro fundamental, 133

Tabelas

Tabela 1 – Fatores de qualidade de vida e objetivos futuros, 157

Tabela 2 – Limites planetários e zonas de incerteza, 160

Tabela 3 – Tipos básicos de recursos, 227

Tabela 4 – Variáveis para o colapso nos principais sistemas sociais, 268

Prefácio da segunda edição

Desde a primeira edição deste livro, realizamos algum progresso em direção a um mundo mais sustentável em alguns casos – por exemplo, com um tratado climático mínimo no Acordo de Paris (Capítulo 6) e os ambiciosos Objetivos de Desenvolvimento Sustentável (Capítulo 3). Em outros aspectos, o mundo se afastou cada vez mais da sustentabilidade com a escalada da perda e extinção de biodiversidade, aquecimento global e outras alterações planetárias que continuam inabaláveis (cf., p. ex., cap. 4).

Esta edição foi redigida durante um período de grande turbulência global. Um coronavírus agressivo, a covid-19, espalhou-se pelo mundo como um incêndio atiçado pelo vento. Dezenas de milhões de pessoas contraíram o vírus, resultando em centenas de milhares de mortes. Dezenas, talvez centenas de milhões de pessoas perderam seus empregos, ficaram sujeitas a pobreza, fome e dívidas. Muitos cidadãos buscaram auxílio em seus governos, encontrando pouco consolo. Em muitos aspectos, a pandemia parecia um colapso político e econômico, espalhando a miséria de acordo com nossas estruturas sociais: nos Estados Unidos, as comunidades minoritárias, como as populações negra, hispânica e nativo-americana, foram as mais atingidas, e os trabalhadores pobres ao redor do mundo viram-se em uma situação de pobreza agravada, e, às vezes, em posições de sacrifício, vulneráveis à exposição com exíguos cuidados de saúde ou economias com as quais contar.

Alguns países, como a Islândia e a Nova Zelândia, adotaram procedimentos agressivos embasados na ciência médica *e* na compaixão por seu povo, reduzindo os casos praticamente a zero. Outros países, como o meu, os Estados Unidos, e o Brasil colocaram lenha na fogueira, lançando dúvidas sobre a realidade e a ciência do vírus, a eficácia de medidas como o uso de máscaras e até mesmo promovendo tratamentos ineficazes ou mesmo perigosos junto com lideranças que colocaram em risco a vida das pessoas. Tem sido um exemplo poderoso de quanto liderança e boa gestão, governança compassiva, são importantes para o nosso futuro e para a sustentabilidade.

Enquanto isso, os Estados Unidos também testemunharam um movimento contínuo exigindo justiça e o fim da brutalidade policial perpetrada regularmente contra homens negros em resposta ao homicídio qualificado de George Floyd, que foi sufocado sob o joelho de um policial branco que o ouvia implorar que não conseguia respirar. Todos nós pudemos ouvir essa súplica, porque o incidente foi filmado e transmitido na internet e nas redes sociais. George Floyd, infelizmente, é um nome que agora se junta a uma longa lista de mortes que vêm de uma história danosa e racista que institucionalizou o poder branco. O poder branco institucionalizado e o racismo sustentam esse poder à custa de vidas negras e, embora tenha havido manifestações contrárias de brancos (principalmente homens) com rifles semiautomáticos e carros usados como armas dirigidos de encontro a multidões que protestavam contra a brutalidade policial, parece que as pessoas que querem um país mais justo superam em muito os manifestantes contrários armados. Felizmente, os presentes nos protestos pelo Black Lives Matter eram de todos os tons de pele, e pode ser que os manifestantes contrários e os exemplos de táticas agressivas das forças armadas do governo tenham fortalecido a determinação pela mudança.

Diferentemente de episódios anteriores de violência racista, minha universidade adotou o "antirracismo", o que não fazia antes. Debates em nível nacional sobre reforma da justiça criminal e antirracismo estão ocorrendo, entre outras mudanças políticas, sem sombra de dúvida por causa dos manifestantes. Espero que isso continue a impulsionar o progresso em direção à justiça racial, e ativistas de longa data nos Estados Unidos indicaram que veem esperança de que esse movimento finalmente traga algum alívio. Felizmente, é um sinal de que, quando a sociedade civil realmente exige mudanças, elas podem acontecer, e podem acontecer rápido. Mas essa luta deve persistir para ter sucesso. Sob um ponto de vista que considera os problemas de sustentabilidade, incluindo as questões de justiça, esta oportunidade de progresso é uma boa notícia porque a marcha rumo a um futuro global melhor tem estado, por assim dizer, estagnada. Deduzo do movimento Black Lives Matter que essa falta de progresso não é pré-determinada, mas requer que as pessoas exijam veementemente que seus líderes atuem em prol do interesse público, e não para enriquecer ainda mais as elites e aumentar a desigualdade social.

A confluência desses momentos, um vírus mortal e um poderoso movimento pelos direitos civis contra a brutalidade, indica que a perspectiva humana depende de nossa capacidade de criar e sustentar um novo humanismo que reconhece a dignidade e o valor dos outros. O humanismo tradicional acredita no triunfo da razão humana e vê o mundo ao nosso redor simplesmente para uso humano, mas um novo humanismo pensando a sustentabilidade precisa respeitar o mundo ecológico não humano e, embora a razão humana possa ser poderosa, ela pode facilmente sair dos trilhos. Em vez disso, podemos considerar um novo humanismo que cultive um mundo rico, abundante e justo para todos por meio do reconhecimento de que uma abordagem sustentável deve ser humana. Ser humano, entretanto, exige que nos importemos com mais do que apenas outras pessoas. Observe que a vontade de reduzir os gases de efeito estufa, proteger a biodiversidade, construir a igualdade de gênero, limitar a poluição, combater o racismo e proteger os outros de uma doença, tudo isso – no mínimo – requer consideração e cuidado com os outros que vivem agora e viverão no futuro. Sustentar a perspectiva humana também requer uma Terra viva, diversa e estável, onde os suportes essenciais à vida permaneçam fortes. Pessoalmente, também acredito que precisamos de tigres, borboletas e recifes de coral não *apenas* por sua contribuição aos serviços ecológicos que usamos e necessitamos, mas porque o mundo é um lugar melhor, mais belo e menos solitário com eles se juntando a nós, sem mencionar que é de seu próprio interesse existirem. Assim, convoco os alunos e professores que leem este livro em suas aulas, e quaisquer outros grupos de leitores, para discutir e debater a ideia de um *humanismo sustentável* no centro de todas as outras coisas de que precisamos para promover a sustentabilidade, como boa gestão de governo, igualdade social e moderação no uso dos ecossistemas. Vamos aproveitar esta oportunidade para pensar e discutir como podemos cocriar comunidades fortes, vibrantes e humanas e ver até onde isso nos leva.

Peter J. Jacques
Orlando,
Flórida, Estados Unidos

Agradecimentos

Um livro costuma ter muitos autores, e devo agradecer a várias pessoas que foram essenciais para a produção deste texto, nenhuma das quais culpada por eventuais erros. Alunos do meu curso, Sustentabilidade, na Universidade da Flórida Central, tiveram contato com os capítulos deste volume e elaboraram extensos comentários sobre o material exposto, e devo a cada um deles minha gratidão.

Além disso, os membros fundadores do meu Laboratório de Ecologia Política também leram, editaram e teceram comentários úteis ou forneceram suporte para aqueles que o fizeram: Greg Norris, Chelsea Piner, Cheyenne Canon, Paul-Henry Blanchet, Charlene Kormondy, Sebastian Sarria e Clayton Besaw.

Por fim, minha linda esposa, Racine, ofereceu-me apoio para concluir a obra, especialmente durante meu tempo imobilizado com um tendão de Aquiles rompido (numa amigável partida de rúgbi!), quando teve que me levar absolutamente a todos os lugares, carregar tudo e cuidar de mim enquanto eu permanecia impotente para fazer qualquer coisa além de escrever e terminar este livro.

Introdução

Em muitos aspectos, este livro é um projeto insensato. Procurar dar uma breve introdução que permite apenas uma exploração rasa e básica do complexo, contestado e intransigente conjunto de ideias vinculadas à noção de sustentabilidade é realmente uma missão ingrata. Assim, caro leitor, este livro é meramente um ponto de partida, e mesmo assim limitado, mas um ponto de partida é intrinsecamente necessário. Se este livro consegue transmitir alguma coisa, é que a atual trajetória de consumo humano dos ecossistemas da Terra é insustentável tanto porque não pode prosseguir sem provocar uma profunda crise social por esgotamento sistêmico quanto porque já está criando uma crise social por meio da distribuição profundamente injusta de riqueza e bem-estar. Nosso trabalho deve começar agora para reverter essas tendências se quisermos continuar o projeto humano e, dessa forma, uma cartilha sobre os problemas, falhas e soluções se faz premente. De fato, às vezes os alunos que fazem meu curso de Sustentabilidade na Universidade da Flórida Central costumam me dizer que este deveria ser um curso obrigatório para todos os alunos, algo como uma alfabetização cívica básica. Naturalmente, gosto de ouvir que o curso é intelectualmente significativo, mas também que o ensino e a aprendizagem produzem algum efeito.

Este livro é sobre a sustentabilidade humana global e os debates e problemas básicos que envolvem a manutenção de uma espécie humana próspera. Assim, quando uso o controverso pronome "nós", refiro-me à população humana, embora não haja nenhuma afirmação de que o mundo esteja unido em seus objetivos, identidades, responsabilidades ou impactos. Neste texto, não há compromisso de sustentar qualquer forma de organização humana, como o sistema de estados-nação ou o capitalismo mundial, mas um foco no que ameaça e potencialmente promete uma próspera sociedade humana global. Essa ambivalência quanto ao tipo de sistema que sustentamos vem de uma sensação real de que devemos sustentar apenas sistemas que consideramos "bons" e dignos de sustentação, e novas possibilidades vêm do colapso real de alguns sistemas, especialmente para os escravos deles.

Essa sociedade global existe por meio de vários sistemas organizados que se estendem de maneira imperfeita e desigual no século XXI. Neste ponto da História, duas coisas são globais, mas experimentadas de forma desigual em todo o mundo. Uma delas é que o Estado-nação é o governo de último recurso e, para ter legitimidade na sociedade internacional, um governo deve ser um Estado-nação. Essa instituição específica emergiu durante uma longa gestação dos monarcas absolutistas da Europa do século XVI. Em segundo lugar, está o sistema econômico do capitalismo de mercado, que evoluiu do capitalismo mercantil da era colonial para um capitalismo liberal que envolvia as proteções sociais do Estado assistencialista, para a forma atual de capitalismo neoliberal que transfere principalmente o poder da esfera social para a esfera privada das empresas. Além disso, um conjunto de valores ocidentais se espalhou como o paradigma social dominante nos acordos comerciais mundiais e nos tratados internacionais, novamente de forma desigual, mas eficaz, em todo o mundo. Esses valores são aqueles que encontramos no liberalismo iluminista que se concentra na liberdade individual, na preeminência da propriedade privada, na fé na ciência industrial e na tecnologia, na abundância futura e na preferência por um governo limitado e pela desregulamentação (Dunlap; van Liere, 1984). Todos esses são valores coerentes com o atual sistema de neoliberalismo, que despoja o poder e o controle social de arenas públicas como governo e sociedade civil para entregá-los a arenas econômicas e atores como corporações (Centeno; Cohen, 2012). Consequentemente, as discussões dos arranjos sociopolíticos atuais ou do sistema-mundo atual neste livro referem-se a esses sistemas desiguais do capitalismo mundial, estados-nação que têm papéis específicos no capitalismo e os valores sociais que tendem a favorecer o capitalismo global.

"Prosperar" aqui quer dizer que a sustentabilidade humana global não é alcançada se houver grupos inteiros de pessoas que não são "sustentados". Talvez tal projeto seja impossível, mas certamente não é possível se nunca estabelecermos tais condições como metas. Se imaginarmos a rede de sociedades ao redor do mundo como constituindo uma civilização mundial, então uma civilização mundial próspera falhou até este ponto. Mesmo que algumas melhorias tenham sido feitas para algumas populações, incluindo uma expectativa de vida mais longa, quase metade do mundo continua vivendo com algum grau de desnutrição. De fato, a pobreza radical é organizada, não aleatória. Em todo o mundo, a pobreza e a fome existem com consistência alarmante nas ex-colônias da Europa na Ásia, América Latina e África Subsaariana (Friedmann; McMichael, 1989; Ponting, 2007; Vernon, 2007). Assim, os padrões de fome têm uma forte correlação com o colonialismo histórico, no qual a maioria dos países que lutam contra a fome sistêmica estão na Ásia, América Latina (menos agora) e África Subsaariana – todos tiveram vastas áreas sob domínio colonial. Isso ocorre, em parte, porque essa história colonial removeu muito **capital** – um ativo que fornece algum tipo de renda – dessas áreas e enviou essa riqueza para as principais potências imperiais. O imperialismo removeu as capacidades institucionais locais ao mudar fundamentalmente as regras sociais das colônias, modificando a infraestrutura usada nessas sociedades e removendo pessoas e recursos naturais, o que alterou o curso da História das áreas colonizadas (Bagchi, 2005). Enquanto alguns estudiosos acreditam que a pobreza mundial se deve ao fracasso dos países subdesenvolvidos em seguir os padrões ocidentais de triunfo e (ironicamente) excepcionalismo (Ferguson, 2011), outros acreditam que esse problema social crítico para a sustentabilidade não é encontrado no fracasso das sociedades mais pobres em ter um bom desempenho, mas na inibição de seus esforços. No entanto, esses arranjos estão mudando fundamentalmente com a ascensão de países como China, Índia, Rússia e Brasil, além de potências regionais que estão acumulando capital por meio de economias em crescimento e estabelecendo sociedades de consumo de classe média emergentes.

Se apenas algumas sociedades de consumo levaram os ecossistemas ao limite, mais consumo levará a mais problemas de ecossistema; no entanto, os países pobres exigem justamente que seja "a vez deles" e as potências ocidentais têm pouca justificativa moral para impor limites depois de terem esgotado os próprios recursos.

De fato, alguns dos objetivos de desenvolvimento mais prementes das Nações Unidas, os Objetivos de Desenvolvimento do Milênio (ODM), tiveram algum sucesso. Uma das metas era reduzir pela metade o número de pessoas que vivem com menos de 1,25 dólar por dia até 2015, mas foi alcançada em 2010; assim como a meta de diminuir pela metade a proporção de pessoas que vivem sem fontes de água "melhoradas". Agora, os Objetivos de Desenvolvimento Sustentável (ODS) (Capítulo 3) passaram a ser os objetivos que estamos usando para governar por aspiração. O ODS 1 é "Erradicação da pobreza" e o ODS 2 é "Fome zero e agricultura sustentável". Mas a pobreza e a fome pioraram nos últimos anos (embora os índices de fome estejam um pouco melhores do que na primeira edição deste livro). Estima-se que 750 milhões de pessoas vivam atualmente em extrema pobreza em todo o mundo, e a pandemia provavelmente elevará esse número para 820 milhões. Em 2019, cerca de 690 milhões de pessoas sofreram de insegurança alimentar grave e desnutrição (a pandemia pode acrescentar mais de 130 milhões de pessoas), mas até 2 bilhões de pessoas não tiveram "acesso regular a alimentos seguros, nutritivos e suficientes" e a pandemia empurrou milhões de pessoas ainda não contabilizadas para essas condições terríveis (FAO *et al.*, 2020). A desigualdade de gênero persiste com consequências de vida ou morte (envolvem a capacidade das mulheres de ter acesso igualitário a assistência médica, educação, alimentação e direitos políticos). O ODS 6 é "Água potável e saneamento", mas o Departamento de Objetivos de Desenvolvimento Sustentável da ONU escreve que "um déficit de 40% nos recursos de água doce até 2030, juntamente com o aumento da população mundial, está levando o mundo a uma crise global de água", enquanto "2,4 bilhões de pessoas não têm acesso a serviços básicos de saneamento, como banheiros ou latrinas" (ONU, 2020).

Na primeira edição, informei que mais de um terço da população mundial carece de saneamento básico, e essa taxa caiu para 30%. Imagine não ter como lavar as mãos ou usar uma instalação sanitária gerenciada com segurança durante uma pandemia global, sendo que higienizar as mãos é uma das importantes medidas de proteção? A falta de saneamento é uma fonte impiedosa de doenças e contribui para as dificuldades no cumprimento dos ODS de redução do número de crianças que morrem antes dos cinco anos. De fato, o número de crianças que morrem no primeiro mês de vida está aumentando e a mortalidade infantil tem duas vezes mais probabilidade de afetar as famílias pobres do que as mais ricas.

Além disso, atingir as metas dos ODS 14 e 15 – as metas para reduzir a perda de biodiversidade e reverter outros declínios ecológicos – está ficando muito mais distante. Especialistas concordam que "a biodiversidade está em crise. Os efeitos combinados da perda de *habitat*, exploração, espécies invasoras e mudanças climáticas colocam em perigo as espécies em todas as regiões da Terra" (Morris, 2011), enquanto as florestas estão desaparecendo e os ecossistemas marinhos estão passando por múltiplas crises, desde a acidificação até a homogeneização biológica. Isso não surpreende, já que os especialistas nos dizem que realmente precisamos proteger pelo menos metade das terras do mundo para fins de conservação, se quisermos enfrentar a perda de biodiversidade e manter intactos os bens e serviços ecológicos que tornam possível a vida humana (Noss *et al.*, 2012). Ceballos *et al.* (2020) colocaram a questão em termos suscintos:

> Em primeiro lugar, muitas das espécies que foram levadas à beira da extinção provavelmente estarão extintas em breve. Em segundo lugar, a distribuição dessas espécies coincide muito com centenas de outras espécies ameaçadas, sobrevivendo em regiões com alto impacto humano, sugerindo colapsos regionais da biodiversidade em curso. Em terceiro lugar, interações ecológicas próximas de espécies à beira da extinção tendem a levar outras espécies à aniquilação quando desaparecem – a extinção gera extinções. Por último, as pressões humanas sobre a biosfera estão crescendo rapida-

mente, e um exemplo recente é a atual pandemia da doença de covid-19, ligada ao comércio de animais selvagens. Nossos resultados enfatizam novamente a extrema urgência de que sejam tomadas ações mundiais muito expandidas para salvar espécies selvagens e os sistemas cruciais de suporte à vida da humanidade dessa ameaça existencial. Assim, as extinções não apenas estão se tornando mais prevalentes, mas também estão interligadas, causando outras extinções, criando uma cascata de mortes e perdas. Nesse sentido, o colapso já chegou.

Igualmente relacionado – por meio da produção de energia, transporte e outras atividades econômicas, principalmente industrializadas –, o mundo aumentou os níveis de dióxido de carbono que forçam a mudança climática e o aquecimento global em quase 50% desde 1990 e 45% desde a **Revolução Industrial**. Há hoje mais dióxido de carbono na atmosfera do que há pelo menos 800 mil anos, causando outras mudanças ecológicas em cascata observáveis agora, desde o aquecimento da água do oceano, a perda do gelo marinho do Ártico, o ressecamento dos solos e temperaturas mais altas que prejudicam as colheitas, até o aumento de eventos extremos, como secas, furacões e incêndios florestais. Também está evidenciado que cada um desses elementos interage com outros ecossistemas e mudanças sociais de formas nocivas. As condições de aquecimento provavelmente afetarão mais duramente as pessoas mais pobres do mundo, como na África Subsaariana, reduzindo as colheitas e aumentando doenças como a malária.

Assim, se o objetivo é uma população humana global próspera, há muito caminho a percorrer em um momento em que os desafios, em particular a degradação ecológica, continuam a crescer. Por esta razão, os próprios ODS são inatingíveis sem a construção da integridade dos sistemas de suporte de vida ecológicos da Terra (cf., p. ex., MEA, 2005c). No entanto, a sustentabilidade humana não é determinada automaticamente pelos problemas que enfrentamos, mas pela resiliência que construímos uns com os outros.

Consequentemente, uma investigação sobre a sustentabilidade humana requer questões éticas difíceis, especialmente como outras pessoas e não humanos são tratados. Sustentabilidade também significa que não podemos ter tudo. *Trade-offs* difíceis a respeito de crescimento econômico, igualdade social e proteção ambiental fazem parte da discussão, e a própria humanidade global está dividida sobre como privilegiar qualquer um desses interesses. Grupos ricos querem crescimento econômico contínuo, enquanto os pobres podem querer mais igualdade, oportunidade e justiça. O interesse pela proteção ambiental abrange grupos variados, alguns dos quais exigem mais águas protegidas do que uma vista bonita, enquanto outros se solidarizam com os animais ou temem um futuro sem ursos-polares, tigres ou peixes. Quando terminei de escrever a primeira edição deste livro, o rinoceronte-negro-ocidental foi declarado extinto pela União Internacional para a Conservação da Natureza (UICN), e sua passada gigantesca nunca mais pressionará a Terra e seremos forçados a explicar para nossos netos por meio de livros de história o que era um rinoceronte-negro-ocidental. Somente em 2019, o rinoceronte-de-sumatra, o peixe-espátula-chinês, a tartaruga-gigante-de-casco-mole-do-yangtze, o guepardo-asiático, a ararinha-azul, o *Megupsilon aporus* (espécie de peixe) e o tigre-da-indochina se juntaram ao rinoceronte--negro-ocidental. Os processos que provocaram o desaparecimento do rinoceronte e outros organismos na teia da vida na Terra não são considerados sustentáveis em nenhum lugar, o que significa que a humanidade deve acabar com esta marcha da morte se quisermos um planeta habitável.

A noção de **sustentabilidade** é ao mesmo tempo bastante simples e incrivelmente complexa. Sustentar algo é mantê-lo funcionando, o que é conceitualmente simples. Se eu tenho uma laranjeira e quero continuar colhendo laranjas, preciso cuidar da saúde da árvore, protegê-la de ser derrubada por outras pessoas e pensar no futuro plantando árvores sucessoras. Mas se estamos falando da sustentabilidade global das sociedades humanas, que é o foco deste livro, os problemas pragmáticos e teóricos são graves, arraigados e às vezes contraditórios. De fato, há um crescente movimento social centrado principalmente nos Estados Unidos, o Movimento Anticivilização (Anti-Civilization Movement), que nutre o objetivo de derrubar a "civilização" porque considera a estrutura maior – industrialização, capitalismo e talvez até a própria agricultura – como um projeto violento, predatório e imperialista que devora tudo em seu caminho. Este movimento não acredita que a "civilização" irá conter o seu próprio apetite, e por isso deve ser forçada a parar por projetos estratégicos que trarão crises imediatas. Esse movimento nasceu de indivíduos que acreditam que os verdadeiros sistemas sociais sustentáveis nunca farão parte do atual sistema-mundo moderno e, a partir das surpreendentes tendências e contradições dessa sociedade industrial moderna, essa parte de seu argumento é convincente. Os líderes desse movimento supõem que quanto mais cedo o colapso da civilização for iniciado, menos as pessoas sofrerão no fim, porque, se ela não for detida, prejudicará os sistemas de suporte à vida essenciais da Terra apenas para o benefício de uma elite global dominante e causará em todo o planeta a morte de pessoas e não humanos em proporções até então inéditas na história da humanidade.

Ao mesmo tempo, há um movimento organizado crescente contra o ambientalismo global, que rejeita a existência de quaisquer problemas, em prol da contínua manutenção do capitalismo moderno e da democracia liberal, e eu pessoalmente passei anos estudando esse esforço para melhor entendê-lo. O **Contramovimento do Ceticismo Ambiental** e o **Contramovimento do Negacionismo Climático** rejeitam que fenômenos como a perda de biodiversidade e as mudanças climáticas sejam reais ou importantes (Jacques; Dunlap; Freeman, 2008), apesar das enormes evidências científicas de que essas tendências não apenas são reais, mas também ameaçam o bem-estar humano. O objetivo central desse tipo de contramovimento é servir como uma retaguarda para defender o sistema capitalista contemporâneo contra quaisquer mudanças e proteger o mundo da produção econômica de ser controlado ou de transferir o poder para o mundo social da deliberação e regulação (Jacques, 2009). Esses dois movimentos sintetizam pontos de vista radicais em duas extremidades de um espectro, em que as formas da sociedade mundial contemporânea são irredimíveis e devem terminar totalmente ou são irrepreensíveis, não causando dano ou desigualdade.

O interessante é que ambos nasceram de uma reação semelhante ao crescente sentimento de que o atual sistema político-econômico mundial não é sustentável. Como os sistemas ecológicos mundiais estão cada vez mais em crise, o Movimento Anticivilização reage para interromper essas crises, e o Contramovimento do Ceticismo Ambiental reage para defender os sistemas político-econômico e de valores dominantes das críticas que surgem como resultado dessas crises. Este livro examinará as questões de sustentabilidade de diferentes perspectivas, e há desacordo sobre a trajetória específica da sustentabilidade. Alguns analistas acreditam que o consumo atual, se medido em termos de bem-estar não decrescente, é sustentável (Arrow *et al.*, 2004). Isso significa simplesmente que os níveis de todo o bem-estar atual não pioram. Assim, as sociedades ricas não se tornam pobres e as sociedades pobres não se tornam mais pobres. Da perspectiva dos pobres, manter o *status quo*, no entanto, não é muito atraente e pode até ser considerado um tipo de exclusão criminosa na vida de milhões de pessoas. No entanto, a maior parte da literatura em estudos de sustentabilidade indica que a civilização mundial não pode sustentar os níveis atuais de consumo nem o crescimento do consumo e da população. (A resposta a Arrow *et al.* é dada por Daly *et al.*, 2006.)

O sociólogo Ulrich Beck (1999) argumentou que as formas básicas de modernidade que emergiram do Iluminismo ocidental, incorporadas na ciência moderna, no capitalismo e no Estado-nação, são todas organizadas em torno do controle da natureza, do conhecimento e das pessoas. Esse controle, ironicamente, causa crise, que é o oposto do controle, e o fracasso desenha uma crise de legitimidade para o capitalismo, a ciência e o Estado-nação por meio da observação reflexiva de cidadãos de todo o mundo. Beck argumentou que tal consciência inicia uma nova fase de "modernidade reflexiva", em que indivíduos e grupos criam alianças inesperadas além das fronteiras nacionais para lutar contra aqueles que ameaçam trazer mais perturbações. No entanto, o que Beck não antecipou foi um movimento contrário a essa modernidade reflexiva e à cidadania reflexiva, e mesmo a certas formas de ciência (por exemplo, ciência ecológica, que tem impacto potencial na política, *versus* ciência do tipo industrial, voltada para facilitar a produção econômica). Essa antirreflexividade, organizada por meio dos Contramovimentos do Ceticismo Ambiental e do Negacionismo Climático, provou ser surpreendentemente influente, embora tenha origens muito provinciais – em geral, vem exclusivamente de uma minoria de elites conservadoras quase exclusivamente nos Estados Unidos e algumas no Reino Unido e praticamente não têm respaldo científico. De certa forma, podemos ver a batalha pela sustentabilidade como uma batalha pelo pensamento reflexivo que está ciente do passado e preocupado com o futuro, que aborda os projetos humanos com humildade e deferência a um complexo cenário ecológico mais amplo, auto-organizado, dinâmico, mas homeostático, em que todas as pessoas devem viver. Se as funções ecológicas forem alteradas o suficiente para que não sejam mais complexas (simplificadas), nem capazes de se auto--organizar (devastadas, como por meio da desertificação) nem funcionem sob homeostase dinâmica (perturbando o metabolismo de qualquer sistema onde o fluxo constante de insumos e saídas, como nossa própria respiração com entrada e saída dinâmica de oxigênio e dióxido de carbono, produz um sistema estável, no caso, um sistema respiratório estável), então sociedades complexas não podem continuar a se desenvolver nessas áreas.

Ainda assim, pensar em sustentabilidade não é uma questão simples com a qual todos possamos concordar facilmente, mesmo quando estamos tentando ser reflexivos. Consequentemente, uma abordagem ou ótica coerente é necessária para discernir padrões entre muito barulho e desordem. A abordagem que emprego aqui é uma abordagem sistêmica, explicada com mais detalhes no Capítulo 2, o que significa que este texto pressupõe que os projetos de sustentabilidade operam em um nível sistêmico, e que sustentabilidade e problemas de sustentabilidade são problemas sistêmicos. O benefício dessa abordagem é que ela adota uma visão estrutural de um problema muito grande, em que estamos preocupados principalmente com a arquitetura dos relacionamentos e a estrutura que conecta partes individuais do mundo para formar arranjos ecológicos e sociais. Uma abordagem de sistemas fornece uma abordagem teórica que podemos usar para entender os problemas da sustentabilidade. Além disso, a abordagem de sistemas é representativa de farta literatura em sustentabilidade porque muitos estudiosos da sustentabilidade olham para ela dessa mesma forma.

Nesse nível de sistemas, há conceitos recorrentes cuja introdução logo no início vale a pena: **instituições**, capital e **serviços ecossistêmicos**. O cientista político Oran Young (2013) explica: "Instituições são conjuntos de direitos, regras e procedimentos de tomada de decisão que dão origem a práticas sociais, atribuem papéis aos participantes nessas práticas e orientam as interações entre os participantes". As instituições são características centrais de qualquer sistema de governo, seja formal ou informal, local ou global. Relacionados, regimes são "ordens" institucionais de um sistema específico, e esse termo é usado tanto para regimes ecológicos quanto para regimes políticos. Os regimes políticos são instituições para uma questão ou área geográfica específica.

Capital é qualquer tipo de ativo, e existem várias formas dele. O capital produzido pelo ser humano inclui os capitais físico, financeiro, humano e social. Há também "a herança que todos os seres humanos recebem da natureza na forma de recursos terrestres, oceânicos e atmosféricos que geram fluxos de serviços, chamados serviços ecossistêmicos", que é o capital natural (Brondizio; Ostrom; Young, 2009). O capital físico é o estoque de recursos construídos pelo ser humano, como infraestrutura (estradas, represas), ferramentas e fábricas. O capital financeiro é o dinheiro e pode ser usado para obter outros tipos de capital. O capital humano é o conhecimento e a habilidade encontrados em uma população humana, e o capital social é uma rede de conhecimento, confiança, instituições e sistemas de reciprocidade.

Os serviços ecossistêmicos são capital natural, como mencionado, mas também são os bens e serviços ecológicos que fornecem suportes de vida essenciais para as sociedades humanas. Os serviços ecossistêmicos podem ser classificados em quatro modalidades: de provisão, culturais, de regulação e de suporte. Os serviços de provisão são bens, como madeira, fornecidos pela natureza. Os serviços culturais, como a água potável para as cerimônias ou os banhos de sol na praia, são bens e serviços que proporcionam sentido e lazer a pessoas e grupos. Os serviços de regulação, como um clima estável, fornecem estabilidade. Os serviços de suporte, como formação do solo, possibilitam todos os outros serviços ecossistêmicos. Uma série de estudos realizados por um dos maiores grupos de cientistas naturais e sociais da história, a Avaliação Ecossistêmica do Milênio (MEA – Millennium Ecosystem Assessment) (2005b), mostrou algumas formas diretas e indiretas pelas quais os serviços ecossistêmicos fornecem sistemas essenciais de suporte à vida. A Figura 1 é uma representação abreviada desses serviços.

Desvantagens de uma abordagem de sistemas

Embora a abordagem de sistemas tenha benefícios importantes, sob qualquer ótica que escolhamos para analisar um problema, obscurecemos algumas coisas ao mesmo tempo em que iluminamos outras, e a visão de sistemas tem várias desvantagens. Uma delas é a suposição de que os sistemas sociais têm dinâmicas semelhantes aos sistemas ecológicos e, como você lerá neste livro, acredito que isso tenha um mérito substancial no nível macro, ou em larga escala, de grupos sociais por períodos de tempo mais longos. No entanto, ao usarmos essa abordagem, um perigo é obscurecer políticas importantes que diferenciam as pessoas ao subsumi-las em uma abstração do "sistema". Por exemplo, podemos ser tentados a pensar que, na medida em que os sistemas sociais e biofísicos são semelhantes, os ciclos de exploração social, desigualdade e miséria são bastante "naturais" e, portanto, inevitáveis, quando, na verdade, são construções humanas inequívocas criadas por decisões humanas que não são de forma alguma predeterminadas. De fato, se nosso futuro está fora do alcance da atuação humana, há poucos motivos para estudar a sustentabilidade se formos apenas vítimas dela.

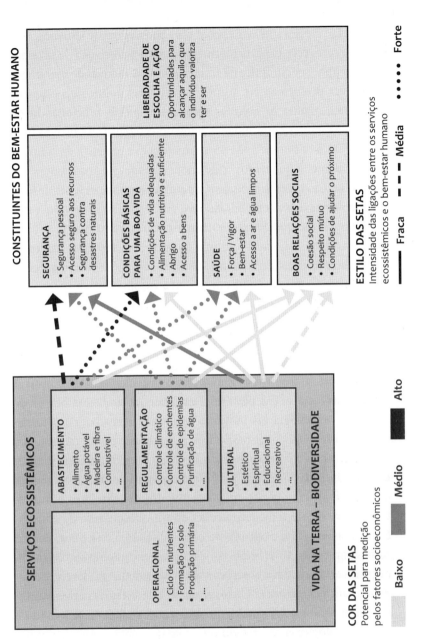

Figura 1 – Serviços ecossistêmicos e constituintes do bem-estar
Fonte: Adaptado de MEA (2005b).

Devido a esses problemas com uma abordagem de sistemas, eu a uso com certo receio, particularmente porque a abstração de sistemas também pode ser cúmplice de ambivalência e tentativas de meramente resolver problemas em torno dos sistemas político-econômicos atuais para manter *os sistemas político-econômicos* funcionando no lugar de vibrantes comunidades humano-ecológicas. O uso de uma abordagem de sistemas pode ser coerente com a tentativa de simplesmente "manter o que temos" e defender o *status quo*; mas, a meu ver, o *status quo* do sistema capitalista mundial é a principal fonte de nossos problemas de sustentabilidade e é difícil para mim imaginar que defender o *status quo* de crescimento material infinito em um sistema finito da Terra seja viável por uma faixa de 50 a 100 anos, dados os enormes problemas gerados nos últimos 100 anos. Portanto, leitor, cuidado com o que se oculta em qualquer escolha teórica.

Dito isto, outras escolhas teóricas também podem não ser úteis. Se pegássemos as condições dos pressupostos sociais dominantes e adotássemos um otimismo tecnológico em torno dos indivíduos e sua racionalidade, provavelmente chegaríamos à conclusão de que podemos comprar nosso caminho para a sustentabilidade e construir robôs e outros avanços para resolver qualquer problema que surja. Embora a tecnologia e a inovação sejam essenciais para a construção da sustentabilidade, há poucas indicações de que crescer para sair desse problema seja viável, prudente ou coerente com sociedades equitativas, justas ou humanas. Falaremos mais dessas preocupações ao longo do texto, mas é claro que a ótica que escolhermos nos mostrará algumas coisas e obscurecerá outras. A abordagem de sistemas é atraente para mim e talvez para outros que usam essa ótica, porque coloca alguns objetivos importantes em contexto. Por exemplo, quanta biodiversidade devemos preservar ou quanta terra devemos desmatar para a agricultura? Uma abordagem de sistemas parece permitir algum equilíbrio pragmático – se desmatarmos demais, levamos o sistema biológico a um estado diferente que, então, prejudica nossa capacidade de obter qualquer madeira ou outra forma de vida maravilhosa da floresta. Se não consumirmos o suficiente, nossas próprias necessidades materiais entrarão em colapso.

Justiça

Outra ótica esclarecedora que este livro usa é que a sustentabilidade envolve inerentemente lidar com problemas de justiça – o que é justo, igualitário, o que é merecido e que tipo de distribuição de bens e recursos é normativamente preferível, não apenas para as gerações atuais, mas também para as gerações futuras? Quando alguém é injustiçado, como uma comunidade minoritária pobre é alvo de lixo tóxico causador de doenças proveniente de outra área ou país, qual é a maneira boa e correta de tratar essa situação: os infratores devem pagar reparações? Os responsáveis devem ser penalizados?

Podemos pensar na sustentabilidade como um processo pelo qual os outros se tornam cientes de seus direitos à vida, tanto agora quanto no futuro. Isso significa que as decisões de perturbar os ecossistemas podem impedir que outros se beneficiem e exerçam seus direitos. No entanto, incluímos os não humanos neste cálculo, onde nenhum organismo deve viver sistematicamente à custa de outros? Também podemos conceber a justiça como uma série de lealdades concorrentes a grupos cada vez maiores dos quais fazemos parte, de nossas famílias à espécie humana, e a forma de ação que é justa é determinada pelos grupos com os quais nos identificamos (Rorty, 1997). Em outra visão, o filósofo político John Rawls (1971) propôs que instituições justas são aquelas que garantem que qualquer desigualdade que a sociedade permita deve beneficiar os menos favorecidos dessa sociedade, caso contrário, tal desigualdade é injusta.

Em ambos os casos, é claro que sistemas flagrantes de injustiça criam morte e doença sistematicamente para alguns grupos, e a justiça exigiria melhorias e mudanças crescentes nesse tipo de arranjo social, não estagnando ou diminuindo o bem-estar.

Neste texto, não precisamos abraçar nenhuma equação específica, porque diferentes sociedades têm maneiras alternativas de produzir justiça social – como a tomada de decisão consensual sobre o princípio da diferença de Rawls ou as esferas de lealdade de Rorty –, mas este livro parte do princípio que, se a sustentabilidade humana requer uma população humana próspera, não pode haver grandes desigualdades que levam à privação, miséria e morte de forma regular. Qualquer indivíduo que tenha sistematicamente ficado em situação gravemente pior, e que, para começar, não estivesse em condição de vida mínima de dignidade, merece reparação. Isso é difícil porque temos uma pluralidade de nações, culturas e países com demandas concorrentes, e a formação de instituições justas e sustentáveis pode ser mais um trabalho em andamento ao longo do tempo do que uma corrida até a linha de chegada; mas, em um mundo com instituições justas e sustentáveis, as desigualdades, a distribuição de bens e males e as responsabilidades não podem ser continuamente agravadas e desiguais. Podemos chegar a formar instituições justas de diferentes maneiras em todo o mundo, mas o processo deve ser de igualdade aprimorada, distribuição justa de bens e males e responsabilidades devidas. Esta é uma forma tão crítica de sustentabilidade que a justiça faz parte da formação básica de nossos Primeiros Princípios descritos no Capítulo 2.

Embora existam muitas formas de pensar em justiça, parece que um "humanismo sustentável" é um requisito mínimo da sustentabilidade global. Essa ideia é discutida no Capítulo 5, mas a menciono aqui porque, se a justiça é um pilar da sustentabilidade, temos que nos preocupar com a dignidade e o valor dos *outros*. Se estivéssemos apenas preocupados em maximizar nosso próprio bem-estar individual à custa dos outros, exclusivamente, não haveria restrição em usar ecossistemas ou uns aos outros, o que não soa como um plano que duraria muito tempo – não seria sustentável. Em vez disso, parece que a sustentabilidade exige que sejamos humanos. Ser humano é respeitar o holismo da vida com compaixão e aliviar o sofrimento, priorizando os maltratados e vulneráveis. Isso significa que também estamos preocupados com o não humano. Tal como no sistema de crenças africano Bantu, devemos nos preocupar com a "força" da vida que flui através de todas as coisas, e assim rios, plantas e animais, montanhas, florestas e oceanos são todos "constitutivos da humanidade" (Eze, 2017). Um humanismo sustentável valorizaria a confiança entre pessoas, governos e indústria, valorizaria a ciência, assim como a humildade e o equilíbrio. Também veria nossa humanidade definida por nossas relações e interdependências. O avanço da sustentabilidade exige fundamentalmente que respeitemos essas relações. Talvez lhe ocorra algo diferente enquanto lê, talvez você veja essa ideia como absurda, mas qualquer que seja o caso, espero que nos encontremos em uma discussão ponderada sobre o que precisamos para avançar e sustentar um mundo humano.

A estrutura do livro

O restante do livro é organizado para lidar com os principais problemas e princípios de sustentabilidade, que tipo de atitude é razoável (por exemplo, otimismo), como medir a sustentabilidade, a ética e os sistemas morais que impulsionam os problemas de sustentabilidade e oferecem promessas, importantes condições econômicas e a história do colapso. No entanto, cada capítulo trata de um tema principal com vocábulos e métodos que ajudam a entender as importantes noções complexas e confusas para o estudo da sustentabilidade. Deve-se observar que os **três Es** (Ecologia, Equidade e Economia) estão integrados ao longo do livro, em vez de haver capítulos dedicados a cada foco.

O Capítulo 1 prepara o terreno para pensar a sustentabilidade, no qual ela é feita de contradições entre o crescimento e a integridade dos sistemas que o alimentam. Para crescer, consumimos, mas consumir significa esgotar recursos e ameaçar o crescimento em algum ponto. Também exploraremos o uso do conhecimento responsável e o que está em jogo e quais mudanças sociais e ecológicas nos levam ao ponto em que precisamos até de livros que pensem na sustentabilidade da sociedade mundial.

O Capítulo 2 explica que a sustentabilidade é um conceito "essencialmente contestado" que não pode ser resolvido pelo debate. O conceito tem um significado básico geralmente aceito, mas vago e ambíguo, e quando passamos a colocá-lo em prática, não há acordo sobre o que é a sustentabilidade. Isso é especialmente verdadeiro ao se negociar as linhas divisórias entre quanta proteção ecológica, crescimento ou desenvolvimento econômico ou equidade são necessários ou corretos para alcançarmos a sustentabilidade. No entanto, há uma estrutura problemática da sustentabilidade recorrente encontrada na contradição geral discutida no Capítulo 1 e há um acordo notavelmente coerente sobre os princípios gerais da sustentabilidade. A partir dessa coerência nos estudos de sustentabilidade, este capítulo resume os Primeiros Princípios da sustentabilidade que são importantes para o restante da discussão ao longo do livro. Esses princípios explicam que os sistemas de suporte de vida ecológicos essenciais devem permanecer intactos para que as sociedades durem e que, então, essas sociedades devem desenvolver moderação e justiça. O capítulo também explica a dinâmica básica do sistema e o **ciclo adaptativo** que parecem relevantes para muitas dinâmicas sociais e ecológicas e que fornecem a estrutura para sistemas socioecológicos integrados.

O Capítulo 3 explora temas recorrentes importantes para a sustentabilidade, relacionados com a população e as preocupações com a escassez de recursos, o papel do otimismo e do pessimismo para resolver problemas ou negá-los. Neste capítulo, abordamos a enorme questão do desenvolvimento sustentável.

O Capítulo 4 discute as várias maneiras pelas quais os pesquisadores tentaram medir a sustentabilidade. Isso inclui medidas de consumo, como a abordagem popular da "pegada ecológica", bem como outras formas menos diretas. Outras abordagens incluem os modelos bem conhecidos de *Os limites do crescimento* (Meadows *et al.*, 1972) e heurísticas como **limites planetários** e o chamado **tripé da sustentabilidade**. Embora cada método difira substancialmente em sua abordagem, todos fornecem um alerta consistente e sóbrio sobre o futuro.

O Capítulo 5 trata da ética que qualquer cálculo ou discussão de sustentabilidade deve confrontar. De certa forma, a ética ajuda a explicar por que alguns problemas socioecológicos são produzidos, além de fornecer uma forma de pensar em requisitos básicos para a sustentabilidade no futuro para os requisitos de segundo nível dos Primeiros Princípios que cobrem prudência, moderação e justiça.

O Capítulo 6 explica as importantes condições políticas para a sustentabilidade que requerem instituições sólidas para resolver a "tragédia dos comuns" e outros problemas de ação coletiva que estão em jogo, desde a governança local até a global. Também acompanhamos a direção da governança ambiental global e os principais desafios para futuras políticas ambientais globais, incluindo os desafios para a sociedade civil e os movimentos sociais.

O Capítulo 7 aborda as causas complexas do colapso da civilização no passado, bem como a natureza das crises sociais que se seguem ao colapso, a Idade das Trevas. Examinamos os modelos mais recentes de colapso do melhor da ciência e o declínio dos clássicos maias das terras baixas como um estudo de caso. Lições importantes podem ser encontradas nesses exemplos, já que os requisitos básicos para a sustentabilidade corroboram os Primeiros Princípios explicados no Capítulo 2.

A Conclusão deste livro tenta refletir sobre o que essas preocupações significam sinteticamente para a sustentabilidade agora e no futuro.

1
Sustentabilidade: o que está em jogo?

Mapa do capítulo

O tema principal deste capítulo é o da contradição. Primeiro, focamos na contradição central entre crescimento e integridade, em que o uso de mais recursos prejudica as próprias relações necessárias para o crescimento contínuo. O crescimento também tem um efeito distributivo nas perspectivas de vida para os outros e envolve fundamentalmente problemas de justiça. Essa contradição essencial é evidente no colapso do Império Romano do Ocidente descrito aqui em primeiro lugar. O capítulo destaca uma série de conceitos relacionados à era da dominação humana, o Antropoceno, e as oportunidades e os desafios que isso apresenta. O capítulo também propõe que somos obrigados a usar o conhecimento com responsabilidade e discute os problemas envolvidos nessa busca. Em seguida, discutimos o contexto, a extensão e o significado dessas mudanças ambientais e sociais globais e algumas das ameaças específicas que essas mudanças representam para as pessoas, o que torna necessário o estudo da sustentabilidade.

1.1 O que está além dos portões de Roma?

À meia-noite do dia 24 de agosto de 410 d.C., os escravos romanos abriram a Porta Salária da cidade e os visigodos saquearam Roma, como se sabe. Este foi o começo do fim de um dos impérios mais poderosos e influentes da História, e "em 476, Roma era o feudo de Odoacro, rei dos godos" (Ferguson, 2010). Este colapso é também um dos grandes mistérios que gerou milhares de volumes de estudos, analisando como e por que caiu o Império Romano. Assim como as questões de sustentabilidade, existem ideias conflitantes sobre como encarar o problema. O que aprendemos e lembramos com os portões de Roma e outros colapsos históricos é essencial para a adaptação futura e a resiliência da sociedade humana.

A Roma Antiga foi um dos pilares da sociedade ocidental. Os romanos construíram enormes monumentos arquitetônicos e de engenharia, sua estrutura social era altamente complexa e sua organização política, lendária. Nosso calendário, várias estratégias militares e muitas tradições jurídicas ocidentais contemporâneas remontam a esse período, entre outros legados importantes. Roma era um império e, portanto, seu centro de poder dominava muitas outras áreas. Roma controlava vastas regiões da Europa, estendendo-se pelo oeste da Ásia e norte da África, que usava como celeiro e base tributária. No início, Roma conquistou tais regiões para resolver a escassez de recursos. No entanto, a abordagem imperial produz uma contradição: à medida que a expansão e a conquista alimentavam o centro do poder imperial, os novos territórios romanos exigiam mais recursos e complicavam a dinâmica social para governar. Mais conquistas produziram mais necessidades e, com o tempo, o Império atingiu um momento crítico em que essas necessidades não podiam ser atendidas adequadamente. O estudioso clássico de Roma, Edward Gibbon (1994, p. 509), escreveu:

> o declínio de Roma foi o efeito natural e inevitável da grandeza descomedida. A prosperidade amadureceu o princípio da decadência; as causas da destruição se multiplicaram com a extensão da conquista; e, assim que o tempo ou o acaso removeu os suportes artificiais, o estupendo tecido cedeu à pressão de seu próprio peso.

A erudição sobre o colapso romano mudou de forma significativa desde que Gibbon originalmente escreveu essa frase em 1781. Por exemplo, Jones (1964) escreveu que o excesso de impostos minou a economia romana, deixando os agricultores camponeses sem o suficiente para sobreviver, preparando o Império para o colapso. Essa visão foi reformulada, porém, com evidências de que os camponeses não vinham sendo sobrecarregados e a produtividade econômica da agricultura estava crescendo no século IV, "sem nenhum sinal de declínio geral da população" (Heather, 2006). No entanto, o Império havia maximizado sua produtividade agrícola e não podia aumentá-la substancialmente; ao mesmo tempo, as populações bárbaras evoluíram como reação a Roma e se aliaram para criar uma ameaça muito grande. O fato de Roma ter crescido tanto gerou esse antagonismo e oposição; e, como havia aumentado a produção de grãos, não podia reunir um exército maior para lutar contra essa oposição.

> O Estado romano ocidental caiu não por causa do peso de seu próprio "estupendo tecido", mas porque seus vizinhos germânicos reagiram ao seu poder de maneiras que os romanos nunca poderiam ter previsto. Há em tudo isso um desenlace agradável. Em virtude de sua violência ilimitada, o Império Romano foi, em última análise, responsável por sua própria destruição (Heather, 2006).

Mesmo que o projeto romano tenha durado mais de mil anos (o Império durou mais de 400 anos), tendo resistido a ataques e desafios durante grande parte desse período, ele se tornou cada vez mais vulnerável à instabilidade econômica e social que estava ligada ao abastecimento de alimentos e ao uso do poder romano para alcançá-lo. Por fim, eventos críticos levaram o Império ao colapso durante o quinto século d.C. O Império Romano do Ocidente foi derrotado por invasores germânicos em 406 e saqueado em 410, conforme observado anteriormente. Os hunos pressionaram os recursos romanos à beira da exaustão. Em meados do século V, essa exaustão levou à perda de controle sobre a Inglaterra, grande parte de sua base europeia, e, criticamente, o norte da África. Os vândalos assumiram o controle dos territórios africanos um a um, removendo o suprimento de grãos e a receita que haviam sido essenciais para evitar que Roma caísse no abismo do esquecimento.

Com essas perdas, Roma tornou-se um exemplo clássico de colapso social. Esse tipo de colapso ocorreu com regularidade ao longo da história humana e frequentemente com uma velocidade surpreendente e impressionante. As sociedades podem parecer estáveis, assim como uma floresta parece estável antes de um incêndio florestal, mas, em momentos imprevisíveis, pequenas mudanças podem lançá-las no caos e na desintegração. As causas desses colapsos sociais geralmente se sobrepõem a problemas econômicos, sociais e ecológicos. Este livro considerará algumas das lições dos estudos de sustentabilidade e da ciência em um momento da história humana em que nós, como espécie, começamos a mudar radicalmente os principais ecossistemas e ciclos. Algumas dessas lições são bastante terríveis, mas temos vantagens que Roma não teve, obviamente incluindo uma boa compreensão do próprio ocaso de Roma e dos colapsos de outras civilizações. Claro, o registro de pessoas aprendendo com a história é notoriamente irregular, e o antropólogo Patrick Kirch (2005) opina:

> No entanto, ousamos esperar que tal compreensão retrospectiva de como os seres humanos transformaram a Terra – e no processo sofreram através de uma panóplia de crises, colapsos sociais e reestruturações – poderia ser útil para orientar nosso futuro coletivo? Alguns pelo menos pensam que o registro arqueológico fornece lições que podem guiar nosso futuro. Se vamos ou não dar atenção a elas, depende de nós.

O colapso de uma civilização ocorre quando as suas necessidades críticas não são atendidas e é o que acontece quando uma civilização deixa de ser social, ecológica ou economicamente sustentável. O colapso também pode resultar de violência imperial e desapropriação, quando a sociedade alvo pode estar sujeita a doenças, escravidão ou perda de recursos, e então o próprio império requer cada vez mais recursos que são difíceis de garantir. O colapso ocorreu inúmeras vezes ao longo da História, e há poucas razões para pensar que o perigo de uma queda da civilização tenha passado. De fato, muitos estudiosos da área de sustentabilidade alertam para as ameaças de colapso da civilização até o fim deste século. O celebrado intelectual da sustentabilidade, David Orr, adverte sobre a crise vindoura profunda que a civilização mundial enfrenta:

> A "tempestade perfeita" à frente, em suma, é causada pela convergência de mudanças climáticas cada vez piores; propagação da desordem ecológica (por exemplo, desmatamento, perda de solo, escassez de água, extinção de espécies,

acidificação dos oceanos); crescimento populacional; distribuição injusta de custos, riscos e benefícios do crescimento econômico; tensões nacionais e étnicas; e incapacidade política (Orr, 2012).

A história de Roma nos mostra que existem contradições inerentes ao crescimento e consumo de terra, recursos e capacidade social para resolver problemas. Por um lado, a expansão de Roma fez com que ela se tornasse mais poderosa e seu povo desfrutasse de alguma prosperidade, mas, por outro lado, essa prosperidade surgia de algum lugar; assim, mesmo enquanto o Império crescia, as fontes sociais e naturais desse crescimento enfraqueciam e se desestabilizavam. As contradições desse crescimento prepararam o terreno para o fim de Roma, e Roma é apenas uma demonstração da força dessas contradições. Por mais poderoso que qualquer povo acredite ser, ele sempre depende de sistemas sociais e ecológicos finitos. Ultrapassado um certo limiar, o crescimento contraria a integridade desses sistemas essenciais. Esta é uma lição central de sustentabilidade, e a ironia é que toda grande sociedade provavelmente conheceu e ao mesmo tempo negou essa condição fundamental da História.

1.2 O que é sustentabilidade?

Começamos aqui com alguns dos fundamentos da sustentabilidade, embora essas questões sejam exploradas com maior profundidade no Capítulo 2. Há literalmente centenas de tentativas de definir sustentabilidade, mas muitos desses esforços concordam em torno de alguns valores básicos amplos, embora ambíguos. Minha leitura dessas literaturas é que a sustentabilidade é o processo imperfeito de construir e manter sistemas sociais globais de pessoas capazes, responsáveis, adaptáveis, justas e livres que podem tomar decisões importantes e fazer *trade-offs* com previsão e prudência, que promovem ecossistemas robustos, auto-organizados, dinâmicos e complexos em todo o mundo para as gerações atuais e futuras. É um projeto vivo existirmos juntos e, com sorte, existirmos bem e felizes, *sem prejudicar as pré-condições dessa existência e da existência futura.*

Nas últimas décadas, os estudos e a ciência acerca da sustentabilidade cresceram em torno de uma preocupação crescente de que a economia e a população globais modernas e interconectadas estão se afastando das aspirações anteriormente citadas e levando os sistemas da Terra a seus limites, onde não serão mais capazes de suportar a perspectiva humana do mesmo modo.

A raiz latina da palavra "sustentabilidade" é *sus tenere* – "sustentar" ou "manter", talvez assim como se diz que Atlas sustenta o mundo no mito grego. No entanto, a definição de sustentabilidade mais amplamente utilizada vem da Comissão Mundial sobre Meio Ambiente e Desenvolvimento (CMMAD; no inglês, World Commission on Environment and Development – WCED), também conhecida como Comissão Brundtland. A CMMAD definiu a sustentabilidade como o desenvolvimento que "atende às necessidades do presente sem comprometer a capacidade das gerações futuras de atender às suas próprias necessidades" (WCED, 1987). Mas essas duas definições são apenas o começo, porque a sustentabilidade global envolve questões complicadas sobre crescimento econômico, integridade ecológica e justiça em todo o mundo.

O objetivo deste livro é explicar os debates centrais e os avanços no campo dos estudos de sustentabilidade para manter os sistemas sociais e ecológicos globais. Buckminster Fuller capturou o sentimento de sustentabilidade planetária da seguinte forma: *"fazer o mundo funcionar para 100% da humanidade, no menor tempo possível, por meio de cooperação espontânea, sem agressão ecológica ou prejuízo de ninguém"* (Fuller, 2008, grifo meu). A definição se referir a "100% da humanidade" pode parecer estranha, uma vez que podemos usar os termos "civilização mundial", "sociedade mundial" e "sociedades globais", mas a preocupação central é pensar em uma sustentabilidade holística e planetária.

Se o bem-estar global é um objetivo digno de sustentabilidade, cabe a nós avaliar como o crescimento e o acúmulo de riqueza são organizados com sistemas limitados da Terra para alimentar e lidar com os resíduos do crescimento. Isso significa que, à medida que os sistemas da Terra se esgotam, alguns grupos atuais e gerações futuras podem ter menos, em contextos locais, regionais e globais, e esse crescimento tem um efeito distributivo na riqueza e no bem-estar. Uma vez que o crescimento e seus resíduos afetam e comprometem as chances atuais e futuras das pessoas viverem bem, a sustentabilidade é um problema de justiça.

1.3 Ponto de partida: responsabilidade e conhecimento

Por que precisamos discutir sustentabilidade? Teria sido útil para os senadores ou cidadãos romanos pensarem nos problemas da sustentabilidade? Se o fizessem, que reivindicações teriam merecido atenção na época e, se houvesse alertas de uma crise iminente, que respostas seriam justificadas?

Existem realmente problemas que ameaçam as sociedades humanas que são *tão* sérios? E, francamente – como sabemos? Talvez os problemas da sustentabilidade sejam exatamente o que o crítico social, H. L. Mencken, advertiu quando disse: "Todo o objetivo da política prática é manter a população alarmada (e, portanto, clamando para ser conduzida à segurança) ameaçando-a com uma série interminável de diabretes, todos eles imaginários" (Mencken, 1922). Se formos levar a sério o aviso de Mencken, significa que precisamos ter uma boa resposta para "como sabemos?" que existem sérios problemas de sustentabilidade que não são táticas de intimidação que levem as populações à submissão a um Estado, corporação ou facção.

Quando se trata de mudanças ambientais globais, como a mudança climática, é importante questionarmos: "Como sabemos o que pensamos que sabemos?". O estudo de como sabemos o que pensamos que poderíamos saber vem da tradição filosófica da **epistemologia**. Existem muitas maneiras pelas quais os indivíduos passam a acreditar que algo é verdadeiro, e a veracidade, ou verdade, desse conhecimento é permanentemente incerta.

Consequentemente, precisamos de uma estratégia para avaliar asserções. A estratégia neste livro é confiar principalmente na literatura científica revisada por pares técnicos para descrever os problemas ambientais, porque, fora dessa literatura, as alegações recebem menos supervisão e escrutínio. Isso não significa que a ciência ortodoxa esteja sempre certa, mas muitas vezes ela se autocorrige quando há um erro. Se confiarmos em afirmações fora da comunidade científica, para questões *científicas*, podemos facilmente ser pegos no fogo cruzado de conflitos ideológicos, mesmo sem saber.

Os grupos ambientalistas podem muitas vezes relatar problemas com precisão e diligência, mas são grupos políticos e devemos esperar que escolham a dedo suas evidências para promover seus objetivos. Devemos esperar o mesmo da indústria e dos governos, que muitas vezes servem às elites políticas e econômicas. Geralmente, o governo e as organizações governamentais internacionais fornecem informações precisas, mas também têm agendas políticas importantes e devemos usar essas fontes de forma consciente e com propósito. A literatura científica é imperfeita com seus próprios preconceitos e políticas, mas possui sistemas de proteção contra a propaganda aberta.

A epistemologia usada neste livro parte do princípio de que todo conhecimento é político e, portanto, nunca é uma visão não enviesada da realidade – todo conhecimento é produzido, distribuído e sustentado com um propósito. Por outro lado, a epistemologia utilizada aqui também presume que a condição humana não é tão subjetiva que o conhecimento confiável seja impossível. Uma estratégia para sobrepujar as forças da subjetividade política e estabelecer uma compreensão defensável do mundo é corroborar pontos de vista ao longo do tempo. Quando alguma forma de realidade pode ser descrita de maneira semelhante por várias pessoas com interesses e perspectivas diferentes, esse conhecimento é mais confiável, é intersubjetivo.

O processo de supervisão e corroboração na ciência vem da revisão por pares, que fornece um sistema de testemunhas de boa fé. Os especialistas avaliam cada publicação, incluindo este livro que você está lendo. Os autores devem responder às críticas de outros especialistas na área e revisar seu trabalho de acordo. Com o tempo, a confirmação aumenta abertamente a confiança e o corpo de conhecimento cresce.

Essa abordagem encontra respaldo no "realismo limitado" de Norton, que admite que somos forçados a interpretar o mundo individualmente, mas a experiência e o tempo eliminam os erros. Nossos sistemas de crenças e comportamento que vêm de nossa compreensão do mundo "devem resistir ao teste de mais e mais experiências por parte de mais e mais observadores e suas contribuições ao longo do tempo" (Norton, 2005). A corroboração por múltiplas vozes fornece um julgamento compartilhado para construir um terreno comum para uma ação sensata. De fato, o pensador ecológico Aldo Leopold alertou que a própria sobrevivência humana testará a validade de nossas crenças e decisões.

Dito isso, raramente há unanimidade nas comunidades de cientistas, e o uso responsável da ciência indica que trabalhamos com o consenso que é forjado nessas comunidades, mesmo com o entendimento de que sempre é possível que os dissidentes minoritários tenham razão no fim.

Isso significa que é irresponsável ignorar descobertas científicas sobre a condição humana apenas porque podemos não gostar do que essas descobertas dizem ou significam para nós. David Orr (2002) escreveu que educar-nos sobre a mudança das condições ambientais é um dos problemas centrais para a sustentabilidade. Desenvolver uma cidadania mais criativa e responsável por essas mudanças é outro desafio central. Este livro foi escrito com a suposição de que a ciência ortodoxa mantém ativamente várias agendas políticas e suas conclusões podem estar bastante erradas, mas temos a responsabilidade de atender às afirmações que têm mais escrutínio e comprovações ao longo do tempo.

Então, o que parte dessa literatura indica? Por um lado, o que a literatura científica diz e o que o público muitas vezes pensa que ela diz estão desconectados. O exemplo mais claro dessa questão são as mudanças climáticas. Embora haja um debate público, especialmente nos Estados Unidos, sobre a realidade da mudança climática causada pelo ser humano, a ciência básica do aquecimento global existe há muito tempo e não foi refutada. Há um consenso claro e robusto na comunidade científica de que o clima da Terra está esquentando e que as emissões humanas são a causa dominante. No entanto, este é apenas o começo.

1.4 Mudança ambiental e social global

Henry Hudson chegou ao que se tornaria Nova York em 1609. Esses colonos descobriram ostras (*C. virginica*) com quase 30 centímetros de largura, o que significa que eram mais velhas, entre mais de 350 milhas quadradas de leitos de ostras em funcionais. Essas ostras filtravam a água, limpando-a para que a luz do sol conseguisse chegar ao fundo do mar, e as plantas pudessem crescer como a base de um sistema costeiro verdadeiramente diversificado. Nessa época, os pombos-passageiros tapavam o sol e derrubavam árvores ao pousar. Predadores vagavam e o mundo estava bastante cheio. Os povos indígenas Lenape e pré-Lenape coletaram *intensivamente* essas ostras por pelo menos 8 mil anos, enquanto ao mesmo tempo gerenciavam o sistema de forma que as necessidades desse sistema fossem atendidas – as necessidades das ostras e dos organismos ecológicos circundantes eram atendidas. O povo Lenape construiu um sistema político e econômico sustentável. Infelizmente, os novos colonos derrubaram o sistema de ostras de Nova York a partir de 1810. As ostras estavam no centro da subsistência, economia e cultura de Nova York, mas apenas como uma mercadoria. Como os colonos não as viam como algo que tinha necessidades e deveria poder atendê-las, eles se permitiram aniquilá-las. A demanda de Nova York por ostras não diminuiu, no entanto, e os bancos de ostras subsequentes foram esgotados em série e desmoronaram um após o outro na costa do Atlântico. Se algo é uma mercadoria, é um simples substituto para o dinheiro e pode ser substituído por outros substitutos – neste caso, outros bancos de ostras – sem preocupação moral ou pública. Claro, as ostras e todo o sistema costeiro integrado tiveram e têm necessidades que não foram atendidas, e agora *C. virginica* está "funcionalmente extinta", o que significa que elas não filtram mais a água de nossos estuários nem organizam o ecossistema com seus leitos, como no passado.

As contradições que existiam antes da queda do Império Romano podem ter corolários contemporâneos para uma crescente economia mundial, população e cultura de consumo. As coisas mudaram muito rapidamente para nós e para os ambientes em que vivemos, principalmente nos últimos 50 a 100 anos; em comparação com a nossa história na Terra, essas mudanças devem ser bastante surpreendentes.

Todos os organismos que existem na Terra conosco agora são resultado de uma dança complexa e bela que funcionou por eras. O *Homo sapiens* evoluiu dentro da família dos grandes símios, na qual nosso último ancestral comum viveu de 5 a 6 milhões de anos atrás, mas os seres humanos modernos passaram a existir apenas entre 100 e 200 mil anos. Como outras espécies, evoluímos sob condições e necessidades específicas que são atendidas por sistemas e ciclos ecológicos específicos que fornecem serviços ecossistêmicos. Também evoluímos por meio da notável capacidade humana de pensar abstratamente, cooperar uns com os outros e planejar com antecedência.

Nossa capacidade de modificar o ambiente de acordo com nossas próprias necessidades é verdadeiramente surpreendente e sem precedentes na história da Terra. Essa capacidade levou a avanços revolucionários na forma como as pessoas vivem: por meio da Revolução Agrícola que permitiu civilizações sedentárias há cerca de 10 mil anos, a Revolução Industrial há cerca de 250 anos e a Revolução da Informação há apenas algumas décadas, que produziu computadores e internet. A partir desses avanços, temos ferramentas, como a medicina moderna, que permitem uma expectativa de vida muito maior, pelo menos para as pessoas que têm acesso a eles. Nossa capacidade de cultivar mais alimentos na mesma quantidade de terra aumentou drasticamente nos últimos 50 anos, e isso alimentou uma população que cresceu para quase 8 bilhões de pessoas, uma mudança demográfica que adicionou mais de 6 bilhões de pessoas em apenas 200 anos.

Assim, a produtividade agrícola acompanhou os saltos gigantescos da população durante o século XX. No entanto, alimentar o mundo no futuro exigirá que mais do que dobremos a quantidade de alimentos que estamos produzindo agora e mudemos nossas dietas porque alimentar o gado para obter carne e laticínios é 89% ineficiente (apenas 11% das calorias consumidas pelo gado são convertidas em calorias humanas) e atualmente gastamos 34% das calorias comestíveis para seres humanos para alimentar o gado e 16% para fins não alimentares, como combustível (Ray *et al.*, 2019).

Nossa capacidade de mudar a Terra, assim como as contradições do crescimento descritas anteriormente, tem dois caminhos. Ao conseguirmos construir uma espécie bem povoada dentro de uma economia global, esse crescimento gerou contradições críticas. Ao mesmo tempo em que a disponibilidade de alimentos precisa aumentar enormemente em algumas décadas, o crescimento das produções agrícolas essenciais está diminuindo, os solos estão se degradando, a biomassa está sendo transformada em energia (etanol) em vez de alimentos, a disponibilidade de água está reduzindo em muitas áreas do mundo, os principais insumos – como o fertilizante de fósforo não renovável – podem se esgotar entre 2050 e 2100, enquanto se espera que a mudança climática diminua a produtividade alimentar "precisamente onde a desnutrição é mais prevalente" (Hertel, 2011). Essas mudanças podem criar "tempestades perfeitas" de perdas agrícolas em áreas localizadas (Hertel, 2011) e afetar drasticamente os preços da terra e dos alimentos, o que pode causar crises sociais, particularmente em áreas urbanas de países pobres. Estimativas de Ray *et al.* (2019) revelaram que, se o sistema alimentar global produzir alimentos suficientes para a população de 9,7 bilhões estimada para 2050, isso exigirá "mudanças radicais" – mas permanecer na trajetória em que estamos agora significará um déficit de 119%. Ray *et al.* mostram que é possível atender às necessidades de 9,7 bilhões de pessoas, mas decisões sociais críticas, como nivelar a desigualdade de renda e danos ambientais causados pela agricultura, como erosão do solo e esgotamento dos aquíferos, devem ser resolvidos. Este será o desafio fundamental dificultado pelo aumento das secas e escassez de água, uma vez que a irrigação responde por 90 a 94% do consumo de água doce (Kummu *et al.*, 2016), e as mudanças climáticas já *reduziram* o rendimento médio das culturas, embora existam variações regionais (Ray *et al.*, 2019).

No atual estado das coisas, a ação humana em vários níveis minou os sistemas ecológicos que são a fonte de nosso desenvolvimento. Essa é a contradição de crescimento e progresso central para os debates sobre progresso e colapso encontrados na sustentabilidade – assim como o crescimento e o progresso do Império Romano plantaram sementes para sua própria ruína e "a prosperidade amadureceu o princípio da decadência" (Gibbon, 1994).

Na história da vida na Terra, descobrimos que todas as espécies acabam se extinguindo. Obviamente, a espécie humana deve enfrentar o fato de que não estamos isentos dessa universalidade. Consequentemente, temos algo como um "tempo de vida" que até agora foi de apenas de 100 a 200 mil anos.

Comparado com a expectativa de vida de 300 milhões de anos de alguns animais como as trilobitas, nossa vigência atual é apenas um instante planetário. No entanto, a humanidade iniciou enormes mudanças em nível planetário, especialmente medidas em relação à nossa própria breve existência. Os seres humanos só viveram com a agricultura sedentária nos últimos 10 mil anos e com a produção industrial apenas nos últimos 250 anos. No entanto, esses dois últimos períodos forçaram mudanças ambientais globais aceleradas em sistemas primordiais que levaram eras para se desenvolver, com impactos intensificados após a Segunda Guerra Mundial. Isso significa que os seres humanos provocaram grandes alterações nos sistemas ecológicos em apenas uma fração de nosso tempo na Terra.

Curiosamente, as análises de restos de esqueletos indicam que a saúde humana em geral era melhor antes da Revolução Agrícola e, após essa mudança, o tempo médio de vida realmente diminuiu (Angel, 1984). Só no século XX os países ricos viram a expectativa de vida passar dos 40 anos, e agora a expectativa de vida média das pessoas nos Estados Unidos é de 79 anos (Wells, 2010; Banco Mundial, 2019).

Mais da metade da terra sem gelo foi alterada por pessoas para agricultura, estradas, infraestrutura e assentamentos, removendo o *habitat* de outros organismos e interrompendo serviços ecológicos essenciais para as pessoas. De todo o uso da terra no qual a energia solar é convertida por plantas em todo o planeta, a cada ano, entre 37% e 50% são ocupados por pessoas, diminuindo o suprimento de energia para as outras 5 a 15 milhões de espécies e isso, por si só, é uma ameaça à sustentabilidade humana.

A erosão e a degradação do solo, um problema frequentemente ignorado, aumentaram no século XXI para 35,9 petagramas *por ano*, impulsionados principalmente pela expansão do uso da terra (Borrelli *et al.*, 2017). Um petagrama corresponde a um bilhão de toneladas. A degradação do solo (por exemplo, a perda de fertilidade) e a erosão são ameaças muito sérias à sustentabilidade e estão relacionadas ao colapso generalizado das civilizações no passado (Montgomery, 2012). O solo é produzido pelo intemperismo das rochas e pela decomposição do material orgânico, sujeito a clima, tempo, topografia e organismos num processo lento, mas também é um eixo para o cultivo de alimentos e produção de nutrição, fibras, ar e água limpos, sem mencionar que é a base da saúde e estabilidade do ecossistema. A taxa de perda de solo em terra arada é de 1 a 2 ordens de grandeza maior do que as taxas de produção de solo (Montgomery, 2007). A erosão é geograficamente desigual não apenas porque a topografia é importante, mas porque os países ricos conseguem aumentar a produção com mais insumos como fertilizantes, enquanto áreas mais pobres podem ter apenas expansão da agricultura para áreas topográficas menos ideais, como encostas, nas quais a erosão é exponencialmente mais rápida. Montgomery escreve:

> Se as taxas de erosão agrícola permanecerem muito além das taxas de produção do solo, a sociedade global será eventualmente compelida a adotar métodos agrícolas que sustentem o solo ou enfrentar uma competição crescente por uma base de terras agrícolas cada vez menor (Montgomery, 2007).

Isso reforça a contradição de um princípio geral da teoria evolutiva – à medida que uma população aumenta em um único *habitat*, em algum limiar, as chances de sobrevivência diminuem. Devido à erosão e à degradação do solo *somente*, já seremos confrontados com inseguranças alimentares cada vez mais urgentes.

Infelizmente, os problemas do solo não são nossos únicos desafios. O *habitat* perdido e fragmentado, em conjunto com outros fatores, como a poluição, produziu o que é chamado de **Sexta Grande Extinção** da vida na Terra. Todas as espécies se extinguem, mas tendem a existir por 1 a 10 milhões de anos, o que significa que há uma taxa normal de extinções, que sabemos pelos registros fósseis que abrangem centenas de milhões de anos. No entanto, houve extinções pontuadas cinco vezes na história da vida – durante os períodos Ordoviciano, Devoniano, Permiano, Triássico e Cretáceo/Terciário. Os biólogos explicam que a Sexta Extinção é evidente porque as extinções da flora e da fauna são pelo menos cem a mil vezes a taxa de extinção normal.

Nesse sentido, não precisamos esperar por um colapso, ele já está ocorrendo no mundo não humano. A perda de biodiversidade alterou e continuará a alterar a evolução futura da vida na Terra, reduzindo o *pool* genético, tornando a vida mais homogênea e promovendo espécies que florescem em ambientes modificados pelo ser humano (por exemplo, abutres, esquilos e coiotes), incluindo espécies invasoras, pragas e ervas daninhas. "Em contraste, a extinção atual não se parece com nenhuma das anteriores e pode acabar sendo a maior de todas" (Celâl *et al.*, 2008).

E a perda da biodiversidade é mais do que uma perda de preciosos parceiros da Terra. Por exemplo,

> (1) a diversidade genética aumenta o rendimento das culturas comerciais; (2) a diversidade de espécies de árvores aumenta a produção de madeira nas plantações; (3) a diversidade de espécies de plantas em pastagens aumenta a produção de forragem; e (4) o aumento da diversidade de peixes está associado a uma maior estabilidade dos rendimentos da pesca (Cardinale *et al.*, 2012).

Quando plantas e animais se extinguem, funções-chave como a polinização são perdidas, ameaçando a sustentabilidade dos ecossistemas em todo o mundo, porque a biodiversidade estabiliza os ecossistemas, e a perda da biodiversidade causa grande instabilidade neles. Consequentemente, a perda de biodiversidade ameaça a sustentabilidade humana:

Mudanças na diversidade podem reduzir diretamente as fontes de alimentos, combustível, materiais estruturais, medicinais ou recursos genéticos. Essas mudanças também podem alterar a abundância de outras espécies que controlam os processos do ecossistema, levando a novas mudanças na composição da comunidade e vulnerabilidade à invasão (Chapin III *et al.*, 2000).

Entre esta perda de biodiversidade está a perda de variedades de plantações que são cultivadas por diferentes culturas. De fato, as áreas mais ricas de linguagem e etnias correlacionam-se com áreas de diversidade de flora e fauna. Existe uma ligação incontestável entre plantas, animais e terras das quais as pessoas se beneficiam e os sistemas de conhecimento, desenvolvimento linguístico e identidade cultural que crescem conjuntamente a esses nichos ecológicos. Isso tudo está sendo perdido por forças poderosas que estão:

> colocando a diversidade do mundo, tanto na natureza quanto na cultura, cada vez mais em risco. *Isso significa nada menos do que colocar em risco a própria base da vida na Terra como a conhecemos*: os sistemas naturais de suporte à vida que evoluíram no planeta e suas contrapartes culturais coevoluíram dinamicamente com eles desde o aparecimento do *Homo sapiens* (Maffi, 2006, grifo meu).

Áreas de rica biodiversidade e diversidade cultural apresentam um "risco paralelo de extinção" (Schäfer, 2012), o que significa que espécies e culturas estão sendo extintas simultaneamente, extinção esta em parte causada por "perda drástica de raças de gado e variedades agrícolas, bem como tradições para criá-los, e erosão ou obliteração de culinárias e hábitos alimentares regionais" e, como a diversidade está sendo perdida para a homogeneidade "quase em toda parte", "as forças que promovem a homogeneidade estão perpetrando um estágio final em escala global" (Redford; Brosius, 2006). "Estágio final" é outra maneira de dizer ruína total e colapso.

A água representa outro desafio. De fato, a humanidade já controla cerca de metade da água doce disponível globalmente, e mudamos o ciclo da água alterando rios, convertendo zonas úmidas e modificando a forma como a água é distribuída ao redor do mundo, propiciando mudanças profundas em teias alimentares maiores. Ironicamente, à medida que exercemos mais controle sobre os ciclos da água, *maiores* proporções da população humana vivem com escassez de água – em 1900, apenas cerca de 2% da população mundial viviam com escassez de água; em 1960, eram 9% e, em 2005, esse número atingiu 35% (Kummu *et al.*, 2010). Além disso, "O potencial global máximo para uso consuntivo de água doce (ou seja, o limite planetário de água doce [ver Capítulo 4]) está se aproximando a passos largos, independentemente da estimativa usada" (Kummu *et al.*, 2016). Até 2050, espera-se que o número de pessoas vivendo com escassez de água, em parte como resultado das mudanças climáticas, aumente dez vezes (McDonald *et al.*, 2011). Estas são claras contradições ao bem-estar e à sustentabilidade da população humana.

A sociedade industrial também mudou a maneira como o carbono se move entre a terra, o ar e a água. O carbono é naturalmente mobilizado da terra, por exemplo, durante incêndios florestais ou decomposição da vida vegetal e animal, para a atmosfera e os oceanos e de volta novamente para o ar e a terra, e isso é chamado de **ciclo do carbono**. Antes da Revolução Industrial, a contribuição humana para o ciclo do carbono era trivial, dadas nossas pequenas populações e mudanças menores na terra. No entanto, após a Revolução Industrial, a queima de carvão e petróleo tornou-se a base da energia para as sociedades industriais e as emissões de dióxido de carbono (CO_2) aumentaram drasticamente como resultado. Voltando um milhão de anos ou mais, os níveis de CO_2 nunca ultrapassaram 300 partes por milhão (ppm) na atmosfera; atualmente, estamos a caminho de ultrapassar 415 ppm na década de 2020 (Lindsey, 2019). A Figura 2 mostra o aumento do CO_2 atmosférico no vulcão Mauna Loa, no Havaí.

O CO_2 é um gás que absorve calor na atmosfera e as emissões humanas dos gases de efeito estufa são a razão dominante para as mudanças climáticas evidentes desde o século XX. Em 2019, as temperaturas médias globais aumentaram 1,15°C (2,07°F) em comparação com a média pré-industrial (1880-1900) – e o ritmo do aquecimento dobrou nesse mesmo período a partir de 1981 (Lindsey; Dahlman,

2020). Assim, "o aquecimento do sistema climático é inequívoco e, desde a década de 1950, muitas das mudanças observadas não têm precedentes ao longo de décadas a milênios" (IPCC, 2013).

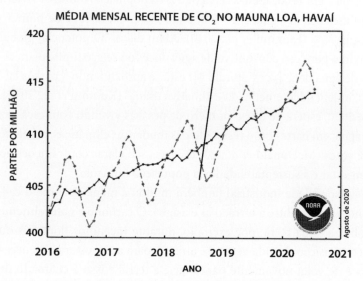

Figura 2 – Curva de Keeling do CO_2 atmosférico no Mauna Loa, Havaí
Nota: As linhas denteadas são as variações sazonais de CO_2 que mudam conforme as plantas absorvem CO_2 na primavera e no verão e perdem CO_2 por decomposição no outono e no inverno; a linha reta subindo é a média global.
Fonte: NOAA. Disponível em: www.esrl.noaa.gov/gmd/about/disclaimer. html e https://sos.noaa.gov/copyright-information/

Desse aquecimento, 93% foram absorvidos pelo **Oceano Mundial**, o que por si só "contribuiu para a intensificação das chuvas, o aumento do nível do mar, a destruição de recifes de coral, o declínio dos níveis de oxigênio nos oceanos e a redução das camadas de gelo, geleiras e calotas polares nas regiões polares" (Cheng *et al.*, 2019). Se esse calor fosse instantaneamente transferido para a atmosfera, aumentaria a temperatura da Terra em uma média de 36°C (65°F) (Levitus *et al.*, 2012).

O aquecimento do oceano muda a forma como a água do mar se desloca ao redor do mundo, o que é um problema porque as correntes oceânicas estabilizam o clima da Terra. Alterar o sistema marinho dessa maneira também ameaça os organismos marinhos que vivem lá e mexe com todo o ciclo da água da Terra. O aquecimento global teve uma infinidade de impactos confirmados – derretimento de geleiras, aumento do nível do mar, perda geral de biodiversidade, surtos de pragas, mudanças rápidas na cadeia alimentar marinha, secas, inundações e alterações nas culturas agrícolas (que em algumas áreas melhoram e, em outras, têm um declínio) e uma grande redução no gelo marinho de verão no Ártico. Além disso, o CO_2 é absorvido principalmente da atmosfera pelo mar e, se grande quantidade estiver presente, o ácido carbônico acidifica a água. A acidificação dos oceanos ameaça peixes, recifes de corais e qualquer organismo que tenha um corpo com carbonato de cálcio em sua composição, como os organismos que constroem as conchas que encontramos na praia. O previsto é que essa acidificação também provoque uma perda sistemática de biodiversidade com fortes repercussões sobre os principais predadores marinhos devido aos impactos gerais na teia alimentar (Vizzini *et al.*, 2017).

De fato, a perda de biodiversidade pode ser mais séria nos oceanos. A pesca, a degradação do *habitat*, a poluição, as invasões de espécies, as mudanças climáticas, a acidificação e o escoamento de nutrientes (nitrogênio e fósforo) estão reduzindo a biodiversidade e a função do Oceano Mundial. O cientista marinho Jeremy Jackson escreve no *Proceedings of the National Academy of Sciences*:

> Hoje, os efeitos sinérgicos dos impactos humanos estão preparando o terreno para uma extinção em massa comparativamente grande do Antropoceno nos oceanos, com consequências ecológicas e evolutivas desconhecidas. Os efeitos sinérgicos da destruição do *habitat*, pesca excessiva, espécies introduzidas, aquecimento, acidificação, toxinas e escoamento maciço de nutrientes estão transformando ecossistemas outrora complexos, como recifes de corais e florestas de algas em fundos monótonos, transformando mares costeiros límpidos e produtivos em anóxicas [com baixo teor de oxigênio] zonas mortas e transformando teias alimentares complexas encimadas por grandes animais em ecossistemas simplifica-

dos e dominados por micróbios, com ciclos de expansão e retração de proliferação de dinoflagelados tóxicos, águas-vivas e doenças (Jackson, 2008).

"Antropoceno" é o termo usado para descrever o período atual em que os seres humanos dominam todos os ecossistemas, e Jackson indica que estamos destruindo teias alimentares complexas e substituindo-as por sistemas marinhos simples, empobrecidos e devastados.

Essas **mudanças ecológicas estruturais**, ou mudanças na organização básica dos sistemas e ciclos da Terra, levaram uma ampla gama de cientistas, como o físico Stephen Hawking, que duvida que os seres humanos vivam mais cem anos (*apud* Höhler, 2010), e muitos outros pensadores e filósofos a especular que nós, seres humanos, representamos a maior ameaça para nós mesmos (Western, 2001; Fuller, 2008). Outros alertam que violamos os limites de um espaço confortável para a humanidade (Rockström *et al.*, 2009). Alguns cientistas acreditam que o aumento do interesse pela sustentabilidade vem de "evidências de que a humanidade está colocando em risco seus próprios interesses de longo prazo ao consumir além da capacidade da Terra" (McMichael *et al.*, 2003).

Outros, ainda, fora da literatura científica, argumentaram que essas mudanças são fictícias ou exageradas e que, não importa o que aconteça, o ser humano é inteligente e se adaptará a qualquer problema com engenhosidade econômica e avanços tecnológicos. Esse **ceticismo ambiental** e **negacionismo climático** são posicionamentos que afirmam que não há problemas ambientais globais autênticos que ameacem a sustentabilidade e que a mudança climática em particular não está acontecendo, não é causada pelos seres humanos ou não será um problema. Embora esses posicionamentos estejam completamente alheios aos posicionamentos científicos e até mesmo éticos convencionais, a perspectiva é coerente com a crença cultural ocidental dominante que mantém uma forte fé na eficácia da ciência e da tecnologia em nome da produção industrial e na abundância futura, independentemente dos limites dos sistemas, ciclos e recursos reais da Terra.

No entanto, podemos ver os efeitos das mudanças ambientais globais já no aumento de doenças e mortalidade; tais mudanças afetam a disponibilidade e força dos patógenos, a disponibilidade de alimentos e água e outras dinâmicas de saúde fundamentais. Em uma avaliação publicada no *The Lancet*, os autores alertam sobre "efeitos na saúde devido às perturbações sociais, econômicas e políticas da mudança climática, incluindo efeitos na produção regional de alimentos e no abastecimento de água" (McMichael *et al.*, 2006) que, infelizmente, são difíceis de quantificar diretamente. Além disso, essas alterações nos sistemas e ciclos essenciais da Terra parecem fornecer um obstáculo substancial para o desenvolvimento dos países mais pobres.

Talvez o aspecto mais preocupante de todas essas mudanças seja que elas são "sinérgicas", como Jackson escreveu no trecho reproduzido anteriormente. As ameaças geralmente convergem para causar outros problemas que alimentam mais problemas. Os cientistas concordam que

> múltiplos estresses ambientais causam mais do que efeitos aditivos. Eles criam sinergias por meio da interação e produzem resultados quantitativa e qualitativamente diferentes a partir de fatores únicos que agem sozinhos. Tais resultados são derivados de processos não lineares que operam em múltiplas escalas espaço-temporais e levam a limiares ou pontos críticos nos quais as taxas de mudança variam drasticamente e/ou o sistema muda para um estado diferente. No entanto, muitas, se não a maioria, não linearidades são desconhecidas, e as lacunas na compreensão desses fenômenos levam a lacunas em saber como responder a elas em termos de elaboração de políticas e abordagens de gestão (Miles, 2009).

Em suma, as atividades humanas, especialmente desde a Revolução Industrial e aceleradas após a Segunda Guerra Mundial, alteraram as condições operacionais básicas da vida na Terra, causando mudanças ecológicas estruturais e desorganizando paisagens inteiras, tudo em um tempo muito curto. Estudiosos de sustentabilidade do mais alto nível alertam que essas mudanças sistêmicas nos sistemas de suporte à vida essenciais, em conjunto com sistemas sociais que têm pouca flexibilidade, ameaçam a comunidade humana global de hoje. Veja esta avaliação em *The Proceedings of the National Academy of Sciences of the United States*:

Atualmente, enfrentamos um conjunto de crises interconectadas que ameaçam a sustentabilidade de nosso sistema socioecológico global cada vez mais frágil. Isso inclui a mudança climática, o pico iminente e o declínio dos principais recursos energéticos não renováveis e a perda da diversidade biológica que pode reduzir a resiliência de nosso ecossistema global e sua capacidade de atender às necessidades humanas. Embora a maioria das sociedades que entraram em declínio no passado tenham sido substituídas por novas, essas sociedades eram relativamente isoladas, sem a interdependência de nossa atual comunidade global e a interconexão das crises que enfrentamos hoje. A possibilidade de que nossa sociedade global possa sofrer um declínio torna este um período "sem analogia" na história da humanidade, no qual falhas sociais ou ambientais maciças em uma região podem ameaçar todo o sistema (Beddoe *et al.*, 2009).

1.5 Resumo

1.5.1 O que sabemos?

Sabemos que os seres humanos causaram mudanças em larga escala nos sistemas de suporte de vida ecológicos essenciais, enquanto também experimentamos profundas mudanças sociais e demográficas nos últimos 10 mil anos, mas especialmente nos últimos 200 anos. As mudanças após a Segunda Guerra Mundial vieram com expectativa de vida mais longa, crescimento no desenvolvimento da economia mundial (especialmente para os países ocidentais industrializados) e melhor qualidade de vida para muitas pessoas. Sabemos também que esse crescimento tem causado graves contradições para a sustentabilidade humana. Se o Império Romano serve de comparação, à medida que usamos nossa capacidade de conquistar mais e mais do mundo, podemos estar plantando as sementes de nossa destruição, minando as pré-condições de nossa própria existência. Felizmente para nós, ao contrário das sociedades passadas, temos relatos rigorosos de seus colapsos no registro antropológico. Para que isso tenha valor, precisamos aprender e agir com base nessas lições.

1.5.2 Considerações fundamentais

1. Na sua opinião, quais são as melhores formas de obter conhecimento sobre a Terra e seus sistemas ambientais?

2. Quais são as responsabilidades de indivíduos, grupos, países e comunidades globais em relação ao arcabouço de conhecimento sobre mudança ecológica?

3. Os problemas sinérgicos da mudança ambiental global apresentam um conjunto complexo de questões – como você acha que lidaria com elas?

4. Se as contradições à sustentabilidade indicam que um tipo de bem-estar pode vir de outras fontes de bem-estar, que critérios devem ser usados para decidir os *trade-offs* entre fontes econômicas, sociais e ecológicas de bem-estar?

5. Na sua opinião, quais são as principais causas da mudança ambiental global?

6. Como você acha que diferentes povos em outros países e comunidades sentirão os efeitos de coisas como mudanças nas condições de produção de alimentos ou disponibilidade de água?

7. Como você acha que a geografia afeta a forma como as mudanças ambientais globais são sentidas?

8. Quais são os primeiros problemas que precisamos resolver?

1.5.3 O que você acha das soluções de sustentabilidade a seguir?

1. Problemas e ideias de sustentabilidade embasam a educação geral a partir dos 4 anos de idade em todos os países. Os alunos precisam aprender sobre sua biorregião específica e as alterações que ela experimentou, além de maneiras de impedir que mudanças mais prejudiciais ocorram. Este não seria somente mais um tema de estudo, mas a estrutura para todos os outros tópicos. Matemática e ciências, educação cívica e literatura poderiam ser organizadas em torno de ideias de sustentabilidade.

2. Os governos começam a pensar em sustentabilidade com a mesma urgência que a sobrevivência e a segurança nacionais, e implementam financiamento, infraestrutura e políticas para refletir "sustentabilidade como segurança".

3. Os governos veem a sustentabilidade como base para o bem-estar social, em vez da segurança nacional, e começam a implementar políticas sociais que reflitam essa prioridade.

4. As corporações recebem certos subsídios públicos. Em troca desses subsídios, as empresas devem mostrar como promovem ou não prejudicam os esforços de sustentabilidade. Aquelas que são mais compatíveis com as preocupações de sustentabilidade recebem benefícios fiscais, mas as que criam problemas de sustentabilidade (como empresas petrolíferas ou mineradoras) devem pagar impostos mais altos.

1.5.4 *Qual é sua opinião sobre o seguinte silogismo?*

Silogismo é uma antiga forma de raciocínio em que uma conclusão é inferida a partir de duas ou mais proposições principais:

Premissa A: Os ciclos e sistemas da Terra fornecem suporte essencial para a civilização humana.

Premissa B: As atividades da civilização humana estão minando os ciclos e sistemas da Terra.

Conclusão: As atividades da civilização humana são insustentáveis.

1.6 Leitura complementar

CEBALLOS, G.; EHRLICH, P. R.; RAVEN, P. H. Vertebrates on the brink as indicators of biological annihilation and the Sixth Mass Extinction. *Proceedings of the National Academy of Sciences*, 201922686, 2020. DOI: 10.1073/pnas.1922686117.

Este estudo indica que provavelmente "237 mil populações de [...] espécies desapareceram desde 1900" e a perda de biodiversidade é provavelmente pior do que a estimada anteriormente. Os autores observam que a interdependência de outras espécies com espécies que se extinguem significa que elas também podem se extinguir, uma vez que "extinções geram extinções". Eles alertam que as pressões humanas sobre a biosfera estão crescendo rapidamente e seus resultados "enfatizam novamente a extrema urgência de serem tomadas ações mundiais muito amplas para salvar espécies selvagens e os sistemas cruciais de suporte à vida da humanidade dessa ameaça existencial".

VITOUSEK, P. M. *et al.* Human domination of Earth's ecosystems. *Science*, v. 277, p. 494-499, 1997.

Neste resumo clássico das principais mudanças estruturais nos sistemas e ciclos da Terra, como a Sexta Grande Extinção e as mudanças climáticas, os pesquisadores mostram que todos os ecossistemas da Terra agora são dominados, ou seja, profundamente influenciados e controlados pela atividade humana.

HOOPER, D. U. *et al.* A global synthesis reveals biodiversity loss as a major driver of ecosystem change. *Nature*, v. 486, n. 7401, p. 105-108, 2012.

Este estudo indica que "as extinções estão alterando processos-chave importantes para a produtividade e sustentabilidade dos ecossistemas da Terra", em que a perda de espécies está tendo um efeito mensurável nas principais funções do sistema terrestre, ao mesmo tempo e em grau semelhante a outras forças globais, como acidificação dos oceanos e mudanças climáticas.

ROSENZWEIG, C. *et al.* Attributing physical and biological impacts to anthropogenic climate change. *Nature*, v. 453, n. 7193, p. 353-357, 2008.

Este artigo inovador estudou sistemas biológicos (por exemplo, floração de plantas) e físicos (por exemplo, geleiras) em todo o mundo e descobriu que esses sistemas estão mudando em escala continental de uma forma que não pode ser explicada sem incluir as emissões humanas dos gases de efeito estufa que forçam o aquecimento.

ORR, D. W. *Earth in mind:* On education, environment, and the human prospect. Washington, D.C.: Island Press, 2004.

Orr fornece uma perspectiva sóbria, mas inspiradora, sobre nossos desafios atuais e como pensá-los. O autor é um líder global em pensamento de sustentabilidade e este é um de seus trabalhos mais conhecidos. Ele discorre, em particular, sobre as mudanças ambientais globais como um problema de educação e conhecimento e, por fim, como essas forças se relacionam com a identidade humana.

DALY, H.; COBB, J. *For the common good:* Redirecting economy toward community, the environment, and a sustainable future. Boston: Beacon Press, 1989.

Daly e Cobb discorrem com elegância sobre os principais problemas do crescimento econômico em detalhes elaborados. Este trabalho de Daly, um economista que defendeu uma economia de Estado estacionária (não baseada no crescimento), e Cobb, um teólogo, contextualiza o crescimento econômico industrial como um fator central para a crise ecológica de uma forma que continua a ser relevante. Este livro foi apontado pelo Programa de Liderança em Sustentabilidade da Universidade de Cambridge e pela Greenleaf Publishing como um dos 50 melhores livros de sustentabilidade, e foi vencedor do Prêmio Grawemeyer de "Ideias para melhorar a ordem mundial" de 1992. É verdadeiramente um clássico no pensamento de sustentabilidade.

THIELE, L. P. *Indra's net and the midas touch:* Living sustainably in a connected world. Cambridge, MA: MIT Press, 2011.

Primorosamente bem escrito, este livro descreve a "primeira lei da ecologia humana", que declara que nunca podemos fazer meramente "uma coisa" porque a natureza do mundo é baseada na interdependência. Este princípio orientador leva Thiele a explorar em todas as disciplinas o que significa viver com prudência e sabedoria em um mundo profundamente interdependente.

2
Os princípios da sustentabilidade

Mapa do capítulo

A discussão deste capítulo é a da interdependência complexa, que ocorre em sistemas e é uma característica definidora do mundo em que vivemos com outras pessoas e sistemas ecológicos. Este capítulo toma como base o Capítulo 1, ao elaborar a estrutura problemática recorrente da sustentabilidade, que é a contradição essencial de consumir produtividade *dentro dos sistemas*. Como vivemos em um mundo profundamente inter-relacionado, tudo o que fazemos afeta outras partes dos sistemas em que humanos e não humanos vivem, e os sistemas em que vivemos são, portanto, complexos. A estrutura problemática da sustentabilidade em sistemas complexos é exemplificada no caso da história do bacalhau da Terra Nova. Abordaremos também o fato de que a ideia de sustentabilidade é "essencialmente contestada", pois há consenso sobre as ideias abstratas, mas quando as colocamos em prática, há menos concordância sobre como fazer *trade-offs* econômicos, sociais e ecológicos. Dito isso, por haver acordo sobre os princípios, o capítulo termina delineando os Primeiros Princípios, ou parâmetros, de uma sociedade sustentável.

2.1 Pesca do bacalhau e uma grande encrenca

Desde que os colonos desembarcaram nas costas da América do Norte, houve relatos de uma abundante pesca de bacalhau no nordeste. Na costa atlântica dos Estados Unidos e Canadá, uma área chamada Georges Bank e o golfo do Maine promoveram a pesca do bacalhau por mais de 400 anos. Segundo alguns relatos antigos, havia tantos peixes que uma pessoa poderia descer do navio e chegar à costa caminhando sobre seus dorsos na água. Tratou-se de uma das atividades pesqueiras mais ricas do mundo. Com isso, a primeira grande indústria da região foi a pesca, gerando empregos diretos e indiretos e renda que moldaram a região no que ela é hoje.

Já na década de 1970, cientistas de ambos os países começaram a alertar contra a pesca excessiva do bacalhau. Na Terra Nova, no Canadá, e na Nova Inglaterra, nos Estados Unidos, essa era uma mensagem delicada para os pescadores que há gerações vinham efetuando a pesca do bacalhau e que dependiam inteiramente dessa prática. Se o bacalhau estivesse sendo superexplorado, isso implicaria que a pesca precisaria ser reduzida, e a receita dos pescadores diminuiria, colocando os pagamentos de barcos e hipotecas e as poupanças em perigo.

Por outro lado, se fosse verdade que o bacalhau estava sendo superexplorado e não houvesse redução na pesca, ou a pesca não fosse reduzida o suficiente, o próprio bacalhau estaria em perigo, e então todo o futuro dos pescadores estaria em perigo junto com o peixe. A contradição de consumir produtividade entra nessa controvérsia e, de fato, houve propostas e planos, protestos e debates de políticas.

Em torno desses debates havia "quanto" reduzir a pesca e em que medida, porque não era fácil determinar exatamente quantos peixes compunham a população. Parafraseando um truísmo bem conhecido no manejo da pesca: contar peixes é como contar árvores, com a diferença de que você não pode vê-los e eles se movem. Assim, as populações de peixes são avaliadas por amostras e, embora o melhor da ciência na época estivesse disponível para a pesca do bacalhau, os pescadores e muitos na comunidade não confiavam nos cientistas especialistas em peixes ou no governo quanto às avaliações sobre a quantidade de peixes que havia por lá. No fim, porém, a atividade não foi reduzida o suficiente e a pesca do bacalhau de toda a região sofreu um colapso hoje emblemático, familiar aos especialistas em pesca. A contradição funcionou mais ou menos assim: o bacalhau evoluiu e construiu suas populações ao longo de milhões de anos, então centenas de anos de pesca funcionaram como uma perturbação crescente para a população de bacalhau. De fato, os primeiros colonos acreditavam que havia um suprimento quase inesgotável de peixes. No entanto, depois de muito tempo pescando o bacalhau e mais tarde, no século XX, tentando intensificar a captura do bacalhau com as embarcações mais potentes e com a mais avançada tecnologia e equipamento, a população do peixe começou a dar sinais de enfraquecimento e de não conseguir sobreviver a essa perturbação. Na década de 1990, a população de bacalhau ultrapassou um limiar, ou um ponto de ruptura, e o bacalhau de repente e catastroficamente entrou em colapso quase total.

Na Terra Nova, centenas de anos de pesca fizeram com que quase toda a economia da área estivesse diretamente envolvida na atividade ou servisse à indústria pesqueira; mas, sem o peixe, a economia de toda a região *também* entrou em colapso, provocando a perda de 35 a 50 mil empregos. Richard Cashin, presidente de uma força-tarefa canadense, para relatar o desafio, expôs o problema da seguinte forma, em 1993:

> Há muito mais em jogo do que o fechamento de cidades monoindustriais. A própria sociedade está em perigo. Temos uma tragédia de enormes proporções para os trabalhadores que operavam os barcos, os indivíduos que atuavam nas fábricas e para muitas empresas de processamento e pesca, grandes e pequenas, onde as pessoas há tanto tempo estavam empregadas [...] Falência de recursos [peixe demersal] significa uma calamidade que ameaça a existência de muitas dessas comunidades em toda a costa atlântica do Canadá, e o colapso de toda uma sociedade [...] Estamos lidando aqui com uma fome de escala bíblica – uma grande destruição (DFO, 1993; ver também Rogers, 1995).

O sistema de pesca do bacalhau no Atlântico Norte ainda não se recuperou, mesmo depois de ter sido fechado na década de 1990. Esta é uma história de exploração do sistema marinho para promover o bem-estar social e econômico, mas sem saber exatamente onde estava o limite para proteger os sistemas que sustentavam esse mesmo bem-estar. Pior ainda, o colapso do bacalhau é um modelo sombrio para a pesca fracassada em todo o mundo. Desde a Segunda Guerra

Mundial, dobramos o esforço para capturar peixes, mas, por causa da pesca excessiva, esse esforço está capturando metade dos peixes que o mesmo esforço teria alcançado em 1950. Muitas pessoas dependem da proteína do peixe e, para suprir esta demanda, cada vez mais barcos perseguem cada vez menos peixes, aventurando-se cada vez mais no oceano à medida que se esgotam sucessivamente as pescas costeiras mais produtivas e ricas. Embora a pesca costeira tenha sido esgotada em série, a redução do esforço de pesca antes que seja tarde demais pode estabilizar ou reverter as perdas de receita e populações de peixes que ocorreram devido ao esgotamento em série, como demonstrado em casos isolados na Noruega, Islândia, Estados Unidos, Canadá, Austrália e Nova Zelândia. Sobre estes e outros problemas sinérgicos relacionados que surgem na mudança ambiental global, Norgaard e Baer (2005) escrevem: "Nosso futuro como espécie depende de nossa capacidade de lidar com as complexidades que surgem nas interações entre sistemas sociais e ambientais".

A história do bacalhau representa várias questões recorrentes na sustentabilidade que iremos explorar neste capítulo. Obviamente, os sistemas sociais e ecológicos do bacalhau estão profundamente conectados e a própria sustentabilidade é um problema sistêmico, discutido posteriormente. Em segundo lugar, o bem-estar das comunidades pesqueiras aumentou com mais bacalhau, e isso permitiu que a comunidade tivesse mais barcos para prosperar ainda mais, mas esse crescimento e prosperidade alimentados por peixes minaram a própria fonte de bem-estar da Terra Nova e, quando os peixes foram perdidos, a prosperidade e o bem-estar da Terra Nova também foram prejudicados. Além disso, embora uma definição de sustentabilidade entre pescadores e cientistas tenha sido contestada antes do colapso, há evidências de relações duráveis e duradouras – **Primeiros Princípios da sustentabilidade** – que valem a pena explorar.

2.2 Estrutura problemática da sustentabilidade

Embora os detalhes difiram em problemas específicos, como a diferença entre manter a pesca saudável e a fertilidade do solo, a sustentabilidade tem uma arquitetura coerente. Essa arquitetura é o que chamaremos de **estrutura problemática da sustentabilidade**: todos os organismos têm um metabolismo que requer consumo e descarte de energia e matéria fornecida por sistemas ecológicos, mas o consumo perturba os próprios ecossistemas necessários para um metabolismo saudável para começo de conversa e, portanto, a vida dos organismos ao longo do tempo. Em outras palavras, o consumo da biosfera é necessário para cultivar e desenvolver complexidade, mas em algum ponto, o próprio consumo mina as pré-condições da existência. Essa estrutura problemática se repete em muitas, se não em todas as narrativas de sustentabilidade, se não de forma direta, pelo menos indiretamente.

A história do bacalhau traz uma lição importante: é um exemplo de coleta de energia, energia básica, digamos, em **biomassa** viva como o bacalhau, em que uma sociedade consegue por um tempo usar essa energia para metabolizar um sistema complexo, dinâmico, heterogêneo. A biomassa é a massa total de todos os organismos em uma área, e esta biomassa é a base para todos os alimentos e energia, exceto a energia nuclear (a biomassa do passado encontra-se em depósitos subterrâneos de hidrocarbonetos, por exemplo, carvão ou petróleo, mas o elemento comum é o carbono, através das formas de vida baseadas em carbono). De acordo com a irrevogável Segunda Lei da Termodinâmica, toda energia que muda de forma aumentará em **entropia**, ou seja, a energia se degradará em formas cada vez menos utilizáveis e em direção ao equilíbrio termodinâmico. Para nossos propósitos, o **equilíbrio termodinâmico** é a morte para o indivíduo, comunidade ou civilização, porque neste equilíbrio não é mais possível importar, colonizar ou coletar energia para transferir e metabolizar para funções biológicas e sociais, e assim a vida e a organização cessam. Para evitar esse equilíbrio, toda a vida, comunidades e civilizações são forçadas a "desafiar temporariamente essa tendência [entropia] importando e metabolizando energia" (Smil, 2017). Terminado esse metabolismo, terminam o organismo, a comunidade e a civilização. Um dos enigmas da sociedade contemporânea e da sustentabilidade é que vivemos da biomassa da Terra de uma forma que a esgotou, mas levou bilhões de anos para que essa biomassa evoluísse e se desenvolvesse e, dessa forma, a biomassa da Terra é o **capital natural** de onde extraímos para viver e desenvolver. O capital natural é o estoque de recursos renováveis e não renováveis da Terra que levaram bilhões de anos para evoluir. Levou um relativo piscar de olhos para esgotar essa pré-condição para a existência humana enquanto drenamos a energia que permite a complexidade, o desenvolvimento e o dinamismo – tudo o que é contra a entropia. Isso é um mau presságio para nós e para as gerações futuras, assim como foi para os romanos, o bacalhau ou a Terra Nova. Podemos chamar isso de "**problema da entropia sustentável**" de manter energia conversível suficiente para ter sociedades e ecossistemas complexos sem devastá-los e simplificá-los além do ponto em que nenhum sobrevive.

Com relação à sustentabilidade humana, todos os indivíduos, comunidades, civilizações e o mundo em geral precisam consumir matéria e energia e descartar resíduos para sobreviver. Esse é o metabolismo das sociedades, e isso depende de seu entorno, da terra, da água e de outros seres vivos para manter seu metabolismo. Se esse metabolismo perturbar suficientemente o ambiente, seja por consumo ou poluição, então a própria fonte do metabolismo é interrompida, e o organismo ou a organização não pode continuar sem encontrar novas fontes de matéria e energia. As sociedades em todo o mundo precisam cultivar alimentos para comer bem, mas se o solo for muito usado e não houver pousio ou descanso para recuperar nutrientes e fertilidade, ou se estiver poluído, esse bem-estar é prejudicado. Ironicamente, de forma simplista, comer muito bem por plantar demais pode esgotar o solo e levar à fome.

Agora, a humanidade global está conectada por meio de mercados, que oferecem alternativas ao esgotamento local do solo, mas podem exercer pressão sobre solos distantes. Esta é uma complicação muito importante para a sustentabilidade. Como temos agricultura e indústria globais, o consumo e a poluição locais podem ser causados *ou* aliviados por toda a rede maior de produção, comércio e consumo. Essa grande rede também é difícil de enxergar, o que significa que muitas vezes os consumidores não conseguem saber quais são os impactos de seu consumo e descarte.

O problema recorrente da sustentabilidade é a contradição entre a necessidade de consumir e o dano que o consumo pode trazer em um conjunto globalmente conectado de sistemas sociais, econômicos e ecológicos.

Observe, no entanto, que a estrutura problemática da sustentabilidade não é o mesmo que o problema da escassez, que era central nos debates sobre sustentabilidade na década de 1970. A escassez não é uma boa medida para diretrizes de sustentabilidade porque deixamos de nos interessar até que o sistema ou recurso em questão seja totalmente consumido, ou quase. A escassez também não se preocupa com a forma como os ciclos e sistemas produzem os recursos, como a água, que se tornam escassos. Focar na escassez é como enxugar a água do chão sem estancar o vazamento que produz o problema, sendo cego para as causas maiores. Em outras palavras, a preocupação com a escassez simplesmente não leva em conta a complexidade dentro da qual as sociedades modernas operam. Ainda assim, há muita incerteza sobre os limites concretos desses sistemas, e isso deixa muito terreno contestado na política de sustentabilidade.

2.3 Terreno contestado

Não há definições positivas incontestáveis de sustentabilidade. Uma definição positiva é aquela que declara o que é sustentabilidade, enquanto uma definição negativa diria o que não é sustentabilidade. Em alguns casos, é mais fácil saber quando algo não é sustentável do que quando é. Parte desse problema vem dos diferentes tipos de incerteza. Se eu *sei* que tenho cem dólares no banco e retiro vinte toda semana sem depositar novos valores, esse processo só é possível por cinco semanas. Se o objetivo é ter algum dinheiro na sexta semana, esse processo é evidentemente insustentável. Eu sei quanto dinheiro está no banco, quanto é depositado e quanto é retirado. Não preciso adivinhar quanto outras pessoas vão sacar, ou se o banco será roubado aleatoriamente porque o dinheiro está segurado. A sustentabilidade global que faz o mundo funcionar para 100% da humanidade é muito mais difícil de definir, e há muito mais incertezas sobre recursos e limites do sistema, o que os outros farão e quais eventos aleatórios podem ocorrer ao longo do caminho.

Definir a sustentabilidade positivamente também é difícil porque a sustentabilidade é um **conceito essencialmente contestado**. Michael Jacobs (1999) explica que conceitos essencialmente contestados têm dois níveis de significado – um aspecto é acordado, mas vago. O segundo aspecto não é acordado. Este segundo aspecto diz respeito às interpretações do termo para a prática. Assim como democracia, liberdade e justiça, conhecemos as ideias básicas, mas os conflitos políticos reais vêm num segundo nível, quando a ideia ambígua é traduzida em decisões do mundo real. Há um acordo sobre o significado básico, mas vago, de sustentabilidade. Concorda-se que a continuidade de longo prazo das sociedades depende da preservação de sistemas de suporte de vida ecológicos essenciais, e Jacobs escreve: "Seu significado de primeiro nível agora é dado [...] as ideias centrais são fixas e agora não podem ser alteradas por meio de argumentos racionais".

No entanto, na prática, temos que decidir como equilibrar nossas necessidades metabólicas materiais para viver (economia), como viver dentro dos ecossistemas sem arrasá-los (ecossistemas) e como viver uns com os outros (equidade e justiça), algo que é às vezes é denominado três "Es". Este tripé da sustentabilidade também é chamado ocasionalmente de três "Ps", *people* (pessoas), *planet* (planeta) e *profit* (lucro). Isso significa que precisamos saber "quanto" de cada medida precisamos para continuar e melhorar nossas perspectivas como indivíduos, nações e espécie. Os três "Es" aqui são como pernas de um banquinho, o que significa que um E não pode ser considerado mais importante do que qualquer outro. Jacobs argumenta que cada um dos três "Es" compõe as "linhas de falha" críticas do debate político e ideológico que são persistentes.

Em primeiro lugar, embora todos concordemos que a proteção ambiental é necessária, há discordância sobre o quanto é necessária e a maneira apropriada de fazê-la. Em segundo lugar, a maioria das pessoas ao redor do mundo, quando entrevistadas, concorda que a equidade é importante para um mundo sustentável (Leiserowitz; Kates; Parris, 2006), uma economia sólida e uma sociedade justa, mas existem diferenças ideológicas incisivas quanto às regras a colocar em prática, quanto deve ser redistribuído para os menos favorecidos e quais comunidades menos prósperas são relevantes (não humanos, pobres locais, nacionais ou globais).

Além disso, aqueles que se concentram mais na economia tendem a adotar abordagens de **sustentabilidade fraca**, que requerem menos transformação da sociedade, porque esses defensores presumem que os problemas serão resolvidos pelo mercado e pela tecnologia futura, mas aqueles que se concentram mais na ecologia adotam uma abordagem de **sustentabilidade forte**, que requer uma transformação mais drástica dos valores e práticas da sociedade. A sustentabilidade fraca argumenta que podemos continuar a consumir bens e serviços ecológicos em um ritmo crescente, enquanto a sustentabilidade forte insiste em limites estritos para o consumo de ecossistemas. Essas linhas de falha privilegiam abordagens específicas para a sustentabilidade. Na economia, manter as fontes de receita é o foco, e na ecologia o objetivo é manter as funções dos ecossistemas.

No entanto, embora não possamos relatar uma definição positiva para a sustentabilidade, há forte apoio na literatura que identifica a sustentabilidade como um processo evolutivo guiado por *princípios*:

> Interpretado dessa forma, o desenvolvimento sustentável é um conceito dinâmico [...] [e] o melhor que provavelmente será possível é articular *princípios gerais* para avaliar a sustentabilidade relativa da sociedade ou da atividade econômica em comparação com estados ou atividades econômicas anteriores (Folke; Kåberger, 1991, grifo meu).

Um conjunto de princípios amplamente citado vem de Herman Daly (Goodland, 1995), um economista, encontrado no Quadro 1.

Quadro 1 – Princípios operacionais de Daly de desenvolvimento sustentável

a) Os recursos renováveis não devem ser extraídos além de sua capacidade regenerativa.

b) Os recursos não renováveis não devem ser consumidos mais rapidamente do que as substituições podem ser produzidas (embora qualquer consumo de recursos não renováveis seja, por definição, não sustentável).

c) Os sumidouros (*sinks*) não devem ser usados além de sua capacidade natural de assimilação.

Embora não tenhamos uma definição indiscutível de sustentabilidade, há um notável consenso sobre alguns *princípios* ou padrões de sustentabilidade.

2.4 Primeiros Princípios da sustentabilidade

Embora os modos de vida sejam diferentes em todo o mundo, toda sociedade requer sistemas de suporte essenciais de serviços ecossistêmicos para o bem-estar social e material. Como requisito universal, isso nos fornece a base para princípios gerais de sustentabilidade. De fato, Davison argumenta que podemos pensar em sustentabilidade como algo como um átomo:

> Imagine os *princípios* de sustentabilidade como um núcleo fortemente agregado ao redor do qual orbitam apenas objetivos vagamente agregados de desenvolvimento sustentável. A pequena área de concordância estabelecida pelo ideal de sustentabilidade é, no entanto, suficiente para unir uma ampla constelação de diversos objetivos de desenvolvimento sustentável (Davison, 2008, grifo meu).

A partir da Avaliação Ecossistêmica do Milênio (MEA), sabemos que a humanidade se beneficiou dos recursos ambientais globais e dos serviços ecossistêmicos, mas também iniciamos mudanças ambientais globais sem precedentes mais rapidamente do que nunca – a atividade humana degradou cerca de dois terços dos serviços ecossistêmicos de todo o mundo.

A MEA relata que o "resultado final" é que

> no centro desta avaliação constata-se um alerta severo. A atividade humana está pressionando tanto as funções naturais da Terra que a capacidade dos ecossistemas do planeta de sustentar as gerações futuras não pode mais ser considerada garantida. O fornecimento de alimentos, água potável, energia e materiais para uma população crescente tem um custo considerável para os complexos sistemas de plantas, animais e processos biológicos que tornam o planeta habitável (MEA, 2005b).

A MEA deixa claro que estamos "vivendo além de nossas possibilidades" em nível planetário. A MEA é apenas uma corroboração de que os serviços ecossistêmicos são necessários para a sociedade e, se esses serviços forem degradados o bastante (o quanto não é de fácil conhecimento), as sociedades do mundo sofrerão crises e talvez entrarão em colapso. A forma como a sociedade lida com essas crises varia, mas quando, digamos, as mudanças climáticas alteram a disponibilidade de água, as pessoas sem água suficiente para cultivar alimentos e viver de forma significativa enfrentarão uma crise de subsistência. De fato, pesquisas mostram que a deterioração dos serviços ecossistêmicos agora representa uma série de ameaças à saúde, especialmente para os pobres. A pesquisa de Myers e Patz nesta área os leva a concluir que "essas ameaças incluem o aumento da exposição a doenças infecciosas, escassez de água, escassez de alimentos, desastres naturais e deslocamento populacional. *Juntas, elas podem representar o maior desafio de saúde pública que a humanidade já enfrentou*" (2009, grifo meu).

Consequentemente, a manutenção dos sistemas ecológicos e sua capacidade de fornecer condições básicas de vida para 100% da humanidade são o núcleo P1 dos Primeiros Princípios da sustentabilidade, pois fornecem condições necessárias, *mas insuficientes* para a continuidade das sociedades (cf. Quadro 2).

Além do primeiro princípio ecológico, uma sociedade sustentável deve evitar a mais difícil **falha normativa**. A palavra "normativo" significa "o que deveria ser", e a promulgação de regras sociais que refletem o que "deveria ser" envolve as questões sociais mais contestadas de ideologia, moralidade, valores, ética, governos e instituições, entre outras fontes de disputa. Ainda assim, alguns sistemas de governo falharão em instituir as injunções normativas contra os requisitos P1 e, portanto, falharão em fornecer as restrições normativas para garantir as necessidades básicas. Esses princípios estão fortemente representados na literatura de sustentabilidade. Thomas Princen, por exemplo, elabora a falha normativa como *princípio* da sustentabilidade:

> Sob [...] condições, leia-se [de], criticidade ambiental, é necessário um conjunto diferente de *princípios*, um conjunto que incorpore a restrição social como o análogo lógico da restrição ecológica, um conjunto que oriente as atividades humanas quando essas atividades representam graves riscos à sobrevivência humana (2003, grifo meu).

Princen define criticidade ambiental como:

> ameaças ambientais, problemas caracterizados por irreversibilidade e não substituibilidade, limiar e efeitos sinérgicos ("surpresa"), longos intervalos de tempo entre causa e efeito e, consequentemente, previsibilidade e capacidade de gerenciamento limitadas. Mudanças climáticas, perda de biodiversidade, erosão do solo, tóxicos persistentes e diminuição da disponibilidade de água doce são exemplos de tais ameaças (Princen, 2003).

No contexto da sustentabilidade, temos pelo menos duas responsabilidades normativas: orientar como tratamos os suportes biofísicos da vida e orientar como tratamos uns aos outros – ambas necessárias para a continuidade de qualquer sociedade. Uma sociedade que se permite ou se dá permissão para sobrecarregar os espaços ecológicos, que não se adapta à vulnerabilidade ou que produz doenças sociais efetivamente virulentas sofre de "falha normativa". Uma sociedade sustentável deve ser capaz de se adaptar às mudanças ecológicas e evitar falhas normativas fatais. Infelizmente, quando aprendermos sobre o colapso, veremos que as falhas no nível da civilização sempre ocorrem em uma série complexa que nos impede de fazer prescrições simples que garantiriam evitar tal falha hoje.

Quadro 2 – Os Primeiros Princípios da sustentabilidade

P1

Sem suportes de vida ecológicos não há sociedade. Essa relação é imutável. Uma sociedade sustentável deve manter a integridade dos sistemas e ciclos da Terra que fornecem suporte essencial à vida. O limiar entre um sistema com integridade e resiliência é não linear e o ponto de mudança geralmente é imprevisível. Os sistemas ecológicos e sociais são profundamente interdependentes e mudanças em qualquer lugar em qualquer sistema causam outras consequências, muitas vezes não intencionais, em outros lugares.

P2

Que tipo de sociedade cresce em um espaço ecológico é uma questão baseada em valores, mas sociedades sustentáveis devem observar restrições normativas:

a) O sistema social não será sustentável se prejudicar os suportes de vida ecológicos (princípio de responsabilidade e contenção).

b) O sistema social não será sustentável se militar suficientemente contra si mesmo ou será aniquilado por outros (princípio da justiça).

c) O sistema social deve ser adaptável aos desafios e mudanças para evitar a evolução das vulnerabilidades (princípio da previsão).

Em resumo, a sustentabilidade é alcançada por meio da manutenção duradoura do que aqui chamarei de Primeiros Princípios (P1 e P2). A violação de P2 (a-c) constitui uma falha normativa. Princen observa que, dentre os princípios normativos da sustentabilidade, três são os mais importantes. Primeiro, as sociedades devem observar restrições porque os sistemas ecológicos são limitados; segundo, as sociedades devem evitar exportar riscos para outras; e, terceiro, as sociedades não devem fugir da responsabilidade pela criação de problemas ambientais porque

> a inovação tecnológica e a manipulação do mercado distorcem os benefícios e custos da atividade econômica, para criar as ilusões de progresso ambiental (por exemplo, bolsões locais de ambientes intocados e saudáveis, especialmente entre aqueles que podem comprar sua saída de ambientes degradados), enquanto vastas áreas ao redor do mundo estão degradadas e enormes sumidouros de resíduos, como os oceanos e a atmosfera, estão saturados (Princen, 2003).

Observe como os princípios normativos de Princen indicam que o império ou a exportação de riscos não são coerentes com a sustentabilidade – embora um país mais poderoso possa exportar seus riscos e perigos (como a poluição) para melhorar sua situação, no geral, isso não é sustentável por vários motivos. Esses critérios são "normativos" porque P2 exige que uma sociedade ou rede de sociedades valorize e faça as coisas certas. P2 é a fonte da maioria dos debates sobre sustentabilidade, porque valores e comportamentos estão em permanente disputa e são inerentemente políticos.

No entanto, P1 é a pequena área de concordância sobre sustentabilidade. P1 é onde a noção de sustentabilidade perde seu relativismo. Por exemplo, Fischer *et al.* (2007) escrevem:

> A sustentabilidade não é um conceito relativista porque os limites biofísicos para sustentar a vida na Terra são absolutos. As sociedades não podem existir sem um sistema funcional de suporte à vida, e as economias só podem florescer dentro de um sistema social funcional com instituições e estruturas de governança eficazes.

De fato, Williams e Millington (2004) indicam que, embora existam contradições importantes em como o desenvolvimento sustentável é discutido,

> o ponto de partida de grande parte da literatura sobre desenvolvimento sustentável, embora mais implícito do que explícito, é o que aqui chamamos de "paradoxo ambiental". Para quase todos os especialistas sobre desenvolvimento sustentável, isso significa que há um descompasso entre o que é exigido da Terra e o que a Terra é capaz de fornecer.

Fischer *et al.* (2007) observam que, dadas as principais mudanças, como alterações climáticas e perda global de biodiversidade, a humanidade está se afastando cada vez mais do interestatal e da sustentabilidade:

> Pela primeira vez na história da humanidade, nossas atividades estão modificando tão amplamente nosso próprio sistema de suporte à vida que a capacidade da Terra de fornecer condições adequadas para o desenvolvimento de nossa espécie não pode mais ser considerada garantida.

2.5 Sistemas de sustentação

O exposto antes deixa claro que a sustentabilidade é um problema de manutenção de vários sistemas *complexos*: sistemas sociais, econômicos e ecológicos, em particular. Esta seção explicará como os sistemas complexos tendem a funcionar.

Um **sistema** é um conjunto organizado de partes que criam um todo unificado maior que nenhuma das partes poderia ter produzido sozinha. Assim, a essência de qualquer sistema está na maneira como as partes se afetam. Um **sistema complexo** é aquele que tem muitas partes internas e muitos relacionamentos entre essas partes, de modo que alterar uma parte produz resultados imprevisíveis. Os sistemas sociais e os ecossistemas são complexos.

O ciclo adaptativo é um modelo de como os sistemas complexos mudam ao longo do tempo e liga ecossistemas e sistemas sociais em "ciclos adaptativos intermináveis de crescimento, acumulação, reestruturação e renovação" (Holling, 2001). A gestão adaptativa bem-sucedida experimenta com recursos naturais de forma a incentivar o aprendizado, novas oportunidades (novidades), escolhas, e promover a resiliência; no entanto, explorar sistemas socioecológicos sem qualquer consideração pelo futuro leva a escolhas reduzidas, opções inflexíveis e colapso (Folke, 2006). Este livro tratará a sustentabilidade de uma perspectiva de sistemas, levando em conta essas considerações. Na verdade, sustentar a civilização planetária requer um sistema de mentalidade de sistemas.

Norton (*apud* Turner, 2005) oferece cinco axiomas relevantes coerentes com o ciclo adaptativo e a sustentabilidade:

1. "'Axioma do dinamismo' – a natureza é um conjunto de processos em estado de fluxo contínuo, mas sistemas maiores mudam mais lentamente do que sistemas menores.

2. 'Axioma do relacionamento' – todos os processos estão inter-relacionados.

3. 'Axioma da hierarquia' – sistemas existem dentro de sistemas.

4. 'Axioma da criatividade' – os processos são a fundação para toda produtividade de base biológica.

5. 'Axioma da fragilidade diferencial' – os sistemas ecológicos variam em sua capacidade de resistir ao estresse e ao choque."

Essas proposições também se aplicam aos sistemas sociais. A sustentabilidade requer que sistemas humanos e não humanos integrados operem agora e no futuro (axiomas 4 e 5). Naturalmente, se cada geração mantiver esses sistemas, então a sustentabilidade a longo prazo da espécie humana é definida por muito tempo. No entanto, como esses sistemas são dinâmicos, perturbações externas além dos humanos também os afetam e, portanto, todos esses sistemas mudarão com o tempo (axiomas 1 e 2). A gestão sustentável do ciclo adaptativo significa construir sociedades capazes de sobreviver a essas mudanças e talvez até florescer na novidade que essas mudanças trazem. Se nossas sociedades não tiverem flexibilidade, economia ou memória suficientes para sobreviver às mudanças inevitáveis, enfrentaremos o esquecimento, exatamente como alertou Buckminster Fuller (axioma 5).

Os sistemas socioecológicos estão ligados entre **escalas** (axiomas 1 e 3). Escalas são sistemas interligados entre dimensões de tempo e espaço. As escalas estão aninhadas junto com estruturas de tempo locais e pequenas, por exemplo, horas ou dias, até escalas de tempo planetárias e grandes, por exemplo, eras geológicas, com cada escala menor alimentando a escala maior seguinte.

Um exemplo de escala pequena e local é o clima pontual em uma região ou cidade, enquanto no outro extremo da escala, temos o clima planetário que muda lentamente – até que um ponto de ruptura seja ultrapassado. O momento preciso desse "ponto de ruptura" é chamado de **limiar** (*threshold*) de mudança e é quando alterações lentas se acumulam e "sobrevém uma profunda incerteza", provocando uma enorme mudança (Holling, 2003). Normalmente, não podemos prever com precisão onde ou quando o limiar existe. Os sistemas podem persistir e até ser melhorados por esses eventos, e persistir sob essas mudanças é fundamental para a sustentabilidade mundial. A civilização mundial e suas sociedades subsidiárias certamente passarão por limiares de mudança, como no passado. As perguntas são: "o que esse limiar trará?" e "será que essas sociedades serão capazes de viver essa mudança e se reorganizar?".

Nem toda mudança é ruim, o que é uma boa notícia, porque as mudanças ocorrem conosco ou sem nós. Eventos revolucionários podem ser sustentáveis se trouxerem renovação, como quando os movimentos sociais de Gandhi desencadearam a eventual descolonização da Índia, ou essas mudanças podem ser os últimos estertores de morte de uma sociedade, ou de todas as sociedades (por exemplo, sob um Armagedom nuclear).

Como cada sistema está vinculado a outros sistemas (axiomas 2 e 3), o que acontece em uma localidade afeta outras por meio da matriz de conexões. Uma comunidade pode viver dentro dos limites de seus sistemas, outras não, e essa dinâmica faz da sustentabilidade um problema transnacional permanente.

2.6 Panarquia e o ciclo adaptativo

Uma contribuição inovadora para a sustentabilidade vem da Resilience Alliance, e uma das publicações mais importantes de sua pesquisa é o volume editado em 2002, *Panarchy: Understanding transformations in human and natural systems* (Gunderson; Holling, 2002). A Resilience Alliance é um programa do Beijer International Institute of Ecological Economics, sob os auspícios da Real Academia Sueca de Ciências em Estocolmo. O ciclo adaptativo descrito aqui vem de numerosos estudos empíricos em todo o mundo (Scheffer *et al.*, 2001). Na raiz de sua contribuição está a ideia de que sistemas sustentáveis são sistemas resilientes – eles podem se recuperar e resistir a perturbações inevitáveis.

A noção de ciclo adaptativo se origina com o ecologista C. S. "Buzz" Holling, que desbancou a expectativa ecológica dominante de que a ecologia tem um único equilíbrio em que é estável em um único estado. Scheffer *et al.* (2001) escrevem:

> Normalmente, presume-se que a natureza responde a mudanças graduais de maneira suave. No entanto, estudos em lagos, recifes de corais, oceanos, florestas e terras áridas mostraram que mudanças suaves podem ser interrompidas por mudanças drásticas repentinas para um estado contrastante.

Holling demonstrou que ecologias operam através de múltiplos estados estáveis, não um. Parte da pesquisa inicial de Holling nessa área foi sobre a lagarta-do-abeto. Este trabalho foi essencial para a indústria madeireira, porque afetou a praticidade de quantas árvores derrubar. Havia uma forma relativamente fácil de descobrir os padrões de crescimento do abeto e, portanto, identificar o "excedente" de árvores desse crescimento. Isso permitiu que a indústria pensasse que sabia a quantidade máxima de árvores que poderia colher sem prejudicar a produtividade da floresta, conhecida como **Rendimento Máximo Sustentável** (RMS). No entanto, os administradores não sabiam como lidar com os focos da lagarta-do-abeto, que é uma mariposa em estágio de larva que come as novas agulhas nas florestas de pinheiros. A lagarta-do-abeto funciona em ciclos nos quais sua população é controlada por pássaros, quando os pássaros podem encontrá-las facilmente. No entanto, quando a floresta cresce bastante, as larvas ficam mais bem escondidas na folhagem e os pássaros não conseguem caçá-las com tanta eficiência. A lagarta-do-abeto então passa por um crescimento populacional explosivo. A fim de evitar o crescimento explosivo que eliminaria uma grande parte (cerca de 80%) da floresta, os madeireiros canadenses tentaram controlar a praga com pesticidas, mas depois se viram presos a essa abordagem porque, à medida que a floresta amadurecia, se eles liberassem a lagarta do pesticida, isso devastaria a floresta. Obviamente, a combinação do ciclo da lagarta e da colheita das árvores tinha que levar um ao outro em consideração.

Holling demonstrou o ciclo da lagarta aos administradores para que eles pudessem criar um padrão "irregular" de floresta, bem como usar um *timing* melhor para o pesticida a fim de evitar o colapso da floresta. Dessa forma, ele desenvolveu uma abordagem mais sustentável para o corte de madeira e o uso de pesticidas.

Para compreender as proposições centrais da Resilience Alliance, precisamos entender alguns conceitos-chave e terminologia que influenciam o contexto da sustentabilidade ao longo do restante do livro.

O primeiro conceito é o de **sistemas socioecológicos**, que se referem aos sistemas complexos acoplados/ligados de sociedades e ecologias. Observe que estamos pensando especificamente em termos de sistemas, e alguns são mais complexos do que outros. Podemos ter um carro feito de peças que afetam a capacidade geral desse veículo de transportar pessoas, mas essas peças são limitadas e bastante simples comparadas à "sociedade", por exemplo. Os sistemas sociais e ecológicos são constituídos por um número muito grande de relações. Existem tantas relações entre pessoas, não humanos e o meio ambiente, que o impacto de mudar uma parte de uma sociedade ou um ecossistema é muito difícil de prever, pois existem cadeias de reações que ocorrem nos sistemas. Uma mudança na sociedade ou ecologia pode iniciar uma cascata não intencional de mudanças dentro do sistema.

Se a cascata alterar fundamentalmente a ordem do sistema, este terá sofrido uma mudança catastrófica (cf. Scheffer *et al.*, 2001). Outra maneira de dizer "ordem" é "regime" ou "estado" e, portanto, mudanças catastróficas também são **mudanças de regime** ou mudanças de estado do sistema de um estado estável para um estado diferente.

Resiliência é a capacidade de um sistema sofrer uma perturbação e depois retornar ao seu estado original, evitando uma mudança de regime. Isso não significa que o sistema retorna à mesma condição exata de antes, mas que as características definidoras do estado permanecem. Há uma sensação crescente de que o verdadeiro objetivo de qualquer programa de sustentabilidade deve ser realmente construir resiliência, embora esse objetivo seja bom apenas se o sistema for "bom". Houve sistemas sociais que muitas pessoas ficaram bem felizes em ver ultrapassar seus limiares, como o Terceiro Reich, que nos lembra que em alguns casos a sustentabilidade não é preferível. Dito isso, grande parte do trabalho em direção à sustentabilidade global se concentrou, por exemplo, em manter a integridade de sistemas ecológicos vitais em que apenas sistemas sociais podem ser possíveis. Outra perspectiva crescente é que o colapso dos sistemas é inevitável e deve ser bem-vindo pelas possibilidades e renovações que o colapso *pode* trazer.

O oposto de resiliência é **vulnerabilidade**. A vulnerabilidade é caracterizada pela condição original do sistema, exposição a perturbações e a sensibilidade do sistema a essas perturbações (Luers, 2005). O ponto de partida do sistema é importante porque é a posição do sistema em relação a uma mudança de estado potencial. Podemos pensar no ponto de partida como algo como a distância entre nós e a beira de um penhasco. Se estivermos na beira, estaremos mais vulneráveis do que se estivéssemos longe. Vamos usar o exemplo do peixe-relógio (*Hoplostethus atlanticus*), que pode viver 150 anos, mas leva 30 anos ou mais para ficar maduro o suficiente para se reproduzir. Esse peixe é capturado na região do Oceano Antártico. Dada a maturidade sexual excepcionalmente longa do peixe, a população é mais suscetível ao esgotamento do que outras espécies de peixes que são capazes de repovoar mais rapidamente. Isso significa que uma perturbação pode levar os peixes mais perto do colapso do que outras populações de peixes, em condições iguais. Além disso, quanto mais os peixes-relógio ficam expostos à pesca (exposição à perturbação), mais vulneráveis eles ficam ao colapso. Na década de 1980, o peixe ganhou popularidade internacional como refeição saborosa. A pressão da pesca aumentou e a espécie sensível foi exposta a mais perturbações que logo se acumularam, causando uma severa contração em seus números, diminuindo a espécie para cerca de 20% de seus números originais da década de 1970 (Clark, 1999).

Assim, o objetivo final de aprender com o ciclo adaptativo é construir sistemas socioecológicos resilientes que evitem mudanças indesejadas de regime. O bacalhau de Georges Bank experimentou uma mudança de regime muito indesejada quando entrou em colapso, assim como Roma quando seu império ruiu. O ciclo adaptativo nos fornece um mapa conceitual de como os sistemas socioecológicos mudam com base em dinâmicas internas e pressões externas por meio de quatro fases identificadas por Holling (2003). Ele chamou as fases de crescimento e conservação de "*fore loop*" e a liberação e reorganização de "*back loop*" da sustentabilidade. Aqui usaremos o exemplo da pesca global.

No período pós-guerra, a Organização das Nações Unidas para Alimentação e Agricultura (Food and Agriculture Organization – FAO) foi criada com a missão de construir a segurança alimentar para o mundo. Desde 1995, a FAO divulga relatórios sobre o estado mundial da pesca e da aquicultura a cada dois anos, detalhando a captura mundial de peixes, entre outras coisas. Segundo a FAO, a pesca mundial experimentou um crescimento exponencial até a década de 1990, quando esse crescimento estagnou, conforme mostrado na Figura 4. É possível que a pesca mundial se assemelhe ao ciclo adaptativo conforme detalhado na Figura 3. As Figuras 3 e 4 implicam que a pesca global é um conjunto de ciclos adaptativos aninhados, ou uma **panarquia**. "Panarquia" é o termo que descreve a hierarquia geográfica e cronológica dos ciclos adaptativos que estão aninhados uns nos outros.

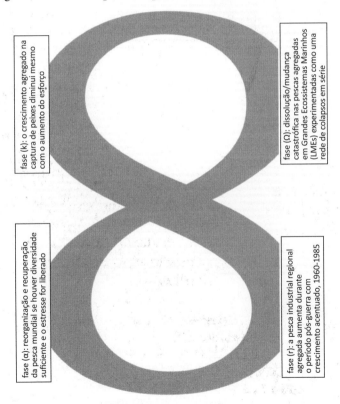

Figura 3 – Panarquia do ciclo adaptativo
Fonte: Reimpresso de Jacques (2015) sob permissão da Creative Commons.

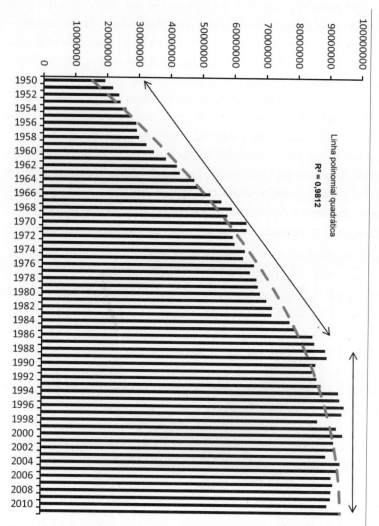

Figura 4 – Curva de equilíbrio de crescimento da panarquia da pesca global
Nota: Global Marine Capture 1950-2011 (toneladas), do Fishstat versão 2.0 (FAO, 2012). A seta íngreme denota a fase (r) de uma panarquia da pesca global de 1945 a 1985, e a seta plana denota a fase (k). A linha de tendência se assemelha à curva de equilíbrio de crescimento de um ciclo adaptativo e se ajusta quase perfeitamente aos dados (ajuste de 98%).
Fonte: Reimpresso de Jacques (2015) sob permissão da Creative Commons.
O ciclo adaptativo (cf. Figura 3) é composto por dois *loops*: o *fore loop* e o *back loop*.

O *fore loop*:

• Crescimento (r) pela exploração de recursos que constrói estrutura e alta resiliência.

• Conservação (k) à medida que o crescimento diminui e o sistema se torna mais frágil e vulnerável ao estresse externo.

O *back loop*:

• Liberação (Ω) quando uma perturbação traz o colapso do sistema e sua estrutura definidora.

• Reorganização (α) pode ocorrer após o colapso, se houver energia e matéria suficientes, o que pode permitir uma nova fase de crescimento, potencialmente, em um novo sistema.

A Figura 4 mostra que, de 1960 a 1985, a captura global de peixes cresceu exponencialmente, mas depois se estabilizou. Esta curva se parece com as fases (r) e (k) do ciclo adaptativo. Claro, isso implica que o limiar do colapso se aproxima para a pesca global e os líderes mundiais devem levar essa possibilidade muito a sério e se concentrar na reconstrução (conservação) da pesca. Este último ponto é indiscutível, mesmo que a panarquia da pesca global seja uma possibilidade teórica. Um dos fatos muito importantes sobre a pesca global é que estamos gastando muito mais energia para pescar menos, um sinal claro da fase (k).

O primeiro diretor da FAO foi Boyd Orr, que ganhou o Prêmio Nobel da Paz em 1949. Orr acreditava que deveria haver um governo mundial porque as nações do mundo eram claramente interdependentes e deveriam abrir mão de alguma soberania para promover a paz mundial: "a FAO, desde o seu início, foi em grande parte impulsionada pelos objetivos de acumulação capitalista da política externa dos Estados Unidos", onde o comércio em larga escala foi promovido em vez de caminhos mais sustentáveis para a prevenção da fome (Jarosz, 2009, p. 55). Isso também significou que a fome é consistentemente definida por meio de mercados e volume de produção, e o plano alimentar mundial de Orr, que incluía controle de preços e armazenamento de excedentes globais, foi ativamente contestado pelos Estados Unidos, que usavam alimentos para abrir mercados de países pobres no que é chamado o "Regime Alimentar" em sociologia (Friedmann, 1982). Assim, a FAO concentrou sua atenção na coleta de informações, não na prevenção estrutural da fome. Orr observou em um momento de frustração: "As pessoas famintas do mundo queriam pão e recebiam estatísticas" (Orr, *apud* Jarosz, 2009, p. 43). Isso também ajuda a explicar o estado da pesca mundial, porque parece que o regime que rege o Oceano Mundial é aquele em que a produção econômica e o volume absoluto de extração de recursos são as principais normas, não a integridade ecológica ou apenas a distribuição de recursos, independentemente dos limites sustentáveis (Lobo; Jacques, 2017).

Os sistemas ecológico, social, institucional e socioecológico parecem seguir o ciclo adaptativo (Walker *et al.*, 2002; Walker *et al.*, 2006). Localidades estão aninhadas dentro de regiões e regiões se encaixam em um sistema global da Terra etc. Processos entre espaços geográficos estão ligados em escalas, como a maneira como o clima (escalas de tempo curtas) está situado e é afetado por escalas de tempo mais longas do clima. Assim, pequenos sistemas como genes ou órgãos existem dentro de indivíduos, que existem dentro de famílias, que existem em comunidades, regiões e continentes, todos os quais existem no sistema planetário. Todos esses sistemas são regulados por *feedbacks* positivos e negativos. Os *feedbacks* positivos aceleram a mudança, os negativos desaceleram a mudança e todos os sistemas podem falhar. A sustentabilidade, então, é construída sobre a integridade ou força dos sistemas encontrados em cada escala. As falhas de escala superior afetarão profundamente as escalas inferiores que existem nas ordens superiores. Podemos ter famílias que vão à falência, como muitas durante a Grande Recessão iniciada em 2008 e durante a pandemia global de covid-19, e evitar isso é um problema de sustentação do sistema familiar. Isso é diferente de sustentar o sistema capitalista mundial, que é o sistema de mercado dominante conectado ao redor do mundo; e sustentar o sistema capitalista mundial é diferente de sustentar a população mundial. Mas cada um desses sistemas – da falência familiar à população humana – está conectado ao projeto maior e à discussão sobre sustentabilidade global.

Portanto, a panarquia se parece com a Figura 3, na qual escalas maiores têm espaços maiores para mudar e, portanto, levam mais tempo para mudar, pelo menos no *fore loop*. Dentro de escalas maiores, como o sistema climático global, há uma enorme quantidade de espaço e energia, e a mudança climática no *fore loop* é um fenômeno de escala de tempo lenta. No entanto, à medida que essa escala maior muda, ela afeta as escalas menores que se encaixam na escala global – e essas mudanças ocorrem mais rapidamente e em um espaço menor. E, nas menores escalas locais, temos o menor espaço e as mudanças de tempo mais rápidas, como nas mudanças diárias do clima local. Como o clima local está aninhado no sistema climático mais amplo, é afetado por ele. Se o clima mais amplo mudar, como tem acontecido nos últimos cem anos, o clima local também mudará.

Quando o sistema global está mudando, pode levar os sistemas locais a mudanças surpreendentes, e a mudança climática provavelmente resultará em surpresas locais muito sérias. Se a gestão adaptativa, incluindo aprender com nossos erros, não ocorre, as surpresas se tornam crises (Folke *et al.*, 2005).

Além disso, dentro de cada ciclo, nos preocupamos com mudanças lentas e rápidas. Frequentemente, podemos controlar variáveis lentas, mas não rápidas. Dentro do ciclo adaptativo, parece que mudanças catastróficas são desencadeadas por um acúmulo de mudanças de perturbações que aumentam lentamente. Adições lentas de CO_2 se acumulam na atmosfera, mas em algum ponto dessa acumulação, há CO_2 suficiente na atmosfera para aquecer o sistema climático a um ponto em que mudanças catastróficas podem ocorrer.

Se você pensar em um sistema estável como algo como uma pessoa em uma canoa, como explica Scheffer, e essa pessoa quiser ver algo na água, há uma transição crítica em algum ponto em que ela se inclina demais (ou uma onda vem, ou ela espirra etc.) e a canoa vira (Scheffer *et al.*, 2001). O sistema ultrapassa um limiar e passa por uma mudança "catastrófica" que, em ecologia, jamais voltará ao seu exato estado original. Sistemas semelhantes podem surgir, mas o sistema exato não ressurgirá.

Os ecossistemas passam por mudanças abruptas e catastróficas, determinadas por mudanças lentas que se acumulam. No entanto, como existem tantas relações com um vasto número de partes nos sistemas socioecológicos, o ponto em que a sociedade, a ecologia ou os sistemas socioecológicos irão "virar sua canoa" é, para todos os propósitos práticos, impossível de ser conhecido com precisão. Podemos teorizar sobre a maneira como esses sistemas existem na panarquia e suas fases distintas e interconectadas, mas os sistemas são complexos demais para prever em que ponto cruzamos o limiar, em que passamos da conservação à liberação – ou desaceleração do crescimento ao colapso. No entanto, se variáveis lentas controlam o acúmulo, então os seres humanos podem se comportar de maneira a reduzir esse acúmulo.

Podemos controlar as emissões de CO_2 até certo ponto, mas não podemos controlar as consequências das mudanças climáticas, incluindo o ponto em que existem limiares de mudança. Como o clima esquenta geralmente em escala planetária, ele causará mudanças não lineares em escalas menores e incorporadas que podem ou não se assemelhar ao aquecimento, porque essas mudanças globais causarão variações regionais e surpresas ao mudar o relacionamento das partes. Por exemplo, com o aquecimento do clima, houve um decorrente aumento nas infestações do besouro escolitíneo em toda a região entre as montanhas a oeste dos Estados Unidos, talvez porque o aquecimento interrompeu os pulsos das populações de besouros, pois o clima mais frio normalmente interrompe a fase de crescimento de sua população. Menos precipitação também tornou as árvores mais vulneráveis. A combinação resultou em uma perda alarmante de árvores e florestas inteiras. Assim, poderíamos controlar as emissões de CO_2, mas, no momento em que escrevo, não podemos controlar os surtos do besouro escolitíneo, a menos que ensaquemos e desbastemos todas as árvores infestadas em milhões de quilômetros quadrados.

Outros limiares relevantes parecem ser muito importantes nas mudanças climáticas. Há um vasto depósito de metano no fundo do oceano em cinturões de clatrato de hidrato, e há uma enorme quantidade de metano e CO_2 na tundra. À medida que o clima esquenta, um limiar sinistro parece ser o ponto em que os oceanos e a tundra esquentam o suficiente para liberar esses gases de efeito estufa. A liberação desses depósitos provavelmente criará uma mudança de regime e toda uma nova ordem climática e cascatas de mudanças em escalas menores (Overpeck; Cole, 2006). Observe que a questão do besouro está localizada em nível regional, enquanto o hidrato de metano seria uma questão global – portanto, como as escalas estão ligadas entre as escalas, temos muitas canoas! Como existem várias escalas, existem vários limiares para os vários sistemas aninhados.

Novamente, os limiares de mudança são governados por variáveis aditivas lentas, mas desencadeiam sequências não lineares (rápidas) que resultam em uma mudança de estado do próprio sistema. As implicações para a sustentabilidade são claras. Experimentar uma mudança de estado nos sistemas socioecológicos, digamos, condições agrícolas ou fertilidade do solo ou recursos renováveis, pode ter sérias implicações para as pessoas que dependem desses serviços ecossistêmicos. É possível que o *back loop* do ciclo adaptativo explique o que acontece quando o sistema socioecológico mais amplo viola os princípios centrais da sustentabilidade (Holling, 2003).

Felizmente, a pesquisa indicou consistentemente que pode haver sinais de alerta precoce de uma mudança de regime iminente. Esses sinais, no entanto, podem ser difíceis de monitorar no mundo real, porque exigem um alto grau de observações em grandes sistemas, como florestas, pastagens e sistemas de água doce e marinhos. Essas observações envolvem prestar atenção em oscilações em funções básicas e produtividade, como a cor e a produção de clorofila, que podem ser evidentes muito antes de mudanças indesejadas nos estados do sistema. Embora oneroso, esse tipo de observação – e depois acompanhamento – nas respostas humanas pode ser uma atividade dispendiosa, mas necessária no Antropoceno.

O ciclo adaptativo não é uma metáfora universal e existem sistemas que passam por alguns desses ciclos, mas não todos, porém a metáfora é aplicável a muitos sistemas e, consequentemente, às vezes é chamada de "meta-metáfora". O ciclo adaptativo fornece uma teoria pragmática e convincente para várias questões relacionadas à sustentabilidade.

Por exemplo, a teoria heurística demonstra por que a política do RMS tende a simplificar demais a dinâmica do sistema, mesmo que o RMS seja implementado com honestidade – ou seja, os formuladores de políticas realmente estabelecem taxas de colheita de um recurso renovável em níveis que podem ser reabastecidos de forma sustentável, em condições iguais. Isso ocorre porque o RMS geralmente parte do princípio de que as taxas de colheita humana são a única coisa que afeta o recurso e ignora o sistema no qual o recurso existe. No caso da lagarta-do-abeto, se as aves forem ignoradas no processo de colheita, os administradores podem definir um RMS perfeitamente razoável com base nas taxas conhecidas de regeneração das árvores. No entanto, se a colheita e a remoção de árvores ultrapassarem o limiar onde não há árvores suficientes para sustentar os pássaros, eles não comerão e suprimirão a lagarta. A lagarta então seria libertada da predação e, sem outros artifícios como pesticidas, poderia devastar a floresta. Assim, o RMS muitas vezes não é sustentável ou resiliente. Fundamental para nossos objetivos na construção da sustentabilidade, aprendemos com o trabalho da Resilience Alliance que a sustentabilidade e as tentativas de P2 manterão a integridade de todos os sistemas ecológicos e sociais dentro dos quais existem recursos específicos. Desta forma, tentar simplesmente evitar a escassez é uma medida demasiado míope, porque ela só pensa na quantidade de peixe que resta no oceano, sem perceber que os peixes vivem em teias alimentares complexas e numa intrincada coluna de água no oceano.

Infelizmente, no entanto, os esquemas de gestão de recursos naturais têm sido lentos, se não surdos, à ciência e à evolução do entendimento sobre os complexos sistemas socioecológicos. Por exemplo, o RMS tem sido questionado na ciência pesqueira dominante pelo menos desde a década de 1970, mas a política dominante tende a ainda usar o RMS nacional e internacionalmente (cf., p. ex., Larkin, 1977).

Além disso, o ciclo adaptativo nos dá informações importantes sobre a natureza do colapso. O *back loop* (cf. Figura 3) nos diz que existem variáveis lentas que levam a mudanças repentinas, e gerenciar para a sustentabilidade significa gerenciar para a resiliência ou contra a vulnerabilidade. E, assim como em *Os limites do crescimento* (Meadows *et al.*, 1972), o ponto antes do colapso é estável – o oposto do colapso – e até que o colapso aconteça, os críticos podem ter evidências de que tudo está indo bem.

Sistemas menos vulneráveis aprenderão e agirão com base nas lições do passado. Sistemas mais resilientes terão e usarão memória de longo prazo e aproveitarão as crises como momentos para colocar em prática novas abordagens (Folke *et al.*, 2005). Aprendemos com essa abordagem que, à medida que os recursos iniciais são explorados em um sistema, seu crescimento é facilmente previsto, como o crescimento da pesca mundial à medida que o mundo industrializou sua frota nas décadas de 1960 e 1970. Mas, à medida que o crescimento desacelera, assim como aconteceu com a pesca mundial, o acúmulo de estrutura e dependência, como a receita necessária para pagar novos barcos, significa que o sistema se torna menos flexível. Assim, mesmo que saibamos que as populações de peixes estão diminuindo, o alto esforço de pesca pode continuar porque os pescadores precisam pagar suas contas.

Uma vez que existem sinais de alerta precoces em sistemas complexos, e algumas mudanças de regime serão claramente indesejadas pela sociedade, o monitoramento dessas mudanças de regime pode desempenhar um papel na construção de sistemas socioecológicos resilientes. A chamada "**gestão adaptativa**" tornaria as sociedades menos vulneráveis e mais resistentes às perigosas perspectivas de mudanças rápidas no nível local que são esperadas quando mudanças lentas são feitas no nível global (Luers, 2005). Na maioria das vezes, a gestão adaptativa exigirá atividades humanas para reduzir perturbações lentas, mas crescentes, no sistema, como colheita de árvores ou peixes, produção de erosão do solo ou adição dos gases de efeito estufa à atmosfera, enquanto se prepara para ameaças regionais e locais já criadas. Até agora, existem poucos exemplos desse tipo de gestão adaptativa, mas os acadêmicos reconheceram a necessidade de gestão adaptativa à medida que as mudanças ambientais globais se tornam cada vez mais prementes e as incertezas se multiplicam entre regiões, problemas, atores e necessidades (Folke *et al.*, 2005).

2.7 Resumo

2.7.1 O que sabemos?

Pensar em sustentabilidade amadureceu significativamente desde a década de 1970, quando a preocupação central era ficar sem minerais, como petróleo ou água, até o ponto em que essas preocupações ainda existem, mas o mais importante é que estamos preocupados em manter sistemas e ciclos de suporte à vida essenciais que produzem petróleo e água etc. Além disso, agora entendemos que esses ciclos e sistemas podem e têm resistido a enormes pressões das atividades humanas, mas que esses sistemas atingem pontos de ruptura em que ocorrem mudanças muito rápidas, irreversíveis e profundas que alteram a maneira como todo o sistema funciona.

Sabemos que a sustentabilidade é uma preocupação estrutural e que as políticas e atividades ambientais que podem ser "verdes" ou ambientalmente benéficas não abordam a sustentabilidade, a menos que abordem a natureza sistêmica da manutenção de sistemas socioecológicos – que trabalhem em favor dos Primeiros Princípios.

Esses Primeiros Princípios estão bem representados nos estudos sobre sustentabilidade, mas a prática da sustentabilidade é uma questão normativa e contestada que nos obriga a perguntar "o que é um mundo bom?" e "qual é a melhor forma de viver que favoreça as gerações atuais e futuras?".

2.7.2 Considerações fundamentais

1. Se imaginássemos o mundo como um conjunto de ecossistemas ao longo do ciclo adaptativo, em que parte desse ciclo você acha que estaríamos? Como você justifica essa avaliação?

2. Que tipos de problemas você vê na formação dos Primeiros Princípios da sustentabilidade?

3. Que tipo de mundo você gostaria de ver? De que tipo de governos ele é composto, idealmente?

4. Que tipos de expectativas você acha que existiriam em seu "mundo bom"?

5. Quais são as formas de abordar o "problema da entropia sustentável"?

2.7.3 O que você acha das soluções de sustentabilidade a seguir?

1. Para combater a mudança climática, os Estados Unidos iniciam um programa de geoengenharia multifacetado. O primeiro ponto é usar empresas espaciais privadas para implantar milhares de pequenos espelhos na estratosfera para desviar parte do calor solar. O segundo passo é adicionar uma grande quantidade de ferro ao oceano para criar algas que irão absorver o dióxido de carbono quando as algas morrerem. O que essa abordagem significaria para o pensamento sistêmico complexo? A ciência da geoengenharia é incerta (ou seja, o efeito não é claro), mas alguns acreditam que a crise climática é grave o suficiente para que devêssemos iniciar esse tipo de projeto.

2. Um acordo internacional que determina que metade de todas as terras e águas sejam geridas para fins de conservação, afastando-as da exploração e desenvolvimento de recursos. Esta é uma sugestão de Noss *et al.* (2012), que argumentam que, para a sociedade funcionar, precisamos preservar a biodiversidade, que normalmente requer conservação entre 25% e 75% da terra e da água, e defendem a faixa intermediária de 50%.

2.7.4. Qual é sua opinião sobre o seguinte silogismo?

Premissa A: As ideias do ciclo adaptativo e da panarquia implicam que a maioria, se não todos, os sistemas complexos passam por quatro fases principais, incluindo o colapso.

Premissa B: O que entendemos ser a civilização global contemporânea é um conjunto aninhado de ciclos adaptativos, ou panarquia.

Conclusão: A civilização global entrará em colapso.

2.8 Leitura complementar

SMIL, V. *Energy and civilization:* A history. Cambridge, MA: MIT Press, 2017.

Este grande volume discute minuciosamente as transições de energia na civilização humana, calculando quanta energia é necessária para organizar mais energia ou formas de energia mais poderosas, eficientes e úteis. Para o ser humano sobreviver, precisamos de energia suficiente para fazer o serviço; se queremos que os animais de tração façam o trabalho de arar, é necessário ter biomassa suficiente para alimentar o cavalo, os bois e assim por diante. Este trabalho também está relacionado aos cálculos de Smil de consumo humano da biomassa da Terra em Smil (2012).

GUNDERSON, L. H.; HOLLING, C. S. (ed.). *Panarchy:* Understanding transformations in human and natural systems. Washington, D.C.: Island Press, 2002.

Este livro oferece uma visão geral de sistemas adaptativos complexos aninhados (panarquia) em termos socioecológicos. Os capítulos dos principais pensadores de sistemas e fundadores da Resilience Alliance fornecem maneiras importantes de pensar sobre problemas de sustentabilidade.

NORTON, B. *Sustainability:* A philosophy of adaptive ecosystem management. Chicago, IL: University of Chicago Press, 2005.

Norton, um filósofo e pensador de longa data sobre sustentabilidade, oferece um enorme *insight* sobre sistemas dinâmicos, em termos de sistemas de conhecimento para sobrevivência, responsabilidade etc.

2.8.1 Princípios de sustentabilidade

BETTENCOURT, L. M. A.; KAUR, J. Evolution and structure of sustainability science. *Proceedings of the National Academy of Sciences*, v. 108, n. 49, p. 19540-19545, 2011. DOI: 10.1073/pnas.1102712108.

Este artigo de pesquisa fornece informações sobre as crescentes posições de consenso na "ciência da sustentabilidade", que é a investigação rigorosa das causas dos problemas de sustentabilidade e suas possíveis soluções.

BOSSELMANN, K. *The principle of sustainability:* Transforming law and governance. Aldershot: Ashgate Publishing, 2008.

DRESNER, S. *The principles of sustainability.* 2nd. ed. Londres: Earthscan, 2008.

PRINCEN, T. *The logic of sufficiency.* Cambridge, MA: MIT Press, 2005.

WILKINSON, R.; CARY, J. Sustainability as an evolutionary process. *International Journal of Sustainable Development*, v. 5, n. 4, p. 381-391, 2002.

Essas fontes são apenas alguns exemplos da literatura que discute os princípios da sustentabilidade.

3
Resistência e ruína: um registro econômico

Mapa do capítulo

Este capítulo discute pensadores econômicos que lidam principalmente com o problema da escassez no que se refere à sustentabilidade, mas o tema de fundo é como uma visão excessivamente pessimista ou otimista de escassez e abundância frustra a solução razoável de problemas. Uma abordagem excessivamente pessimista pode não gerar esperança suficiente de que os esforços para resolver um problema, como políticas ou previsão de planejamento ou contenção, valerão a pena; ao mesmo tempo, uma abordagem excessivamente otimista pode gerar tanta confiança de que os problemas se resolverão como que por mágica que não há necessidade de se esforçar para resolvê-los. Ambos os extremos podem confundir ou paralisar a ação social necessária para resolver problemas complexos e interdependentes de sustentabilidade. A abordagem pessimista é proposta por um dos mais importantes pensadores da sustentabilidade, Thomas Robert Malthus. Malthus propôs que os controles sobre a população sempre precipitariam colapsos cíclicos, especialmente das populações pobres. A abordagem otimista é a resposta que Malthus recebeu de Godwin, que propôs que a humanidade acabaria triunfando sobre o mundo material e que o destino humano superaria quaisquer limites encontrados no mundo. Então, há Ester Boserup, que argumentou que a população pressionava as pessoas a adaptar seus sistemas alimentares e crescer mais – o reverso da armadilha de Malthus. Por fim, discutiremos a ideia correlata de desenvolvimento sustentável conforme proposta pelo Relatório Brundtland em 1987.

Começamos este capítulo com dois retratos, um do Auroville Earth Institute em Chennai, Índia, e outro do desenvolvimento das areias betuminosas em Alberta, Canadá.

Satprem Maïni é o diretor do Auroville Earth Institute, cuja missão é pesquisar e ensinar arquitetura baseada na terra. A ideia geral é que os edifícios podem ser feitos de forma sustentável com material da terra local, comprimindo o solo e projetando esses blocos compactados para que possam se encaixar e fornecer espaço de vida barato e com eficiência energética, enquanto treina trabalhadores locais para se tornarem pedreiros qualificados no processo. Desde 1989, ele treinou mais de 8 mil pessoas em 75 países dessa maneira.

O processo começa quando o solo é escavado no mesmo local do edifício, e então é testado e estabilizado para torná-lo mais forte. Em seguida, é compactado em blocos com prensas para fazer blocos. Esses blocos são o material para a construção, que pode ter vários andares. Depois, o espaço escavado é restaurado ecologicamente, às vezes como uma lagoa de filtragem de água ou outro espaço de vida pujante, em vez de uma lixeira. Isso tem o poder de converter favelas e outros espaços vulneráveis em espaços de vida saudáveis, seguros e permanentes, nos quais é satisfatório permanecer, porque os blocos realmente "respiram" e absorvem poluentes, mantendo a temperatura mesmo sem um sistema de aquecimento ou resfriamento, e permitem construções resistentes a terremotos. O instituto promove esses processos com uma consciência específica de melhorar a vida dos mais pobres em todo o mundo, protegendo a Mãe Terra: "Nossa Mãe Terra nos dá um material de construção maravilhoso, que deve ser usado com consciência, sensibilidade e muito respeito e gratidão. O Auroville Earth Institute está atuando para este reconhecimento" (Auroville Earth Institute, 2013).

Maïni escreve: "Eu não vejo a Terra como um material sem forma nem consciência, mas como Espírito conscientemente disfarçado de matéria" (Auroville Earth Institute, 2013). Essa visão e esse compromisso fornecem uma meta de melhores estilos de vida materiais para famílias pobres (especialmente rurais), maior equidade social e oportunidades para essas famílias e integridade ecológica do meio ambiente local. Projetos assim e grupos como o Engenheiros sem Fronteiras, que buscam oferecer maneiras acessíveis e eficazes de melhorar e salvar vidas abrindo oportunidades, são motivos para sermos otimistas em relação ao futuro. Nesse futuro, projetos comprometidos e eticamente conscientes trazem oportunidades novas, ecologicamente benéficas, baratas e duráveis para melhorar a vida das pessoas que estão em pior situação. A beleza de tantos desses tipos de projetos – e há muitos para mencionar aqui – é que eles nem mesmo exigem ajuda ou caridade, mas sim a abertura de oportunidades em que elas foram suprimidas. Mecanismos e políticas financeiras sensatas podem apoiar projetos pensados de forma sustentável que melhorem o bem-estar material e a integridade ecológica do ambiente local. No entanto, muitas vezes os projetos de design, engenharia e desenvolvimento não se parecem com os projetos do Auroville Earth Institute, mas sim com as areias betuminosas de Alberta.

As areias betuminosas/petrolíferas de Alberta, no Canadá, pintam um futuro totalmente mais pessimista. É talvez um dos "maiores projetos industriais da história" e representa uma tendência perturbadora de uma "crescente dependência de combustíveis não convencionais", que criam "uma escala crescente de perturbação ambiental" (Davidson; Gismondi, 2011). O deslocamento do poder para a esfera econômica, em que os interesses corporativos têm substancialmente mais influência do que outras preocupações sociais e ambientais, é coerente com a principal abordagem econômica do período moderno desde os anos 1970 do neoliberalismo (Centeno; Cohen, 2012). As areias betuminosas de Alberta também se assemelham a algo denominado "extrativismo", ou o impulso para extrair o máximo de valor econômico possível da Terra, geralmente para exportar para o mercado global, sem se preocupar com equidade ou ecossistemas explorados. Normalmente, isso tem sido aplicado a países mais pobres, onde o valor econômico não beneficia as populações locais, embora elas sintam os efeitos negativos – ainda que, neste caso, Alberta seja uma das regiões mais ricas da América do Norte, em parte devido às areias betuminosas.

As areias betuminosas estão sob antigas florestas boreais, que foram arrancadas da Terra para mineração dos solos arenosos e argilosos que estão encharcados em petróleo de baixo grau chamado betume. Além da mineração a céu aberto para extrair o petróleo da areia betuminosa, as mineradoras injetam vapor em alta pressão que liquefaz o petróleo e o separa da areia. O petróleo então é recuperável através de poços. O processo deixou essas antigas florestas parecendo algo semelhante a uma paisagem lunar que se estende por 530 km² (330 milhas quadradas) de terra árida com lagoas de retenção tóxica que pontilham a terra. Centenas de milhares de galões de petróleo vazaram e se derramaram na paisagem, além da vasta perda de *habitat* que prejudicou a vida selvagem. A razão por trás deste projeto é extrair o petróleo para energia e produzir bilhões de dólares em receita econômica (reconhecidamente para uma minoria de elite concentrada). A extração de energia é difícil e cara, e deixa um legado tóxico de metais pesados em lagoas de retenção após o processo de separação. Para cada barril de petróleo produzido, o processo requer três barris de água e os líderes das Primeiras Nações argumentam que os projetos de areias betuminosas reduziram o número de animais necessários para a subsistência e que a poluição causou doenças nas Primeiras Nações. Ainda assim, embora a maioria das Primeiras Nações se oponha veementemente aos projetos, alguns são economicamente dependentes da indústria que fornece empregos e instalações como mercearias e até um complexo de energia solar.

O petróleo das areias betuminosas emite muito mais dióxido de carbono do que o petróleo convencional. Consequentemente, ele se encaixa na história moderna de buscar até mesmo as fontes de energia mais sujas com custos sociais e ambientais externos muito altos que continuarão a mudar o clima. Quando o petróleo for espremido da areia e do solo, ele será enviado por oleodutos multibilionários que ainda estão sendo construídos nos Estados Unidos e no Canadá. Um desses oleodutos, o XL Keystone, percorrerá o maior aquífero da América do Norte, o Ogallala, e outros aquíferos que alimentam a agricultura do Meio-Oeste. Grupos ambientalistas protestaram contra todos os aspectos deste projeto, mas os governos tribais do Canadá e dos Estados Unidos foram os mais bem-sucedidos em levantar obstáculos. O desenvolvimento da areia betuminosa é descrito por alguns líderes tribais como um "lento genocídio industrial" para os povos indígenas regionais cuja

> "capacidade de caçar, capturar e pescar foi severamente reduzida e, onde é possível, as pessoas geralmente têm muito medo de toxinas para beber água e comer peixes de cursos de água poluídos pelas 'externalidades' da produção de areias betuminosas" (Huseman; Short, 2012).

Ainda assim, esses oleodutos são totalmente aprovados nos Estados Unidos e no Canadá, mesmo depois de o presidente Barack Obama vetar o projeto Keystone, que desde então foi ressuscitado, e há propostas para expandir os locais de mineração de areia betuminosa, mesmo apesar do desinvestimento financeiro de alguns grandes investidores (mas compensado pelo reinvestimento de outros). Esse projeto de desenvolvimento produziu enormes receitas e um importante suprimento de energia industrial, porém os estudiosos concordam que o desenvolvimento da areia betuminosa é uma catástrofe social e ambiental de tal forma absoluta, que se assemelha a um "acordo coletivo com tendências suicidas" (Davidson; Gismondi, 2011).

Assim, por um lado, temos uma história de otimismo que inclui reduções na desigualdade e na privação material ao mesmo tempo em que melhora as funções ambientais locais. Por outro lado, temos uma história que mostra o cenário mais pessimista de que os valores políticos e econômicos do *status quo* continuam a ser extremamente poderosos e não estão trabalhando substancialmente em direção a energia ou engenharia sustentável, administração de recursos ou redução do consumo.

Neste capítulo, enfrentamos o problema da "disposição" – que atitude devemos tomar quando pensamos nos limites agourentos do mundo real e na genialidade da imaginação humana? Exploramos a questão: quão otimistas sobre as perspectivas de sustentabilidade devemos ser? Nesta frente, alguns acreditam que o histórico de países, empresas e indivíduos que trabalham em direção a um futuro mais sustentável não oferece muitos motivos para esperança, enquanto outros apostam em uma infinita adaptabilidade humana e propensão à inovação. Parte dessa atitude remonta ao Iluminismo, quando pessoas como o Marquês de Condorcet e William Godwin acreditavam que o poder ilimitado da razão humana derrotaria toda a desgraça da doença, da fome e até a própria mortalidade. Primeiro, devemos perguntar se nossas escolhas são simplesmente entre a arrogância prometeica ou a desilusão malthusiana.

3.1 O persistente fantasma de Malthus e as fantasias de Godwin

Quanto otimismo ou romantismo, pessimismo ou pragmatismo devemos ter em relação ao futuro e em que medida devemos basear a nossa atitude? Em Thomas Malthus (1766-1834), temos um pensador clássico que apresenta um princípio persistente, embora controverso, de que as populações são limitadas pelos recursos. Para Godwin (1756-1836) e menos para Boserup (1910-1999), os limites ecológicos são temporários, e a inovação humana e até mesmo o destino são os verdadeiros recursos que definem a continuidade e a prosperidade humanas. Primeiro, vamos nos voltar para o padrinho da sustentabilidade, Malthus.

Malthus é um dos pensadores mais importantes nos estudos de sustentabilidade, mas é uma figura muito controversa – tanto que "malthusiano" pode ser usado como uma espécie de insulto. A contribuição central de Malthus vem da afirmação: "A população, quando não controlada, aumenta em uma proporção geométrica. A subsistência só aumenta em uma proporção aritmética", que é a tese de sua principal contribuição, "An essay on the principle of population, as it affects the future improvement of society, with remarks on the speculations of Mr. Godwin, M. Condorcet, and other writers" (Malthus, [1798] 1998), ou *Ensaio sobre o princípio da população*, publicado pela primeira vez no fim do século XVIII com seis edições sucessivas.

O princípio central da teoria malthusiana é que as populações crescem geometricamente, o que ocorre a uma taxa exponencial ou mais rápida, mas que a comida aumentará – na melhor das hipóteses – apenas aritmeticamente ou linearmente. O que isso significa é que as populações podem crescer muito rápido, mas ele pensava que os alimentos só poderiam crescer lentamente. De fato, Malthus na verdade acreditava que a comida diminuiria com o tempo, porque as populações maiores precisariam de mais terra para viver e fariam isso colonizando terras agrícolas férteis. No entanto, ele decidiu errar por excesso de cautela e dizer que a comida aumentaria apenas aritmeticamente. A incompatibilidade de taxas na população e o aumento de alimentos sempre produzirá "mais homens do que milho" e induzirá um sofrimento horrível.

A Figura 5 mostra que, de fato, a população mundial permaneceu estável por 1.800 anos (área sombreada), mas durante o século XX, de fato, cresceu exponencialmente. Felizmente, a produção de alimentos, devido à industrialização da agricultura na Revolução Verde, acompanhou essa enorme explosão populacional. No entanto, o crescimento populacional não é a única história na Figura 5, porque a linha fina mostra que as *taxas* de crescimento populacional pararam de crescer e estão *diminuindo*. Isso não era algo que Malthus achava possível, sem a desgraça das medidas positivas.

Petersen (1971) argumentou que devemos distinguir entre/separar o Malthus da juventude e o Malthus da maturidade. O jovem Malthus acreditava que a armadilha população-alimento era inevitável e incontornável para os pobres, e havia pouco que alguém pudesse fazer a respeito. O Malthus maduro começou a incluir as maneiras pelas quais a ação humana por meio de políticas poderia, apenas modestamente, aliviar essa armadilha. Malthus propôs duas medidas que evitariam que a população crescesse infinitamente. Medidas preventivas são aquelas que nós mesmos escolhemos, como política ou casamento mais tarde na vida. Medidas positivas são reduções na população que são impostas às pessoas. Medidas positivas sobre o crescimento populacional decorrem da estrita capacidade de carga ou distribuição de recursos e, quando esses recursos se esgotam, a escassez resultará em "miséria e vício" de fome, doenças e violência – talvez até guerra:

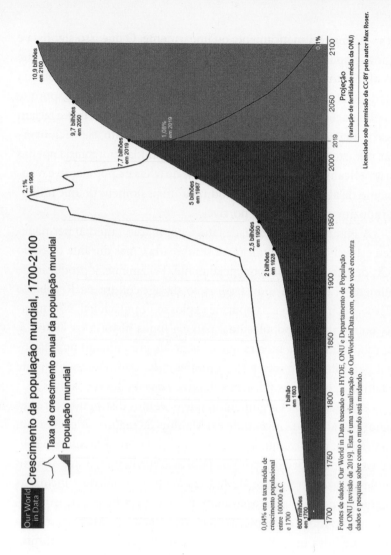

Figura 5 – Crescimento da população mundial e taxas de crescimento populacional, 1700-2100
Fonte: Roser et al. (2019).

> Reunindo nova escuridão e terror enquanto rolavam, os corpos reunidos finalmente obscureceram o sol da Itália e afundaram o mundo inteiro na noite universal. Esses tremendos efeitos, tão longos e tão profundamente sentidos nas mais belas porções da terra, podem ser atribuídos à simples causa do poder superior da população em relação aos meios de subsistência (Malthus, [1798] 1998).

Em última análise, as populações entrarão em colapso. Então, quando os tempos forem melhores e a comida for mais abundante, o número da população aumentará outra vez exponencialmente até atingir a capacidade de carga mais uma vez, e assim por diante. Além disso, à medida que a população pobre cresce, o número de trabalhadores pobres aumentará, reduzindo a demanda por trabalhadores e diminuindo os salários, tornando os pobres ainda mais pobres. Desse ponto de vista, os pobres são, de certa forma, culpados por sua própria pobreza, e Malthus não achava que a pobreza era resultado de privilégio socioeconômico ou oportunidade.

Algumas das mudanças que Malthus considerou posteriormente em seu pensamento vieram de seus debates com William Godwin, um pastor calvinista, casado com Mary Wollstonecraft e pai de Mary Shelley. A principal obra de William Godwin foi *Inquiry concerning political justice, and its influence on morals and happiness* (Godwin, 1798). Esse pensador fundou o anarquismo filosófico e, em *Inquiry*, argumentou que o governo corrompe o potencial humano ao promover a ignorância e a dependência por meio da interferência. Com o tempo, o conhecimento humano cresceria tanto que nossa mente conquistaria a matéria, e as regras e leis não mais escravizariam os indivíduos. Esse ideal *laissez-faire* e antirregulatório ainda persiste naqueles que acreditam que a humanidade vencerá qualquer problema, incluindo escassez de recursos ou outras ameaças à sustentabilidade.

Godwin acreditava que a perfeição humana era alcançável ao longo do tempo e que a humanidade poderia se libertar dos limites orgânicos e inorgânicos da Terra para realizar um destino divinamente determinado de paz e abundância:

> Não haverá guerra, nem crimes, nem administração da justiça, como é chamada, nem governo. Além disso, não haverá doença, angústia, melancolia ou ressentimento. Todo ser humano buscará, com ardor inefável, o bem de todos. A mente estará ativa e ansiosa, mas nunca desapontada (Godwin, 1798).

William Godwin defendia que a população mundial alcançaria a felicidade permanente e não haveria nascimentos nem óbitos porque nossas mentes triunfariam não apenas sobre a matéria, mas também sobre a morte. Ele supôs que um dia nossa mente seria capaz de conquistar os caprichos da natureza e da doença, em que, já que "um dia nos tornaremos onipotentes sobre a matéria, [...] por que não sobre a matéria de nossos próprios corpos?" (Godwin, 1798).

Por meio de discussões com Godwin, Malthus modificou sua teoria e passou a acreditar que havia um papel importante para a política social na redução da miséria e da população, mas principalmente que essas políticas deveriam se concentrar em coisas como educação, e não ajuda/assistência. Dito isso, Malthus é mais conhecido por sua oposição à antiga Lei dos Pobres inglesa, que concedia pagamento a trabalhadores pobres com famílias numerosas como uma esmola da paróquia local. Ele acreditava que a lei constituía um incentivo para adicionar mais crianças às fileiras dos pobres, aumentando a miséria geral. Por esse motivo, para diminuir a miséria geral, ele argumentou contra a antiga Lei dos Pobres e essa assistência acabou sendo encerrada (Petersen, 1971).

Conforme Malthus amadureceu, ele atualizou o Ensaio seis vezes. O Malthus maduro acreditava que as condições sociais, como melhores salários e educação pública gratuita para os pobres, proporcionariam oportunidades e incentivos para que os pobres tivessem menos filhos. Se os pobres fossem transferidos para a classe média, eles prefeririam esse estilo de vida e conforto e, portanto, teriam menos filhos:

> Na maioria dos países, entre as classes mais pobres, parece haver algo como um padrão de miséria, um ponto abaixo do qual eles não continuarão a se casar e propagar sua espécie [...] As principais circunstâncias que contribuem para elevar [esse padrão] são liberdade, segurança de propriedade, difusão do conhecimento e gosto pelas comodidades da vida. Os principais fatores que contribuem principalmente para rebaixá-la são o despotismo e a ignorância (Malthus, [1798] 1998).

Consequentemente, o Malthus maduro defendeu a ampliação dos direitos políticos e do sufrágio (Godwin se opôs a eles), assistência médica gratuita, enquanto Malthus se opunha ao trabalho infantil se fosse apenas para o lucro do empregador.

A realidade é que a teoria de Malthus sobre a população evoluiu um pouco ao longo do tempo para mostrar que a política social e a teoria importavam porque, quanto mais ricos estivessem os pobres, menos provável seria que eles tivessem famílias numerosas – um ponto bem estabelecido nos círculos internacionais de população e planejamento familiar hoje. Além disso, as taxas de fertilidade diminuem quando as mulheres são empoderadas e mais livres, não menos livres (Sen, 2013). Ainda assim, Godwin achava Malthus muito pessimista e produziu revisões de seu próprio argumento como uma crítica sustentada de Malthus. Godwin usou passagens bíblicas enquanto argumentava que a teoria de Malthus carecia de qualquer validade empírica, entre outros ataques: "não temos a menor razão para acreditar que a população da Terra é de alguma forma mais numerosa agora do que era há três mil anos" (Godwin, *apud* Petersen, 1971). O ataque de Godwin a Malthus foi tão mal concebido e suas afirmações empíricas foram, mesmo então, tão visivelmente erradas, que muitos acreditaram que o livro de Godwin, *On population,* nem mesmo merecia uma resposta.

Agora nos voltamos para uma pensadora menos conhecida e posterior a Malthus ou Godwin, Ester Boserup (1910-1999). Boserup foi uma economista europeia que fez várias contribuições para a economia do desenvolvimento e o papel das mulheres na agricultura.

Boserup argumentou que a comida não será um limite estrito para a população, mas que populações maiores podem levar a mais comida. Populações crescentes, *em sociedades que usam agricultura não industrializada*, começarão a passar de um longo período de pousio ou descanso, usando baixa tecnologia para a agricultura, para um curto período de pousio, usando mais ferramentas e abordagens intensivas em mão de obra para aumentar a produtividade da terra. Mais terra será cultivada e as pessoas dividirão os trabalhos de forma mais sistemática. Mais cultivo, ferramentas e organização eficiente de empregos surgirão em um mercado agrícola em desenvolvimento que intensificará as horas gastas no cultivo.

> A escola neomalthusiana ressuscitou a velha ideia de que o crescimento populacional deve ser encarado como uma variável dependente principalmente da produção agrícola. Cheguei à conclusão […] de que em muitos casos a produção de uma

determinada área de terra responde mais generosamente a uma entrada adicional de trabalho do que supõem os autores neomalthusianos (Boserup, 2005).

Na visão de Boserup, a tecnologia não ocorre sem outras forças contextuais sociais. Assim, à medida que as condições sociais, como a população e a demanda por alimentos aumentam, podem ocorrer adaptações tecnológicas e agrícolas – aumentos na população causam aumentos na produção de alimentos sob condições limitadas. No entanto, ela também aceitou um cardápio ambiental bastante ilimitado de recursos que é insustentável no mundo real.

Nos debates sobre sustentabilidade, há uma polaridade persistente entre os limites e a possibilidade, a resistência e a ruína representadas por esses autores.

3.2 Percepções da política

Resistência e ruína são perspectivas argumentativas que embasaram debates políticos que remontam a 100 anos. Por exemplo, a assistência ajuda os pobres ou apenas permite que os pobres aumentem suas fileiras e, no fim, apenas acrescentam mais miséria? Garrett Hardin é frequentemente descrito como um malthusiano. Hardin, em seu ensaio, "Living on a lifeboat", publicado em *Bioscience* em 1974, assume uma posição sobre a assistência semelhante à de Malthus contra a antiga Lei dos Pobres (Hardin, 1974). Hardin, que se descreveu como um "ecoconservador", argumentou que, se pensarmos nos países como botes salva-vidas, eles têm uma certa capacidade limitada. Se você oferecer ajuda a todos aqueles que estão afundando em um naufrágio ao seu redor, para embarcar em seu bote salva-vidas (ou seja, permitir a imigração), eventualmente seu bote afundará, não ajudando ninguém e agravando a miséria. A coisa ética a fazer é não oferecer ajuda e observar os limites do seu bote salva-vidas; e, como Malthus, isso emprega um utilitarismo benthamita bastante estrito, isto é, o que é certo é aquilo que simplesmente proporciona o maior bem ao maior número de pessoas.

É claro que essa ética soa bastante antiética para a maioria. De fato, o Southern Poverty Law Center (2020) argumenta que Hardin tinha ligações diretas com grupos nacionalistas brancos e anti-imigração que podem estar por trás de alguns de seus argumentos. Hardin fazia parte da Federação para a Reforma da Imigração Americana, um grupo anti-imigração vinculado a declarações racistas, que queria limitar a imigração para os Estados Unidos aos europeus do norte. Esta não foi a única vez que as ideias malthusianas foram articuladas em termos considerados xenófobos ou racistas. Tomemos, por exemplo, um ensaio de Robert Kaplan (1994), "The coming anarchy", que discutiu a explosão populacional e a violência na África que indicava que a miséria daquele continente seria um problema se os miseráveis pudessem vir para os Estados Unidos. Em geral, há uma tensão inerente à lógica malthusiana, que se resume à questão básica: "quem é o excesso populacional?" Parece que muitas vezes o excesso implícito são pessoas de cor ou imigrantes (como em Hardin), às vezes são os pobres (como em Malthus), às vezes "africanos" (implícito em Kaplan) etc. Então, quando discutimos superpopulação, esta questão necessita de avaliação e esclarecimento. Isso *não* quer dizer que uma grande população não seja um problema ou que discutir superpopulação seja automaticamente prejudicial, mas que a lógica e os assuntos precisam ser claros.

Observe, no entanto, que essas questões não discutem como a pobreza em si é gerada. Além disso, observe que nenhum desses debates é especificamente adaptado aos tempos atuais. O trabalho de Boserup só é aplicável a agricultores "iniciais" que estão nos primeiros estágios de conversão de terras e não pode ser estendido a condições em que a agricultura mecanizada substitui o trabalho humano. Relacionada a um pensamento mais amplo sobre população e escassez, a fórmula de Malthus para restrições alimentares foi quebrada no início do século XIX e especialmente no século XX, quando

> uma cascata de novas tecnologias agrícolas se desenvolveu ao longo dos dois séculos desde que Malthus escreveu seu "Ensaio" – especialmente fertilizantes nitrogenados sintéticos e variedades de sementes melhoradas – e permitiram que a produção agrícola nas terras cultiváveis existentes disparasse (Paarlberg, 2010).

Malthus e Boserup falam apenas da dinâmica de um sistema capitalista mundial industrial pré-combustível. Ainda assim, o futuro permanece bastante misterioso, por isso é difícil dizer quão românticos ou pragmáticos devemos ser. Talvez, quando houver entre 9 e 11 bilhões de pessoas vivendo na face da Terra, quando tivermos usado a maior parte da terra fértil e diminuído a função do ecossistema com essas tecnologias, "um limite malthusiano pode finalmente ser alcançado" (Paarlberg, 2010). Por outro lado, românticos e cornucopianos têm uma fé inabalável de que as coisas darão certo e que desenvolveremos novas tecnologias e novas adaptações que se parecem exatamente com o potencial que Malthus não enxergou.

Hoje, vemos elementos do otimismo de Godwin no Contramovimento do Ceticismo Ambiental, que rejeita a noção de que existem ameaças à sustentabilidade humana, exceto pelas obstruções que o ambientalismo representa para o progresso industrial. Este contramovimento é modelado no trabalho de Julian Simon. Na década de 1980, Julian Simon, professor de administração de empresas da Universidade de Maryland, escreveu vários livros argumentando que as pessoas eram o "recurso definitivo" e que a população aumentava a confiança na engenhosidade humana e na sua capacidade de resolver problemas (Simon, 1981). Além disso, Simon era um firme defensor da livre iniciativa e acreditava que o governo não deveria se envolver em muitos esforços ambientais; e se opunha a grupos ambientalistas, que ele achava que deveriam ser monitorados por uma aliança empresarial como uma espécie de inimigo (Simon, 1999). O otimismo de Simon acabou sendo chamado de "cornucopianismo" porque imaginava um fluxo infinito de comida e recursos ilimitados em um conjunto infinito de oportunidades para a humanidade – assim como a cornucópia alimentou Zeus com um fluxo infinito e mágico de comida quando ele estava escondido dos Titãs. Simon até acreditava que algumas leis da física não se aplicavam à economia (Simon, 1999). Isso é tão irreal quanto as afirmações de Godwin de que, eventualmente, todas as pessoas se tornarão anjos assexuados que não experimentam doença nem morte.

No entanto, ao mesmo tempo, a capacidade de carga humana não era estática no passado. Obviamente, aumentamos a capacidade de sustentar populações maiores por meio das revoluções agrícola e industrial, no entanto, indicações importantes, como a perda de biodiversidade, apontam para um perigo na expansão da pegada humana e prover 100% da humanidade sem prejudicar os sistemas de suporte à vida essenciais continua sendo uma das metas mais difíceis, porém urgentes, da sustentabilidade global.

A questão é que os registros de esperança e advertência em suas versões extremas são imprecisos, mas ambos têm algo a contribuir para o nosso pensamento. As pessoas e as sociedades desenvolvem e inovam formas de resolver problemas que talvez não tenhamos imaginado antes; no entanto, a Terra não é infinita em sua capacidade de sustentar a vida vegetal, o gelo nos polos, o abastecimento de água, os minerais, o espaço ou a família humana.

Consideremos a fome da batata irlandesa, causada diretamente pelo patógeno fúngico, *Phytophthora infestans*, que arrasou as colheitas de batata entre 1845-1850, mas foi reforçada por causas ecológicas e sociais integradas. Essa fome matou cerca de um milhão de pessoas e fez outro milhão fugir, muitos para os Estados Unidos. O especialista em resiliência Evan Fraser (2003) observa que as condições ecológicas estavam maduras e haviam mudado: os campos eram próximos uns dos outros e tinham baixa diversidade. Isso cria as condições para o patógeno fúngico varrer os campos. De fato, a Irlanda experimentou a praga muitas vezes ao longo dos séculos XVII e XVIII, mas esses campos cultivavam colheitas mais diversas de grãos e batatas e criavam animais. A rotação de culturas manteve as pragas afastadas até que a única plantação passou a ser de uma variedade de batata – a "lumper" – que não era tão nutritiva, nem podia ser armazenada por tanto tempo quanto outras (o que significa que a maioria das famílias passava fome no verão até a colheita, porque o estoque de batatas tornava-se intragável). Mas a lumper foi escolhida porque permitia ser cultivada em maior quantidade de cada vez, ou seja, produziam mais calorias por hectare, uma meta da agricultura monocultural moderna, e devemos tomar a fome irlandesa como um alerta. Socialmente, as pessoas estavam posicionadas para o desastre. No início do século XIX, os irlandeses comiam uma variedade de vegetais, grãos e carne, mas em 1845, uma grande parte da população havia se tornado tão pobre que subsistia apenas com as batatas que normalmente eram dadas aos animais de fazenda, e os fazendeiros que praticavam a agricultura de subsistência foram empurrados para áreas cada vez menores por fazendeiros mais ricos, que criavam animais caros que os fazendeiros pobres não podiam pagar. Social e ecologicamente, o povo irlandês tornou-se muito mais vulnerável à fome. Ainda assim, como a Grã-Bretanha governava a Irlanda na época, e embora houvesse um pequeno alívio enviado, Paarlberg (2010) observa que as autoridades britânicas, levadas pela premissa malthusiana de que a superpopulação e a fome eram inevitáveis, decidiram não fazer "nada". Na verdade, a Grã-Bretanha piorou as coisas importando alimentos da Irlanda durante a fome. O Prêmio Nobel Amartya Sen (1980) escreve:

> Durante a Grande Fome Irlandesa, navios e mais navios carregados de trigo, aveia, gado, porcos, ovos e manteiga partiram de Limerick, descendo o Shannon, de um país faminto para outro com muita comida. Uma política não intervencionista não faz nada para perceber que o declínio do intitulamento encorajaria a saída de alimentos mesmo quando havia escassez aguda.

O chamado **intitulamento** (*entitlement*[1]) é a capacidade de alguém de dispor de comida. Sen escreve sobre duas categorias de intitulamento: troca e dotação. A troca refere-se a todas as maneiras pelas quais alguém, geralmente uma família, pode trocar algo por comida, por exemplo, usando o salário de um trabalho para comprar pão. A dotação diz respeito aos recursos que uma família possui para ter acesso a alimentos, como terra para cultivar trigo para fazer pão. Quando esses intitulamentos entram em colapso, as pessoas perdem

---

1. Não há uma tradução oficial para este termo e sem dúvida "intitulamento" é uma opção ao pé da letra, já que seu significado é amplo e não dá para ser resumido em uma palavra no português. No entanto, com o propósito de simplesmente relacionar ao termo original cunhado por Amartya Sen, essa opção funciona. Além disso, *Development as freedom*, obra de Sen, teve sua versão em português lançada pela Companhia das Letras e nela foi adotada a tradução de "*entitlement*" como "intitulamento" [N.T.].

a capacidade de acessar alimentos. Sen ganhou o Prêmio Nobel de Economia por mostrar que a capacidade de dispor de alimentos causava fome, não a simples escassez ou declínio da disponibilidade de alimentos. Isso ocorre porque os alimentos geralmente estão disponíveis durante a fome, mas alguns perdem a capacidade de acessá-los caso percam seus intitulamentos. Portanto, a fome e outras desgraças permeiam as desigualdades sociais em que aqueles com intitulamento são capazes de resistir a tempestades como essas melhor do que aqueles sem intitulamento. A fome irlandesa da batata não constituiu exceção, porque foram os extremamente pobres que perderam tanto os intitulamentos de troca quanto os de dotação, como a perda de terras, pois foram empurrados para lotes cada vez menores por fazendeiros mais ricos (que *cultivavam* seus intitulamentos de troca), o que tornou os agricultores pobres vulneráveis ao colapso ecológico das batatas forçado pelo patógeno. Na medida em que as vulnerabilidades sociais são propositalmente produzidas, algo como a fome se torna o que o pensador marxista Frederick Engels ([1844] 1993), escrevendo na mesma época da fome, chamou de **assassinato social**, que se refere a quando os poderes dominantes em uma sociedade conscientemente colocam grupos de pessoas em circunstâncias mortais e não fazem nada para mudar tais circunstâncias. Sen capta esse sentimento quando cita a peça de George Bernard Shaw, *Homem e super-homem*:

Malone Meu pai morreu de fome no 47 negro. Talvez você já tenha ouvido falar disso?

Violeta A escassez?

Malone Não, a fome. Quando um país está cheio de alimentos e os exporta, não se pode falar em escassez.

Agora que vimos o dano de pensar que a desgraça malthusiana é natural e inevitável, devemos abordar a afirmação oposta – que essas desgraças não podem acontecer ou simplesmente não acontecerão. Isso é igualmente perigoso, porque nos encoraja a deixar de planejar ou fazer considerações antecipadas prudentes caso o otimismo esteja errado. Os extremistas cornucopianos negam que haja quaisquer problemas relevantes para a sustentabilidade, que as pessoas estejam isentas dos limites da evolução ou de pressões ecológicas e, portanto, "o termo 'capacidade de carga' agora não tem significado útil" (Simon; Kahn, 1984). O **excepcionalismo humano** é uma força tão poderosa que é considerado um paradigma, ou uma constelação de valores, que orienta a tomada de decisão humana. O excepcionalismo humano é o conjunto de crenças de que a humanidade é tão distinta e especial que está isenta do restante das leis da natureza, dos limites ecológicos ou mesmo das pressões evolutivas, incluindo a extinção.

O excepcionalismo humano implica que os formuladores de políticas não precisam fazer nada para resolver problemas como o aquecimento global ou a perda de biodiversidade se os interesses humanos forem a única preocupação. Curiosamente, o *American Journal of Physical Anthropology* publicou uma série de ensaios em três partes indicando que, se as populações humanas globais não fossem limitadas, a desgraça malthusiana *continuaria a piorar*, pois cerca de 80% da população mundial vive em "condições que variam de privação leve a deficiência severa" com pouca indicação de que esta tendência mudará significativamente (Smail, 2002). Smail repete a preocupação de Hardin (1995) de que há uma diferença entre a população *ideal* e a população *máxima* – porque duas variáveis não podem ser maximizadas ao mesmo tempo em nenhuma equação (leia-se: você só pode *maximizar* o bem-estar ou o número de pessoas).

Dadas as diferentes maneiras pelas quais as pessoas veem os dois registros, seria de se esperar que a resposta publicada a Smail criticasse sua posição. Em vez disso, Jeffery McKee respondeu que o tamanho e o crescimento da população humana explicavam estatisticamente a grande maioria da perda de biodiversidade; e, na medida em que a biodiversidade é a chave para a sobrevivência humana, o crescimento da população humana continuará a "interromper o funcionamento do ecossistema, ameaçando assim nosso próprio sistema de suporte à vida e a sustentabilidade planetária. São princípios malthusianos em letras grandes" (McKee, 2003). Relações semelhantes com o aumento das populações e seus impactos por meio da pesca, do desenvolvimento costeiro e do uso da terra afetam 75% dos recifes de coral do mundo e sua perda de biodiversidade (Mora *et al.*, 2011).

Embora seja perigoso pensar que a fome e a violência são "naturais", é igualmente perigoso pensar que o tamanho da população e os impactos humanos não têm consequências para o nosso bem-estar atual e futuro. Também é importante perceber que as populações simples não têm metabolismos automáticos, em que as condições político-econômicas mais amplas determinam quanto mais do que o metabolismo mínimo qualquer grupo populacional pode ter – as populações sempre se situam dentro das forças econômicas mais amplas que determinam como elas consomem (Swyngedouw; Heynen, 2003). Desta forma, medidas simples de população nunca são suficientes, mas servem apenas como uma estimativa mínima de linha de base para o impacto, porque diferentes populações de Dar es Salaam, na Tanzânia, e Paris, na França, ou Los Angeles, nos Estados Unidos, consumirão o mínimo (se estão sendo sustentados adequadamente, e em Dar es Salaam esse não é o caso para uma grande parcela) mais o que é determinado pelo contexto político-econômico dessa população.

No fim, Alan AtKisson (2012) expôs nosso problema de uma forma maravilhosa – acreditar em Cassandra nos liberta. Cassandra era uma profetisa de Troia durante a Guerra de Troia, mas ela estava oprimida pela maldição de que ninguém acreditaria nela. Por fim, ela previu a catástrofe do cavalo de Troia e a invasão, entre outras sinas, apenas para ser marginalizada (e acabar sendo estuprada, sequestrada e assassinada). Às vezes, os ambientalistas que alertam sobre problemas terríveis são caricaturados como "Cassandras" por aqueles que se esquecem de que Cassandra nunca esteve errada, apenas era ignorada.

AtKisson argumenta que reconhecer os limites reais da Espaçonave Terra nos liberta para dar o pontapé inicial à criatividade inspirada e à resolução de problemas, que são muito mais produtivas do que a negação de que os problemas existem. A única maneira de provar que Cassandra está errada é encarar os problemas que enfrentamos com gravidade suficiente para abordá-los e resolvê-los. No entanto, resolver esses problemas pode exigir mudanças radicais na forma como a economia e a política mundiais operam atualmente.

3.3 O Relatório Brundtland: o registro do "desenvolvimento sustentável"

Outro argumento central sobre a sustentabilidade é o do desenvolvimento sustentável. A ideia em si é contestada porque normalmente significa que a economia humana pode e deve crescer, talvez indefinidamente, mantendo intactos os serviços essenciais do ecossistema da Terra. É uma visão otimista mais alinhada com Boserup e a sustentabilidade fraca do que com Malthus, e é um tema dominante na política ambiental global. A proposta mais importante para o desenvolvimento sustentável vem da Comissão Mundial sobre Meio Ambiente e Desenvolvimento (CMMAD), conhecida como Comissão Brundtland por sua presidente e então primeira-ministra da Noruega, Gro Harlem Brundtland. Brundtland era uma figura formidável, médica, especialista em saúde pública e ex-ministra do Meio Ambiente da Noruega – a primeira pessoa de qualquer país encabeçando a pasta do meio ambiente a ocupar o cargo de primeiro-ministro.

A CMMAD foi encarregada pela Organização das Nações Unidas (ONU) de formular uma "agenda global para a mudança" a fim de "alcançar o desenvolvimento sustentável até o ano 2000 e além" (WCED, 1987). A CMMAD definiu "desenvolvimento" como a maneira como as pessoas melhoram sua vida em seu ambiente. A Comissão Brundtland entregou à ONU, em agosto de 1987, o seu relatório, chamado Our common future:

> A humanidade tem a capacidade de *tornar o desenvolvimento sustentável para garantir que ele atenda às necessidades do presente sem comprometer a capacidade das gerações futuras de atender às suas próprias necessidades.* O conceito de desenvolvimento sustentável implica limites – não limites absolutos, mas limitações impostas pelo estado atual da tecnologia e da organização social dos recursos ambientais e pela capacidade da biosfera de absorver os efeitos das atividades humanas (WCED, 1987, grifo meu).

A parte em itálico é a definição de sustentabilidade mais citada. A noção de desenvolvimento sustentável exerce certo fascínio sobre aqueles que desejam manter o *status quo* do crescimento econômico global, ao mesmo tempo em que esperam proteger os recursos para o futuro *e* solucionar a pobreza mundial.

A comissão observou explicitamente que o estado de pobreza na década de 1980 era insustentável, pois a pobreza era uma fonte sistemática de morte e sofrimento e, portanto, era contrária a qualquer tipo de desenvolvimento, sustentável ou não.

A comissão concluiu que a pobreza generalizada já não é inevitável. A pobreza não apenas é um mal em si, mas o desenvolvimento sustentável requer o atendimento das necessidades básicas de todas as pessoas e a extensão a todos da oportunidade de realizar suas aspirações por uma vida melhor (WCED, 1987).

A comissão exortou o mundo a fazer o seguinte:

• Crescer economicamente, em especial por meio de melhor tecnologia, para permitir que os pobres aspirem a uma vida melhor. Eles acreditavam que a economia mundial precisava crescer *cinco a dez vezes a taxa de crescimento na década de 1980.*

• Assegurar que haja igualdade econômica e cooperação nos sistemas nacional e internacional para que os pobres recebam sua parte dos recursos da Terra.

• Mudar "normas e comportamento em todos os níveis no interesse de todos. A mudança de atitudes, valores sociais e aspirações que o relatório exorta dependerá de vastas campanhas de educação, debate e participação pública".

Por meio desse relatório, a disparidade de uso de recursos entre países ricos e pobres tornou-se um dos principais temas de debate sobre sustentabilidade. A CMMAD observou que as pessoas em países ricos precisavam "adotar estilos de vida dentro dos meios ecológicos do planeta" (WCED, 1987). Os países mais ricos constituíam uma minoria da população mundial, mas essa minoria estava usando a grande maioria dos recursos mundiais, geralmente na ordem de 4:1 ou mais.

> A Terra é uma, mas o mundo não. Todos nós dependemos de uma biosfera para sustentar nossas vidas. No entanto, cada comunidade, cada país, luta pela sobrevivência e prosperidade com pouca consideração pelo seu impacto sobre os outros.

Alguns consomem os recursos da Terra a uma taxa que deixaria pouco para as gerações futuras. Outros, em número muito maior, consomem muito pouco e vivem com a perspectiva de fome, miséria, doenças e morte prematura (WCED, 1987).

A "ambiguidade criativa" do desenvolvimento sustentável defendida pela CMMAD instigou um amplo debate (Kates; Parris; Leiserowitz, 2005). Michael Redclift (2005) observou que o foco em "direitos" em vez de "necessidades" alimentava a lógica econômica neoliberal que tornava o "desenvolvimento sustentável" um oxímoro. Trabalhos posteriores continuaram essa discussão de que o foco no consumo e no crescimento econômico como desenvolvimento era inconsistente (Spaiser *et al.*, 2017).

O Conselho Nacional de Pesquisa dos Estados Unidos, Departamento de Políticas, Conselho de Desenvolvimento Sustentável tentou dividir a questão entre o que deveria ser "sustentado" e o que deveria ser "desenvolvido" e descobriu que os sistemas biológicos e ecológicos vitais deveriam ser sustentados, enquanto tentamos desenvolver melhores estilos de vida em sobrevivência infantil, riqueza e serviços para as pessoas (National Research Council, 1999). No entanto, isso não aborda o local onde os *trade-offs* são feitos e não admite especificamente quaisquer limites rígidos para o mundo. No fim, a ambiguidade da CMMAD permitiu que os países ricos entrassem em negociações na Conferência das Nações Unidas sobre Meio Ambiente e Desenvolvimento (CNUMAD) de 1992 sem querer sacrificar o consumo afluente e os países pobres se recusassem a comprometer o crescimento populacional; ambos os grupos culparam um ao outro e concordaram essencialmente em não fazer nada sobre esses elementos centrais no cerne da estrutura problemática da sustentabilidade.

O desenvolvimento sustentável também é relevante para a Declaração do Milênio da ONU de 2000, que estabeleceu mais de 60 objetivos internacionais amplamente aceitos, juntamente com os oito principais Objetivos de Desenvolvimento do Milênio. Esses objetivos incluem erradicar a pobreza extrema e a fome, acabar com as disparidades de gênero e a desigualdade na educação e promover a "sustentabilidade ambiental". O último objetivo motivou a Avaliação Ecossistêmica do Milênio (MEA), que descobriu que a erradicação da pobreza não pode ser alcançada sem a manutenção dos serviços ecossistêmicos essenciais (MEA, 2003). Curiosamente, alguns dos Objetivos de Desenvolvimento do Milênio, como cortar pela metade a quantidade de pessoas que vivem em extrema pobreza até 2015, foram alcançados, enquanto outros permanecem indefinidos.

Em 2015, os Objetivos de Desenvolvimento Sustentável (ODS) foram acordados por todos os países do mundo, que "baseiam-se nos Objetivos de Desenvolvimento do Milênio e buscam completar o que eles não atingiram, particularmente no que diz respeito a alcançar os mais vulneráveis" (ONU, 2015). A Resolução da ONU é essencialmente um "documento de visão" imaginando um mundo melhor:

> Prevemos um mundo de respeito universal pelos direitos humanos e pela dignidade humana, o Estado de direito, a justiça, a igualdade e a não discriminação; de respeito à raça, etnia e diversidade cultural; e de igualdade de oportunidades permitindo a plena realização do potencial humano e contribuindo para a prosperidade compartilhada.

E,

> Vislumbramos um mundo em que todos os países desfrutem de crescimento econômico sustentado, inclusivo e sustentável e trabalho decente para todos. Um mundo em que os padrões de consumo e produção e uso de todos os recursos naturais – do ar à terra, dos rios, lagos e aquíferos aos oceanos e mares – sejam sustentáveis (ONU, 2015).

Os 17 ODS são:

1. Erradicação da pobreza
2. Fome zero e agricultura sustentável
3. Saúde e bem-estar
4. Educação de qualidade
5. Igualdade de gênero
6. Água potável e saneamento
7. Energia acessível e limpa
8. Trabalho decente e crescimento econômico
9. Indústria, inovação e infraestrutura

10. Redução das desigualdades
11. Cidades e comunidades sustentáveis
12. Consumo e produção sustentáveis
13. Ação contra a mudança global do clima
14. Vida na água
15. Vida terrestre
16. Paz, justiça e instituições eficazes
17. Parcerias e meios de implementação

Cada um desses objetivos tem alvos. Por exemplo, o ODS 14, Vida debaixo d'água, tem as seguintes metas:

14.1 Até 2025, prevenir e reduzir significativamente a poluição marinha de todos os tipos, em particular de atividades terrestres, incluindo detritos marinhos e poluição por nutrientes

14.2 Até 2020, gerenciar e proteger de forma sustentável os ecossistemas marinhos e costeiros para evitar impactos adversos significativos, inclusive fortalecendo sua resiliência, e tomar medidas para sua restauração, a fim de alcançar oceanos saudáveis e produtivos

14.3 Minimizar e abordar os impactos da acidificação dos oceanos, inclusive por meio de cooperação científica aprimorada em todos os níveis

14.4 Até 2020, regular efetivamente a pesca e acabar com a sobrepesca, pesca ilegal, não declarada e não regulamentada e práticas de pesca destrutivas e implementar planos de manejo baseados na ciência, a fim de restaurar os estoques de peixes no menor tempo possível, pelo menos a níveis que possam produzir o máximo de rendimento determinado por suas características biológicas

14.5 Até 2020, conservar pelo menos 10% das áreas costeiras e marinhas, de acordo com a legislação nacional e internacional e com base nas melhores informações científicas disponíveis

14.6 Até 2020, proibir certas formas de subsídios à pesca que contribuem para a sobrecapacidade e sobrepesca, eliminar os subsídios que contribuem para a pesca ilegal, não declarada e não regulamentada e abster-se de introduzir novos subsídios, reconhecendo que o tratamento especial e diferenciado adequado e eficaz para os países em desenvolvimento e menos desenvolvidos devem ser parte integrante da negociação de subsídios à pesca da Organização Mundial do Comércio

14.7 Até 2030, aumentar os benefícios econômicos para os pequenos estados insulares em desenvolvimento e os países menos desenvolvidos do uso sustentável dos recursos marinhos, inclusive por meio da gestão sustentável da pesca, aquicultura e turismo

14.A Aumentar o conhecimento científico, desenvolver a capacidade de pesquisa e transferir tecnologia marinha, levando em consideração os Critérios e Diretrizes da Comissão Oceanográfica Intergovernamental sobre a Transferência de Tecnologia Marinha, a fim de melhorar a saúde dos oceanos e aumentar a contribuição da biodiversidade marinha para o progresso dos países em desenvolvimento, em particular os pequenos Estados insulares em desenvolvimento e os países menos desenvolvidos

14.B Propiciar acesso para pescadores artesanais de pequena escala aos recursos e mercados marinhos

14.C Melhorar a conservação e o uso sustentável dos oceanos e seus recursos implementando o direito internacional conforme refletido na Unclos, que fornece a estrutura legal para conservação e uso sustentável dos oceanos e seus recursos, conforme lembrado no parágrafo 158 de "O futuro que queremos" (ONU, 2020).

Observe que muitas dessas metas já passaram da data estabelecida para serem alcançadas, como "Até 2020, regular efetivamente a pesca e acabar com a sobrepesca". Embora seja importante ter uma meta de acabar com a sobrepesca, esta estava *aumentando* na época em que essa meta foi estabelecida (FAO, 2020) e continua aumentando, principalmente nos oceanos tropicais. Nesse caso, as frotas pesqueiras pescaram abaixo e através da teia alimentar, reduzindo especialmente a pesca costeira e peixes maiores de forma dramática, consistente com um evento de extinção no mar. De fato, alcançar os ODS, mesmo que parcialmente, exigirá "transformações profundas em todos os países, que demandarão ações complementares de governos, sociedade civil, ciência e negócios" (Sachs *et al.*, 2019). Isso exigirá grandes investimentos em setores-chave, supervisão e coordenação governamentais ambiciosas, adesão autêntica de indústrias e imaginação desenfreada de atores da sociedade civil, como ONGs. Essas metas são absolutamente alcançáveis, mesmo que percamos o cronograma, mas são necessários compromissos sérios para fazer coisas como descarbonizar a economia global e, para isso, política, investimento e convicção devem superar atitudes cínicas, como o negacionismo climático.

E, infelizmente, por causa da pandemia global de 2019-2020, estima-se que 70 milhões de pessoas se juntarão aos já 750 milhões de pessoas em extrema pobreza, pois milhões de pessoas perderam seus empregos e uma cascata de problemas econômicos colocaram muitos em perigo (Naidoo; Fisher, 2020). A pandemia afetou o acesso à saúde, acrescentando 270 milhões de pessoas ao número das que passam fome. Assim, embora o objetivo geral de alcançar os ODS até 2030 já estivesse fora dos trilhos, a pandemia criou muitos obstáculos no caminho, dos quais o mundo levará anos para se recuperar. Notavelmente, este é um exemplo adequado de vulnerabilidade ou falta de resiliência, em que um evento externo pontual perturbou vidas, países e esforços em nível planetário, e aqueles que estavam perto da pobreza tinham maior probabilidade de serem vítimas dele. Os países que tinham fortes redes de segurança, como robustos benefícios de desemprego, eram menos propensos a ver a fome generalizada. Os países com liderança confiável que ouviram a ciência administraram o vírus muito melhor do que outros, como a Nova Zelândia, que rastreou agressivamente as pessoas expostas à doença e as obrigou a ficar em quarentena por duas semanas. Essa liderança tornou a Nova Zelândia mais resiliente do que países como os Estados Unidos, que não tinham um plano unificado, silenciaram a ciência médica e tentaram abrir a economia antes que fosse seguro fazê-lo e tornaram seus habitantes mais vulneráveis ao vírus. De fato, os Estados Unidos lideraram o mundo em infecções e não observaram o princípio da previsão que a sustentabilidade exige. De qualquer forma, os obstáculos pandêmicos aos ODS provavelmente implicam que eles precisem ser reformulados e repensados.

Em um ensaio perspicaz, Hempel (2009) identifica os principais problemas conceituais com o termo "desenvolvimento sustentável". Ele argumenta que o termo é ambíguo sobre se a sustentabilidade se refere simplesmente ao desenvolvimento de comunidades, sociedades e assim por diante, que simplesmente perduram, ou é o "desenvolvimento" ou a "comunalidade" o que deve ser sustentado? Ele admite a dificuldade de ser preciso sobre uma ideia tão complexa: "E, o que é, exatamente, que queremos sustentar? Saúde e bem-estar humano? Integralidade ecológica? Os chamados três Es da sustentabilidade – resiliência ambiental (Ecologia), saúde econômica (Economia) e equidade social (Equidade)?".

Pior ainda, diferentes elementos que podemos querer sustentar podem, de fato, ser contraditórios. Os governos em todo o mundo estão quase universalmente cientes da questão da sustentabilidade, mas há um desafio persistente de conciliar o crescimento econômico com equidade social e justiça e integridade ambiental, assim como Hardin argumentou.

Além disso, Hempel adverte que, embora possamos identificar abstratamente algo como "sustentável" no curto prazo, o desenvolvimento sustentável de longo prazo pode estar cognitivamente fora de alcance porque os sistemas envolvidos são muito complexos e estão em constante movimento.

No entanto, o desenvolvimento sustentável também pode ser uma forma de "pegar o frisbee" da sustentabilidade. Em uma conferência de finanças no verão de 2012, um economista do Banco da Inglaterra, Andrew Haldane (2012), apontou que pegar um *frisbee* exige que entendamos a física complexa e outras dinâmicas. No entanto, muitas pessoas não treinadas em física, para não mencionar cães, pegam *frisbees* regularmente. A razão é porque usamos heurísticas, ou regras práticas, que simplificam nossas opções em situações complexas e evitam confundir nossos pensamentos. O desenvolvimento sustentável pode ser teoricamente problemático, mas em um nível, somos forçados a viver e tomar decisões no dia a dia. O desenvolvimento sustentável nos pediria para simplificar as questões gerais – estamos melhorando nossa situação e a dos outros? Se uma decisão melhora o bem-estar material nosso e dos outros, constrói força e integridade ecológicas e melhora a equidade, então pode ser um desenvolvimento pelo menos *mais* sustentável do que ações que danificam essas coisas. Os pensadores mais importantes sobre essas questões são provavelmente Paul Hawken, Hunter Lovins e Amory Lovins (Hawken *et al.*, 2010) e Eban Goodstein (que é o arquiteto e diretor do Bard College MBA em Sustentabilidade, treinando alunos para se saírem bem, enquanto fazem o bem).

Infelizmente, o desenvolvimento sustentável não alivia as contradições da sustentabilidade levantadas por Hempel e outros, embora possa fornecer uma janela de oportunidade para pensar e discutir essas contradições.

3.4 Resumo

3.4.1 O que sabemos?

Sabemos que, se as políticas forem baseadas na noção de que os pobres vão "naturalmente" superpovoar, essas políticas permitirão que as pessoas morram desnecessariamente e atrasarão a ação quando a ajuda for necessária. Ações, políticas e atitudes fazem a diferença sobre como planejamos o futuro, e o planejamento prepara as sociedades para crises, talvez simplesmente reduzindo-as a surpresas. Da mesma forma, se pensarmos que a humanidade é tão dotada de genialidade que sempre conseguiremos ultrapassar os limites da terra, isso também justifica a "falta de ação" e uma grave falta de planejamento.

Sabemos também que a questão da "superpopulação" está repleta de significados carregados que precisam de transparência em qualquer discussão sobre demografia populacional. As pessoas marginalizadas muitas vezes – nem sempre – são consideradas o "excesso" de pessoas que são, portanto, indesejadas ou que causam um problema, mas a causa da real marginalização é muitas vezes ignorada.

Também *não podemos* saber se o futuro será como o passado, quando a humanidade aumentou significativamente a quantidade de alimentos que era capaz de produzir para acompanhar o aumento da população. Não podemos saber se chegamos ao ponto em que será muito difícil extrair muito mais da terra sem destruir fundamentalmente os ciclos e sistemas ecológicos que tornam a agricultura possível para começo de conversa.

Além disso, sabemos que o desenvolvimento sustentável é um discurso ambíguo, contestado e até contraditório. Ao mesmo tempo, esse discurso tem oferecido considerações sobre questões ecológicas e de justiça em debates políticos nacionais e internacionais. O Relatório Brundtland iniciou amplas equipes colaborativas interdisciplinares internacionais para começar a trabalhar no coerente e novo campo da "ciência da sustentabilidade", focado na resistência dos sistemas, avaliando medidas, a resiliência das sociedades, a natureza dos sistemas da Terra e a história de ruína usando métodos rigorosos (Bettencourt; Kaur, 2011).

3.4.2 *Considerações fundamentais*

1. Como comunidades de todos os tamanhos em grupos locais e globais devem lidar com a incerteza? Quanto a compaixão e o reconhecimento de outras pessoas e suas necessidades importam para a maneira como lidamos com a incerteza, o risco e a vulnerabilidade?

2. Quais são as boas formas de ter conversas sérias sobre questões populacionais sem cair na armadilha do preconceito contra grupos marginalizados?

3. Quais são as considerações mais importantes – limites ecológicos ou engenhosidade humana – que devem determinar quão otimistas ou pessimistas devemos ser sobre o futuro da humanidade?

4. Até quando devemos projetar a sustentabilidade da espécie humana? Como o intervalo de tempo que escolhemos – digamos, três gerações *versus* quinze gerações – afeta quanta restrição devemos ter com os recursos e ecossistemas da Terra?

5. O que você acha que deve ser sustentado e o que deve ser desenvolvido se o mundo quiser buscar o desenvolvimento sustentável com seriedade?

6. Que direitos ou reivindicações as gerações futuras têm sobre nossas decisões?

7. Que papel você vê para o registro do passado ao contar as histórias da sustentabilidade?

3.4.3 O que você acha das soluções de sustentabilidade a seguir?

1. E se as sociedades dividissem os problemas de sustentabilidade em "bocados mastigáveis", como por meio de setores, e reestruturassem as políticas para exigir que cada setor, como manufatura ou produção de energia, sempre melhorasse o bem-estar material, a equidade social e a integridade ecológica em todas as atividades?

2. E se, quando houver grandes *trade-offs* entre equidade, economia e ecologia em projetos de desenvolvimento, os mais afetados pelos projetos forem consultados com "poder de veto" para interrompê-los?

3.4.4 Qual é sua opinião sobre o seguinte silogismo?

Premissa A: Não sabemos quais inovações ou exatamente quais limites ecológicos serão mais importantes no futuro para o bem-estar humano.

Premissa B: Não agir e deixar de planejar quanto a problemas futuros exclui opções no futuro.

Conclusão: Devemos planejar e desenvolver a capacidade humana e agir para proteger os ecossistemas e os ciclos para manter o maior número possível de opções abertas no futuro.

3.5 Leitura complementar

BROMLEY, D. W. *Sufficient reason:* Volitional pragmatism and the meaning of economic institutions. Princeton, NJ: Princeton University Press, 2010.

Para aqueles que procuram um desafio maior, este livro de Bromley, que é economista, critica a economia neoclássica do bem-estar pela miopia e como uma forma sobredeterminada de pensar racionalidade e eficiência como preferências sociais automáticas, defendendo uma visão da economia da escola filosófica do pragmatismo. O pragmatismo incorporou várias abordagens, mas Bromley argumenta que imaginamos o futuro e decidimos nesse ponto o que é melhor fazer (limitados pelo que pensamos que seria possível), e que as instituições também mudam dessa maneira. Uma vez que as instituições abrangem os conjuntos de escolhas que os indivíduos, a indústria e a sociedade civil têm, podemos pensar coletivamente nas melhores escolhas para o futuro e implementar essas mudanças agora. Pode-se imaginar imediatamente uma Terra futura e quais mudanças institucionais no uso dos gases de efeito estufa podem ser a melhor coisa a fazer.

SMAIL, J. K. Remembering Malthus: A preliminary argument for a significant reduction in global human numbers. *American Journal of Physical Anthropology*, v. 118, n. 3, p. 292-297, 2002. DOI: 10.1002/ajpa.10088.

SMAIL, J. K. Remembering Malthus II: Establishing sustainable population optimums. *American Journal of Physical Anthropology*, v. 122, n. 3, p. 287-294, 2003a. DOI: 10.1002/ajpa.10255.

SMAIL, J. K. Remembering Malthus III: Implementing a global population reduction. *American Journal of Physical Anthropology*, v. 122, n. 3, p. 295-300, 2003b. DOI: 10.1002/ajpa.10341.

MCKEE, J. K. Reawakening Malthus: Empirical support for the Smail scenario. *American Journal of Physical Anthropology*, v. 122, n. 4, p. 371-374, 2003. DOI: 10.1002/ajpa.10401.

Smail traz uma série de ensaios pensando a contribuição de Malthus a partir da perspectiva da antropologia moderna. Após uma revisão completa e aplicação das ideias malthusianas, uma resposta foi impressa no mesmo jornal por McKee, e sua corroboração oferece um contexto interessante para se pensar sobre as proposições gerais de Malthus.

4
Medição da sustentabilidade

> **Mapa do capítulo**
>
> O argumento deste capítulo é o de que, para mensurar algo que é mutuamente construído entre limites objetivos e subjetivos, são necessárias medidas empíricas objetivas para complementar as aferições subjetivas sobre o que é a sustentabilidade, do que é composta e como é imaginada e alcançada. Atualmente, existem formas interessantes e inovadoras de medir a sustentabilidade, mas como cada uma requer alguma forma de julgamento subjetivo, é necessário um acordo sobre quais medidas utilizar em qualquer circunstância. Nenhuma dessas medidas é completa ou indiscutível, mas algumas são bastante convincentes. Alguns destes métodos utilizam terminologias de mudança empírica, outros utilizam metáforas e heurísticas. Em especial, examinaremos as ideias e medições da capacidade de carga, da pegada ecológica e, em seguida, do modelo World3 utilizado em *Os limites do crescimento*. Analisaremos brevemente os índices de sustentabilidade e concluiremos com uma análise da noção de "limites planetários" (*planetary boundaries*). Um tema que emerge claramente nas diferentes abordagens é que as medidas atuais mostram consistentemente que, em nível global, a humanidade está ultrapassando e minando seus suportes de vida ecológicos essenciais, violando o P1. Começamos com a história dos físicos que tiveram a ideia de um Relógio do Juízo Final.

4.1 O Relógio do Juízo Final: sete... seis... cinco minutos para a meia-noite

Em 1939, durante a Segunda Guerra Mundial, ficou claro que os nazistas haviam conquistado um terreno importante no sentido de fabricar uma bomba atômica. Cientistas de elite e emigrados europeus recentes para os Estados Unidos, Albert Einstein e Enrico Fermi pressionaram o então presidente dos Estados Unidos, Franklin Roosevelt, para iniciar a pesquisa nuclear, dados os avanços dos nazistas, e esse esforço acabou sendo denominado "Projeto Manhattan". Como figura de destaque no Projeto Manhattan, Fermi se tornou a primeira pessoa a controlar com sucesso uma reação nuclear em cadeia em 1942, como é sabido por todos, em uma quadra de *squash* em Chicago. Três anos depois, os Estados Unidos testaram as primeiras armas nucleares no deserto do Novo México e depois lançaram bombas nucleares nas cidades japonesas de Hiroshima e Nagasaki. A Segunda Guerra Mundial estava efetivamente encerrada.

Físicos e engenheiros que trabalharam no Projeto Manhattan fundaram o *Bulletin of the Atomic Scientists*. Tendo observado em primeira mão o poder destrutivo total dessa nova ciência e o potencial que continha, foram testemunhas de uma mudança importante na história humana, porque o conhecimento e a inovação excederam instantaneamente a capacidade política e institucional para gerir a ameaça existencial. Em 1947, o *Bulletin* elaborou uma metáfora para comunicar o perigo que a energia nuclear representava a toda a raça humana por meio do Relógio do Juízo Final.

Na metáfora, "meia-noite" no Relógio do Juízo Final é o ocaso do nosso tempo na Terra. Considera-se que os ponteiros estão mais próximos ou mais distantes, dependendo da gravidade e da urgência das ameaças e dos avanços para reduzi-las num determinado ano.

O *Bulletin of the Atomic Scientists* dificilmente pode ser descrito como um grupo apocalíptico marginal, mas eles acreditam que as ameaças existenciais, ou ameaças à existência, cresceram e foram reduzidas desde a década de 1940. Pelas suas estimativas, as mudanças climáticas, as armas nucleares e a biotecnologia estão nos aproximando da meia-noite. Incluem a biotecnologia como uma ameaça porque, embora admitam que proporciona benefícios e soluções potenciais, também é algo que traz sérias incertezas, bem como opções para conceber armas biológicas em diferentes formas. Eles estão preocupados que os cientistas possam inadvertidamente criar formas mais agressivas de patógenos atuais, ou mesmo novos patógenos, como quando cientistas na Austrália tentaram fazer um contraceptivo a partir da varíola do rato, mas acabaram tornando-a muito mais letal (*Bulletin of the Atomic Scientists*, 2007a). Os pesquisadores também descrevem os efeitos das mudanças climáticas, que podem ser mais lentas do que uma explosão nuclear, "mas durante as próximas três a quatro décadas as mudanças climáticas poderão causar danos drásticos aos *habitats* dos quais as sociedades humanas dependem para sobreviver" (*Bulletin of the Atomic Scientists*, 2007b).

Evidentemente, a metáfora em si não é empiricamente fundamentada. No entanto, preenche uma lacuna entre a compreensão científica e pública dos problemas urgentes. A metáfora da meia-noite é imediatamente compreensível, e o *Bulletin of the Atomic Scientists* é um grupo que tem credibilidade na esfera pública. Assim, o que falta à metáfora em precisão, ela compensa em clareza e autoridade. Em janeiro de 2020, o *Bulletin* atualizou os ponteiros em 100 segundos para a meia-noite, sendo a primeira vez medido em segundos, em vez de minutos. Eles alertam:

> A humanidade continua a enfrentar dois perigos existenciais simultâneos – a guerra nuclear e as mudanças climáticas – que são agravados por um multiplicador de ameaças, a guerra de informação cibernética, que prejudica a capacidade de resposta da sociedade. A situação de segurança internacional é terrível, não apenas porque essas ameaças existem, mas porque os líderes mundiais permitiram que a infraestrutura política internacional para a sua gestão se desgastasse (*Bulletin of the Atomic Scientists*, 2020).

Ao longo deste capítulo, fica claro que os estudos e as ciências da sustentabilidade desenvolveram múltiplas terminologias para comunicar as diversas ameaças, mas estas variações chegam a conclusões consistentes sobre os desafios que temos pela frente.

4.2 Ponto de partida: como reconhecemos a sustentabilidade quando a vemos?

Será realmente possível medir a sustentabilidade se ela é um conceito essencialmente contestado? Agora entendemos que existem incertezas importantes nos Primeiros Princípios da sustentabilidade.

O P1 afirma que não devemos prejudicar os ciclos e sistemas ecossistêmicos essenciais que proporcionam oportunidades e bem-estar humanos, e há amplo consenso quanto a este princípio. No entanto, quando tentamos colocar o P1 em prática, a vaga ideia de sustentabilidade torna-se profundamente contestada politicamente porque é impossível saber precisamente o que de fato significarão no futuro os *trade-offs* entre o bem-estar econômico, a integridade ecológica e/ou a equidade social. Além disso, não sabemos, por exemplo, quando é que uma população de peixes entrará em colapso precisamente ou em que ponto as camadas de gelo da Groenlândia ultrapassarão um limiar crítico de ponto de fusão, ou mesmo se esse ponto de fusão já ocorreu. É bem possível que o ponto crítico tenha sido ultrapassado no Ártico. Portanto, não sabemos até onde podemos forçar os sistemas e ciclos da Terra, e os pontos em que as "medidas positivas" de Malthus entram em jogo são fundamentalmente incertos, independentemente da medida que utilizamos.

Isto levanta a questão de como as medidas de sustentabilidade devem ser tratadas. A profundidade da incerteza, e mesmo os tipos de incerteza sobre os limiares ou sobre o que outras pessoas/grupos podem fazer sob condições variáveis, e os riscos em jogo levaram os defensores do meio ambiente a promover o **Princípio da Precaução** (PP). O PP indica que não devemos aguardar pela confirmação científica para tomar medidas e que, ao tomarmos uma decisão ambientalmente arriscada, devemos pecar pelo lado da cautela e da moderação para proteger a saúde humana e os futuros serviços ecossistêmicos, como medicamentos, pesquisa, a vida de não humanos e outros valores não econômicos. Este princípio é especialmente invocado para decisões que são irreversíveis, como a perda de biodiversidade, ou que introduzem riscos que não são facilmente decompostos naturalmente, como produtos químicos persistentes, pois se acumulam e crescem à medida que se deslocam dentro da cadeia alimentar, produtos químicos que se "bioacumulam" (Myers, 1993; O'Riordan; Cameron, 1994a, 1994b).

No entanto, os defensores do meio ambiente deveriam usar esta noção com determinação, pois os defensores do crescimento econômico rebatem essa equação simplesmente invertendo o que está em jogo – ao se tomar uma decisão economicamente arriscada, eles argumentam que os defensores do capitalismo neoliberal deveriam errar pelo lado da não interferência no mercado e desenvolvimento para viabilizar a saúde humana, a pesquisa e tratamentos médicos e outros valores que podem ser adquiridos por meio de recursos financeiros (Beckerman, 2002). As falhas da sustentabilidade não são facilmente conciliadas, independentemente da medida utilizada.

Contudo, lembre-se do Capítulo 1 e da discussão sobre conhecimento responsável, em que o conhecimento confiável raramente vem de fontes únicas sem revisão. As afirmações sobre a sustentabilidade são mais confiáveis quando são sujeitas a uma revisão minuciosa por outros, e as afirmações de qualquer abordagem para medir a sustentabilidade são mais válidas e confiáveis se se enquadrarem numa consiliência crescente. Mesmo com fragmentos de evidências individuais mais fracas, estas podem formar um todo maior que se encaixa, e quando diferentes abordagens fornecem evidências que convergem para conclusões semelhantes, podemos tratar essa consiliência com mais confiança. Isto é o que vemos nos métodos díspares de medição da sustentabilidade; existem diferenças, mas também há concordâncias importantes.

4.3 A pegada ecológica

Houve várias tentativas muito importantes de medir a sustentabilidade empiricamente, utilizando medidas quantitativas. Parris e Kates (2003) observam que houve *mais de 5 mil tentativas* para criar um indicador quantitativo de desenvolvimento sustentável, mas nenhuma é universalmente aceita. Nosso foco aqui será a pegada ecológica, por se tratar de um dos mais importantes destes indicadores.

A **pegada ecológica** foi desenvolvida em parceria entre William Rees e Mathis Wackernagel. Wackernagel está hoje à frente da Global Footprint Network, e há uma série de recursos importantes que podem ser encontrados no website desta organização (www.footprintnetwork.org).

A pegada ecológica é uma das poucas medidas empíricas relevantes para a estrutura problemática da sustentabilidade. Mais especificamente, a medida tenta calcular a quantidade de terra e mar produtivos necessários para satisfazer as necessidades e o consumo humanos, e funciona particularmente dentro do conceito ecológico de **capacidade de carga**, ou a quantidade máxima de qualquer população ou consumo que pode ser sustentada indefinidamente sem prejudicar a integridade dos sistemas e ciclos ecológicos que a respectiva população necessita para continuar (cf. o Quadro 3).

Quadro 3 – Capacidade de carga: um parâmetro fundamental

William Rees explica o conceito de capacidade de carga como a condição de limite para qualquer população de qualquer espécie: "Os ecologistas definem 'capacidade de carga' como a população de uma determinada espécie que pode ser sustentada indefinidamente num determinado *habitat* sem danificar permanentemente o ecossistema do qual depende" (Rees, 1992). Os seres humanos também estão restritos por esta condição de limite: "Para os seres humanos, a capacidade de carga pode ser interpretada como a taxa máxima de consumo de recursos e descarte de resíduos que pode ser sustentada indefinidamente numa determinada região sem prejudicar progressivamente a integridade funcional e a produtividade dos ecossistemas relevantes" (Robert *et al.*, 1997).

É inconcebível que a Terra tenha uma capacidade infinita para sustentar um número infinito de seres humanos, dada a matemática simples do metabolismo discutida no Capítulo 2. No entanto, a capacidade real da população humana global depende de muitas preocupações secundárias, tais como a diversidade dos consumidores e das classes socioeconômicas transnacionais e do comércio, da cultura humana, da geografia específica e de muitas outras condições que orientam o quanto um grupo consome. Na verdade, Hardin observou que, ao longo do tempo, a humanidade aumentou a capacidade de carga da Terra à medida que aprendemos a produzir mais alimentos e a utilizar combustíveis fósseis; embora ele tenha alertado que essa capacidade de carga já está saturada. Além disso, ele nos lembra que não podemos buscar tanto o bem-estar ideal para todos quanto maximizar o número total de pessoas simultaneamente (Hardin, 1995). Se a capacidade de carga é o nível da população humana que pode ser mantido indefinidamente *sem danificar a integridade dos ciclos e sistemas ecológicos*, então é evidente que a capacidade de carga da Terra para os seres humanos foi sobrecarregada.

A pegada ecológica mede a quantidade de terra produtiva e o espaço de água para diferentes áreas e grupos, que vão desde indivíduos, países e até mesmo a humanidade global. Esse trabalho tem uma forte base científica e parece ser confiável e reproduzível, ao mesmo tempo que é uma das únicas medidas empíricas "absolutas" de sustentabilidade que existem atualmente. A pegada é uma medida absoluta porque mensura o consumo total e o impacto mínimo do consumo humano em toda a Terra, em oposição a uma mensuração relativa que compararia o consumo, digamos, entre dois países, e julgaria a sustentabilidade com base na comparação. Essa medida questiona simplesmente o seguinte: qual é a capacidade produtiva do planeta e quanto dessa capacidade a população humana está utilizando? Vale ressaltar que esse uso pode ser decomposto para avaliar quanto uma pessoa ou um país está consumindo.

A pegada ecológica provém de um forte legado intelectual que inclui pesquisas sobre a capacidade de carga e o trabalho de Vitousek *et al.* (1986) na revista *Bioscience*. Os cientistas de Stanford Peter Vitousek, Paul Ehrlich, Anne Ehrlich e Pamela Matson publicaram um estudo que mediu quanto da **produtividade primária líquida** (PPL) da Terra foi usada diretamente, cooptada ou abandonada por causa das atividades humanas, e descobriu que a humanidade usa por volta de 40%, no momento da publicação. Ou seja, uma vez que as plantas absorvem energia e utilizam o que necessitam para a respiração, os seres humanos assumiram o controle de cerca de 40% da energia total restante, numa base anual, na década de 1980. Esse número inclui toda a produtividade biológica utilizada para o bem-estar humano. No entanto, se incluirmos apenas as colheitas agrícolas e florestais neste cálculo, Smil (2012) estima que os seres humanos consomem apenas cerca de 20% da PPL. No entanto, Smil não considera tal perspectiva mais encorajadora porque nos próximos

30 a 40 anos espera-se que a população global cresça 40%, duplicando ou triplicando a nossa captura de PPL, enquanto a exaustão dos solos, a poluição e os limites de irrigação podem reduzir a PPL que está disponível para uso humano. Considerando o trabalho de Smil, Steven Running (2013) comenta que "um dos princípios fundamentais da biologia é que uma população não pode crescer para sempre num ecossistema finito – um sistema progressivo de reação de fome, predação e doenças limita o crescimento descontrolado", e na medida em que utilizamos a PPL de forma insustentável, uma estimativa mais baixa deste número apenas empurra a linha temporal do ciclo para um futuro mais distante, mas não altera o problema básico, ou o "tempo que a humanidade levará para atingir um ponto crítico".

Devemos lembrar que a PPL é a base, *o alicerce* da cadeia alimentar, em que os autotróficos (organismos que obtêm energia das plantas de sol) fornecem a base energética para *todas as demais criaturas*, incluindo os seres humanos. O consumo de 20 a 40% da PPL global não deixa muito para os 5 a 15 milhões de outros organismos que vivem no planeta, e esta perda de energia e de *habitat* contribui para a atual Grande Extinção. Consequentemente, a humanidade deixou as migalhas para o restante da criação, ao mesmo tempo que nos aproxima mais de um "ponto crítico", porque está inequivocamente consumindo e reduzindo a produtividade vital da qual dependemos para o suporte essencial da vida. Como observa Smil, uma população humana em expansão, com um apetite crescente por viver uma vida de consumo em massa, continuará a consumir cada vez mais PPL. No entanto, se dependermos da cadeia alimentar, não poderemos prejudicá-la de forma sustentável durante muito tempo, e essa conclusão é reforçada pela pegada ecológica.

A pegada ecológica vai além da PPL para contabilizar todo o "capital natural", ou bens e serviços ecológicos. A análise da pegada padroniza os "hectares globais" da média de espaço produtivo terrestre e marítimo disponível em relação ao que a humanidade utiliza. Contudo, como a análise considera a produtividade anual dos hectares, por exemplo, a taxa de crescimento reprodutivo de uma floresta, então a taxa de utilização pode exceder temporariamente a oferta produtiva. Este é um exemplo de **déficit ecológico**, ou *overshoot*.

A pegada contabiliza apenas seis atividades humanas que requerem espaço ecológico:

1. Áreas cultivadas
2. Pasto para pecuária
3. Extração de madeira
4. Pesca de água salgada e de água doce
5. Acomodação da área construída (infraestrutura, habitação etc.)
6. Queima de combustíveis fósseis.

A atividade que ocupa a maior parte dos hectares globais para consumo humano é a agricultura. A queima de combustíveis fósseis requer área terrestre e marítima para sequestro ou assimilação dos resíduos na terra e no mar. Wackernagel *et al.* (2002) calculam que 35% do CO_2 antropogênico ("causado pelo ser humano") são absorvidos pelo oceano e o restante é sequestrado em terra, nas florestas e nos solos, através do ciclo do carbono. No entanto, estes 35% não levam em conta a cinética/movimento não linear do ciclo do carbono, o que significa que a quantidade de carbono absorvida no oceano e na terra diminui à medida que mais sumidouros são utilizados, portanto mais CO_2 permanecerá na atmosfera à medida que o clima aquece (Archer *et al.*, 2009). Como tal, a pegada humana aumentará drasticamente ao longo do tempo, à medida que o CO_2 for adicionado à atmosfera e exigir mais tempo e espaço para ser absorvido. O CO_2 provavelmente tem uma vida útil de dezenas de milhares de anos na atmosfera sob estas condições (Archer et al., 2009), e quanto mais CO_2 for emitido agora, mais tempo levará para ser absorvido no futuro.

Wackernagel *et al.* (2002) concluem no seu artigo na *Proceedings of the National Academy of Sciences* que a humanidade tem consumido mais capacidade reprodutiva do que a Terra suporta, e temos extrapolado os nossos recursos globalmente. No entanto, é preciso compreender quando ocorreu o déficit ecológico e em que medida depende da quantidade de terra que presumimos que deveria ser deixada como uma reserva para a biodiversidade, que funciona como uma fonte de resiliência e estabilidade para todos os ecossistemas (MEA, 2005c), para não mencionar o valor inerente da vida na Terra. Eles calculam que a pegada humana no planeta era de 70% da capacidade da Terra em 1961, ultrapassando a capacidade na década de 1980, e cresceu para 120% em 1999, ou seja, um déficit ecológico de 20%. Isto significa que, para manter os níveis de consumo de 1999, precisaríamos da capacidade produtiva de 1,2 Terra, presumindo que 10% do planeta deveriam ser conservados para a biodiversidade. Se usarmos a sugestão do Relatório Brundtland (WCED, 1987) de 12% de terras como reserva, então a humanidade teria excedido a capacidade produtiva da Terra no início da década de 1970, colocando o déficit ecológico de 1999 em 40% em vez de 20%. Além das sociedades de consumo tradicionais, agora os países do "Brics", que reúne Brasil, Rússia, Índia, China e África do Sul, cresceram no consumo. Globalmente, "a humanidade está numa situação de déficit ecológico, utilizando atualmente pelo menos 50% mais bens e serviços da natureza do que os ecossistemas regeneram"; e esta estimativa é conservadora, e aumenta rapidamente (Rees; Wackernagel, 2013). Até 2030, precisaremos da capacidade biológica de duas Terras. A China sozinha quadruplicou a sua pegada ecológica desde 1970 e agora só perde em impacto para os Estados Unidos. Se a China causasse o mesmo impacto *per capita* dos Estados Unidos, o país necessitaria de toda a capacidade regenerativa da Terra (Gaodi *et al.*, 2012). No geral, 80% dos países do mundo têm "saldo ecológico negativo" e utilizam mais recursos renováveis do que os disponíveis nos seus países, contando com os 20% restantes de países, com "saldo positivo", para preencher o déficit. Nos Estados Unidos, o consumo aumentou de cerca de 5 hectares por pessoa para 8, enquanto a capacidade dos Estados Unidos para regenerar recursos ecológicos ao mesmo tempo diminuiu de cerca de 7 para menos de 4 hectares por pessoa; a única forma de explicar esse consumo crescente é que os Estados Unidos consomem das ecologias "credoras" (Borucke *et al.*, 2013).

A crescente taxa de déficit ecológico é particularmente preocupante, uma vez que o aumento das incursões na capacidade produtiva dos recursos renováveis diminui a sua capacidade futura e reduz o cardápio de escolhas disponíveis para as sociedades humanas terem sucesso no P2.

A Figura 6 mostra a pegada ecológica global (hectares globais por pessoa) até 2016. É possível observar que, em 1961, cada pessoa utilizou um pouco mais de 2 hectares, enquanto havia mais de 3 hectares disponíveis para cada pessoa. Com o tempo, o gráfico mostra que as duas linhas se encontram em 1970 e, a partir daí, a reserva ecológica continua a se esgotar, enquanto o consumo continua a se distanciar cada vez mais da capacidade biológica de suprir esse consumo.

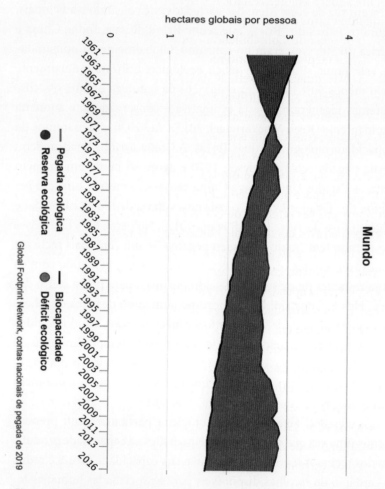

Figura 6 – Pegada ecológica do mundo
Fonte: Global Footprint Network (2019). www.footprintnetwork.org/

4.3.1 Avaliação da pegada ecológica

A pegada não fornece um horizonte temporal para quando os limites ecológicos totais serão alcançados (quanto tempo poderemos viver em déficit ecológico?), nem como os serviços ecossistêmicos específicos se relacionam com esse déficit ecológico. Como um número agregado, quando entrevistados, alguns especialistas acreditam que os próximos passos para avançar a ideia exigirão mais detalhes sobre as forças estáticas e mutáveis dentro deste agregado; enquanto outros desejam que ele seja sincronizado especificamente com o Sistema de Contabilidade Ambiental e Econômica (System of Environmental and Economic Accounting – SEEA) das Nações Unidas (Wiedmann; Barrett, 2010). Vários especialistas criticaram os pressupostos sobre a utilização de energia e a quantidade de dióxido de carbono que deveria ser assumida como base de referência nos cálculos, consideram isso "economia ruim" e forneceram poucos conselhos relevantes em termos de política (Fiala, 2008). Da mesma forma, a pegada é omissa sobre "o que desenvolver", portanto não fornece orientação sobre as necessidades do P2, em parte porque a simples remoção ou controle de terras bioprodutivas, por exemplo, através do ambiente construído, não descreve suficientemente bem a degradação da terra (Blomqvist *et al.*, 2013). Um problema relacionado com esse assunto é que as terras agrícolas, por exemplo, serão apenas o que lhes for atribuído, assim não é possível exceder a biocapacidade para essa medida, e a pegada parece medir aproximadamente mais do déficit ecológico relacionado com o carbono; mas devido à forma como as pastagens e as florestas funcionam no indicador, é possível que a pegada subestime o déficit ecológico de carbono em 2,3 vezes (Wiedmann; Barrett, 2010). Por outro lado, em correlação com Rees e Wackernagel (2013), Blomqvist *et al.* (2013) argumentam que não é apropriado incluir os sumidouros de dióxido de carbono na pegada, alegando que o dióxido de carbono deve ser considerado uma questão separada e que a remoção do carbono reduz a extensão da pegada, tornando a avaliação muito mais otimista.

No entanto, surge outro problema que frequentemente afeta medidas que são globais ou limitadas ao nível nacional. Quando medidas em nível global, as desigualdades desesperadoras são invisíveis. Podemos ter um nível de consumo médio, mas a distância entre os países mais ricos e os mais pobres pode ser grande. Da mesma forma, a diferença entre as biocapacidades local e global é importante. Por exemplo, a Figura 7 apresenta o número de Terras que os marroquinos estão consumindo, mostrando que o seu consumo estava abaixo da biocapacidade do planeta até cerca de 2009.

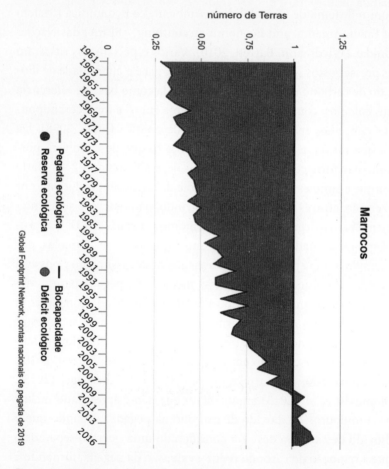

Figura 7 – Pegada ecológica do Marrocos
Fonte: Global Footprint Network (2019). www.footprintnetwork.org/

Compare as informações do Marrocos com as dos Estados Unidos, que sempre consumiram mais do que a biocapacidade global e, em 2016, a pessoa média consumia o equivalente a cinco Terras (cf. Figura 8).

Esta disparidade no consumo é uma marca da desigualdade de renda e de desenvolvimento entre os dois países, onde a paridade do poder de compra (PPC) *per capita* em 2018 no Marrocos era de 8.611 dólares (Índice de Desenvolvimento Humano, IDH.66), mas nos Estados Unidos era de 62.886 dólares (IDH.92). O PPC é uma medida usada para comparar como diferentes moedas podem comprar os mesmos bens. Os residentes nos Estados Unidos são simplesmente capazes de consumir mais, *e* grande parte desse consumo provém de recursos naturais de outros países. Isto não é necessariamente uma injustiça se for feita uma compensação adequada no comércio – às vezes, não é –, mas é um problema nas métricas que são médias globais únicas ou simples contabilidade nacional porque o "vazamento" do uso de recursos não é contabilizado no país receptor, mas *é* contabilizado no país remetente. A coisa se complica ainda mais. O Marrocos exporta frutas (por exemplo, romã), azeite e óleo de argan – você pode mergulhar pão de cevada marroquino quente em ambos –, mas os recursos ambientais, por exemplo, solo e água, são tratados como consumo marroquino. Os Estados Unidos exportam coisas como aviões e combustível para o Marrocos, e os recursos utilizados nos Estados Unidos seriam contabilizados como consumo do próprio país – exceto se o aço para fabricar os aviões também for importado. Assim, os índices baseados nos países têm dificuldade em captar esta dinâmica real de consumo e devem ser tratados criteriosamente.

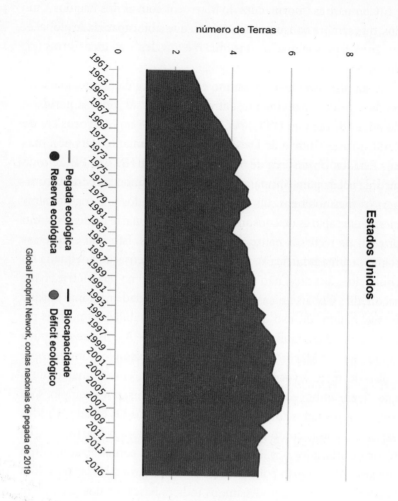

Figura 8 – Pegada ecológica dos Estados Unidos
Fonte: Global Footprint Network (2019). www.footprintnetwork.org/

No entanto, especialistas concordam que esta ferramenta constitui uma boa ponte entre a ciência e o público para comunicar o problema da sustentabilidade em geral, e até levou ao desenvolvimento de pegadas mais específicas, como a pegada hídrica (Hoekstra; Mekonnen, 2012) e a pegada de carbono, que estão ganhando precisão e utilização e que estão melhorando a nossa compreensão geral dos padrões de consumo. O objetivo da pegada é medir a ecologia produtiva que a humanidade e outros subgrupos consomem em unidades de "Terras inteiras" (capacidade produtiva anual na Terra), e baseia-se na mais alta qualidade de medição científica possível nesta escala; por isso, muitos governos de cidades, por exemplo, a utilizam para avaliar a sua autossuficiência. A pegada foi publicada pela primeira vez numa das revistas científicas mais conceituadas e, embora tenha os seus detratores, é tida em alta conta por muitos estudiosos da sustentabilidade. A pegada ecológica parece ser apenas o início da medição do consumo humano de algumas das capacidades da Terra, mas neste momento continua a ser um dos esforços mais importantes para medir o P1, e a humanidade definitivamente violou esse princípio. Portanto, *sem corrigir esse déficit ecológico, não é razoável concluir que a humanidade está vivendo em segurança dentro dos limites dos suportes de vida da Terra.*

4.4 Modelando a sustentabilidade

Para compreender relações específicas num sistema complexo, os estudiosos constroem modelos. Um modelo destina-se a refletir os principais aspectos do sistema para entendê-lo melhor. Modelos são sempre mais simples e, portanto, nunca são 100% precisos em comparação com a realidade, porque destinam-se a extrair os aspectos importantes, e não a recriar de fato a realidade na sua totalidade. No entanto, os modelos podem ser válidos.

Sabemos que um modelo é válido se puder recriar sistemas semelhantes do passado. Por exemplo, sabemos que os modelos climáticos podem recriar com precisão climas passados na história da Terra, dados os ingredientes principais (Stone *et al.*, 2009). Os modelos utilizam suposições, provenientes da observação empírica e da teoria científica, para reconstruir o sistema e ver o que acontece quando partes dele são alteradas e manipuladas. Nos modelos climáticos, uma das questões centrais é "o que acontece ao sistema climático da Terra quando os níveis de dióxido de carbono aumentam para, digamos, o dobro dos níveis pré-industriais, na atmosfera?". Nos modelos, os cientistas executam diferentes cenários que incluem aumentos maiores ou menores para compreender como o sistema climático pode mudar. Todos os resultados do modelo baseiam-se nos nossos pressupostos e nas principais relações entre as variáveis incluídas. Podemos testar esta validade tentando recriar climas passados e ver até que ponto o nosso modelo recria bem essas condições. Se não corresponder adequadamente, as relações no modelo não serão representadas com precisão. No entanto, se corresponder bem aos climas passados, então o modelo pode ser utilizado para construir projeções do tipo "se-então" sobre o futuro – se isto, então provavelmente aquilo. Observe que não se trata de um "prognóstico", porque os modelos não preveem o futuro e não são bolas de cristal. Seus resultados representam, em vez disso, modelos para fazer uma projeção através de declarações se-então delimitadas por pressupostos das relações atuais, que podem mudar. Uma previsão implica "tal coisa vai acontecer". Modelos de fato fornecem um raciocínio básico para relacionamentos e nos ajudam a entender o que é mais ou menos provável de ocorrer em circunstâncias simplificadas.

Vários modelos foram construídos para compreender as relações entre a sociedade humana e os limites do ecossistema, mas focaremos *Os limites do crescimento* como o mais controverso e importante.

4.4.1 O modelo World3 e Os limites do crescimento

Entre as publicações mais conhecidas em todos os estudos de sustentabilidade está *Os limites do crescimento* (LTG – *The limits to growth: A report for the Club of Rome's project on the predicament of mankind*) (1972), de Donella Meadows, Jørgen Randers, Dennis Meadows e William Behrens (Meadows *et al.*, 1972). O LTG foi publicado imediatamente antes da primeira conferência das Nações Unidas sobre o meio ambiente, em Estocolmo. O estudo acabou vendendo mais de 10 milhões de cópias em mais de 30 idiomas, gerando um conjunto acirrado de controvérsias ao longo do caminho. Após a primeira edição de 1972, a equipe publicou duas edições adicionais em *Beyond the limits* (Meadows; Randers; Meadows,

1992) e, finalmente, *Limits to growth: The 30-year update* (Meadows; Randers; Meadows, 2004). Donella Meadows faleceu em 2001, no meio da preparação da atualização de 30 anos. A questão central deste modelo é: "Como a população global em expansão e a economia material poderão interagir e adaptar-se à limitada capacidade de carga da Terra nas próximas décadas?" (Meadows; Randers; Meadows, 2004).

O LTG usou um modelo de computador desenvolvido pela primeira vez por Jay Forrester no Massachusetts Institute of Technology (MIT), para responder a essa pergunta, encomendado pelo Clube de Roma. O Clube de Roma foi fundado por Aurelio Peccei e Alexander King, diretor-geral de Assuntos Científicos da Organização para a Cooperação e Desenvolvimento Econômico (OCDE) em Paris, depois que os dois se conheceram em 1967. Peccei, industrial e membro do conselho da montadora italiana Fiat, queria desafiar as tendências catastróficas que a humanidade perseguia, mesmo fora da guerra. Antes de morrer, em 1984, ele observou que, "se o Clube de Roma tem algum mérito, é o de ter sido o primeiro a se rebelar contra a ignorância suicida da condição humana" (Clube de Roma, 2006). O Clube acabou por ser suficientemente influente para apresentar o LTG a muitos chefes de Estado, conferindo à obra uma saída política de que poucos estudos acadêmicos desfrutam. O grupo existiu, no entanto, envolto principalmente em um manto de mistério. Ainda assim, Peter Moll pôde estudar o Clube por alguns anos. Moll descobriu que o Clube está limitado a um grupo seleto de 100 pessoas, principalmente da Europa, dos Estados Unidos e do Japão, e um terço de países pobres, cujo objetivo abrangente é abordar os problemas globais e interconectados mais urgentes, ou "a problemática global" (Moll, 1993). O Clube continua a publicar e a trabalhar nesses problemas, mas é mais conhecido pela publicação do LTG.

O modelo do LTG baseou-se na identificação da dinâmica do sistema terrestre de crescimento da população humana e da economia material. O modelo é, portanto, global e trata a humanidade como um todo indiferenciado, a fim de considerar a gama de futuros possíveis. O LTG esforça-se por alertar os leitores de que o modelo não prevê o que irá acontecer, mas descarta alguns futuros, como o crescimento econômico e populacional infinito, como irrealistas.

O LTG fornece alguns conceitos e teorias-chave para estudos de sustentabilidade. Um deles é a noção de déficit ecológico, também utilizada pela pegada apresentada anteriormente. O déficit ecológico é o uso desenfreado dos recursos disponíveis, mas ainda fornece um tempo para correção antes de um colapso. Após o déficit ecológico ter ocorrido, uma correção pode ser realizada para evitar o limite; mas, se nenhuma correção for feita, o sistema entrará em colapso. Uma metáfora ilustrativa que eles oferecem é que, se estivermos dirigindo e excedermos a linha pintada na estrada que marca o limite, precisamos corrigir o curso do veículo ou sairemos da estrada. O déficit ecológico ocorre devido a "(1) mudança rápida, (2) limites para essa mudança e (3) erros ou atrasos na percepção dos limites e no controle da mudança" (Meadows; Randers; Meadows, 2004). A mudança rápida que mais preocupava o LTG era o **crescimento exponencial**, ou o crescimento de uma fração do estoque ao longo do tempo a uma taxa constante, da população humana mundial e da produção industrial mundial.

A população e a produção industrial geram uma **taxa de transferência** (*throughput*) e, portanto, consomem recursos e sumidouros. A taxa de transferência é a atividade econômica de "retirar, produzir e descartar" de e para os sistemas naturais, consumindo as capacidades dos ecossistemas. No sistema Terra, os limites ao crescimento são uma dinâmica complexa entre consumo, limites e ciclos de feedback. Um ciclo de feedback é positivo ou negativo. Um feedback positivo causa maior crescimento e um feedback negativo reduz o crescimento. Tanto a população como o capital industrial têm um feedback de "nascimento" e "morte" onde pessoas e máquinas podem reproduzir--se, por assim dizer. A população é alimentada pelas taxas de fertilidade e nascimentos reais, e reduzida pelas taxas de mortalidade e mortes reais. Mais fábricas de aço podem criar mais fábricas de aço, e mais aço pode construir mais casas, tudo alimentado pelas taxas de investimento e reduzido pela depreciação e pela vida útil média das casas ou fábricas. Além disso, o bem-estar econômico afeta a fertilidade, a natalidade, as taxas de mortalidade e as mortes. A World3 incorpora este fator através da noção de **transição demográfica** – a teoria de que os grupos pré-industriais têm elevadas taxas de fertilidade e mortalidade e um crescimento populacional lento. Durante a industrialização, a saúde e a nutrição melhoram, aumentando a expectativa de vida da população, estimulando uma rápida taxa de crescimento populacional. À medida que as populações se tornam mais seguras, as mulheres têm menos filhos, e as taxas de crescimento populacional estabilizam ou diminuem.

Devido aos ciclos de feedback no modelo World3, o modelo produz principalmente cenários não lineares. Eles dão o exemplo de uma relação não linear, na qual as pessoas que duplicam a ingestão calórica de alimentos vegetais de 2 mil para 4 mil podem ver a expectativa de vida aumentar 50%; enquanto duplicar as calorias novamente pode adicionar apenas 10% à expectativa de vida e mais do que isso pode diminuir a expectativa de vida (Meadows; Randers; Meadows, 2004). Feedbacks positivos no World3 provocam um crescimento acelerado da população mundial e da atividade econômica, tornando o colapso da população mundial e do sistema econômico uma possibilidade preocupante.

4.4.2 Como funciona o modelo World3?

O modelo World3 no LTG incorpora os ciclos de *feedback* da população e do capital nos limites de fonte e sumidouro da Terra em dez cenários ou execuções, e todos os limites podem ser estendidos ou encurtados pela tecnologia e adaptações adicionadas ao modelo a cada vez. Esses limites incluem terras cultivadas, fertilidade da terra, rendimento das colheitas, **recursos não renováveis** e a capacidade de absorver poluição (capacidade de sumidouro). Cada uma dessas medidas é global, por isso, ao pensar na poluição, o modelo pensa na meia-vida da "poluição" em todo o mundo. Eles subestimam esta medida ao presumirem que toda a poluição em 1970 tinha uma meia-vida de um ano (se não houvesse mais emissão de poluição, metade dela teria desaparecido em 1971). Muitos poluentes persistentes têm uma meia-vida muito mais longa do que esta, mas isso evita que o modelo superestime o efeito da poluição. Todas essas dinâmicas, e muitas mais, estão inseridas no modelo que afetam, e são afetadas pelos processos de crescimento, limites e atrasos, e processos de erosão (o oposto de crescimento). Ao combinar todos esses fatores, o *Limits to growth: The 30-year update* produz onze cenários. Cada cenário traz três gráficos para 1900-2100 que rastreiam o estado do mundo, o padrão de vida material e o bem-estar, e a pegada humana.

Cada gráfico do "estado do mundo" mapeia a trajetória da população humana média global, da produção industrial, da produção de alimentos, dos recursos e da poluição. Cada gráfico de "padrão de vida material" mostra a produção média global de alimentos por pessoa, serviços por pessoa, expectativa média de vida e bens de consumo disponíveis por pessoa. O gráfico final mostra as "tendências no bem-estar humano" que incluem a expectativa de vida, a educação, os índices do produto interno bruto e a pegada ecológica humana. A Figura 9 mostra a trajetória para o colapso, se continuarmos diretamente na trajetória do crescimento da população industrial e humana.

Segundo o LTG, a humanidade excedeu os limites biofísicos da Terra e é coerente com a pegada ecológica, embora haja muito mais complexidade no modelo World3. Embora os modelos produzam cronogramas, o LTG argumenta que esses cronogramas são mais bem entendidos como relações, *e não como mudanças reais previstas em um determinado ano ou década*. Em outras palavras, as relações de todas essas questões são mais importantes do que qualquer ano ou mesmo década precisa marcada nos gráficos. Dito isto, mesmo quando o modelo assume o dobro dos recursos conhecidos no mundo ou inclui avanços tecnológicos, os modelos mostram repetidamente o colapso devido ao déficit ecológico. De acordo com o LTG, é claro que a população humana, a expectativa de vida, o bem-estar e o consumo de bens e serviços que satisfazem as necessidades cotidianas correm o risco de entrar em colapso no século XXI. A tendência para o modelo produzir algum tipo de colapso é muito robusta, independentemente da adaptação, porque as relações de feedbacks de consumo permanecem praticamente inalteradas –

mesmo presumindo 100% mais recursos em vários dos modelos. A adaptação e as decisões afetam essas tendências, geralmente empurrando os resultados sombrios para mais longe no tempo, mas, a menos que o *consumo de recursos*, incluindo alimentos, e a produção de poluição sejam substancialmente reduzidos, os modelos indicam que a atual ordem mundial global não é sustentável.

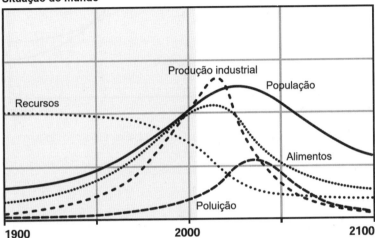

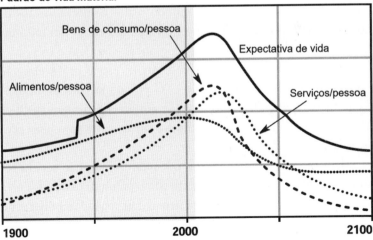

Bem-estar e pegada humanos

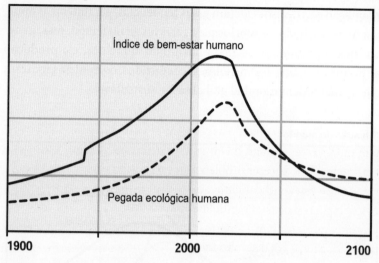

Figura 9 – Os limites do crescimento, Cenário 1, execução padrão, também conhecida como *business as usual*
Fonte: Meadows et al. (2004). Utilizado sob permissão.

4.4.3 Avaliação do LTG

Muitas deficiências do modelo são admitidas pelos autores. Eles reconhecem que o modelo é, embora dinamicamente complexo, uma simplificação excessiva do mundo real – como são todos os modelos. Além disso, várias coisas são tratadas como um todo indiferenciado – não há distinções geográficas e os ricos e os pobres do mundo não são tratados separadamente. Este é provavelmente o maior problema na precisão do LTG porque mesmo as mudanças ambientais globais manifestam-se em variações regionais e os grupos sociais têm diferentes poderes e capacidades para lidar com essas variações.

Além disso, o modelo ignora o capital militar, não separa recursos ou poluentes distintos (exceto como poluição tóxica de curta ou longa duração) e nem a guerra nem a corrupção fazem parte do modelo. O que isto provavelmente significa em termos reais é que as relações entre o déficit ecológico e o colapso globais são provavelmente *subestimadas*. Assim, a dinâmica geral é mais propensa ao colapso do que o modelo apresenta. Além disso, uma vez que as crises tendem a ser definidas geograficamente, pode-se presumir que as crises no modelo têm centros e ligações geográficas. Os centros da crise, poderíamos especular, serão provavelmente aqueles que são mais vulneráveis a problemas ecológicos e econômicos como a pobreza e a desigualdade generalizadas. No entanto, esses centros estão ligados a outras áreas, o que conecta os problemas de uma área a outras, e isto pode ser observado quando as condições econômicas numa área afetam outras áreas distantes. O início das recessões nos modelos pode, à primeira vista, parecer problemas locais ou episódicos.

Parece estranho concluir que o LTG provavelmente subestima os problemas da sustentabilidade porque foi criticado como um livro que apresenta um "cenário pessimista" sem validade, especialmente porque o colapso não foi evidente no século XX. Tal censura não é surpreendente porque os críticos que soam os alarmes são frequentemente rotulados de "pessimistas" ou "profetas da desgraça" por aqueles que discordam. "Cenário pessimista" é uma frase pejorativa que carrega um significado que implica que o pessimismo está sempre errado, mesmo que o alarme seja bem fundamentado, algo de que os estudantes de sustentabilidade devem estar cientes.

As críticas ao LTG foram tão disseminadas que muitos críticos estranhamente acreditam que ele foi desacreditado (Lomborg, 2001; Simon; Kahn, 1984). Até mesmo o movimento ambientalista aparentemente aceitou muitos dos detalhes das críticas contra o livro (cf. a documentação em Dobson, 2000). Essas críticas argumentavam que o modelo subestimava os recursos e a capacidade humana de adaptação. Contudo, cada modelo após o Cenário 1 parte do princípio que os recursos estão subestimados em 100% e são duplicados no modelo.

Muitas dessas críticas foram infundadas e, em alguns casos, houve uma deturpação total do LTG. Em seu artigo de 2008, "A comparison of *The limits to growth* with 30 years of reality", Graham Turner observa que muitas das críticas parecem interpretar mal os modelos porque várias delas cometeram erros factuais sobre o próprio LTG (Turner, 2008). Por exemplo, diversos críticos argumentaram que o LTG estava incorreto porque a sociedade global não entrou em colapso no fim do século XX. Mas o modelo mais pessimista no LTG, o "execução padrão" ou Cenário 1, dependendo da edição utilizada, situa o colapso pouco antes de meados do século XXI. Consideremos, por exemplo, a crítica de Bjørn Lomborg e Oliver Rubin num artigo de 2002 na *Foreign Policy*:

> Entretanto, 30 anos depois, as previsões mais terríveis do Clube de Roma não se concretizaram. Minerais vitais como ouro, prata, cobre, estanho, zinco, mercúrio, chumbo, tungstênio e petróleo já deveriam estar esgotados. Mas não estão. Devido a um aumento exponencial do crescimento populacional, o mundo deveria estar enfrentando uma escassez desesperada de terras aráveis e o aumento dos preços dos alimentos. No entanto, os preços dos alimentos nunca foram tão baixos. E a saúde mundial deveria ter sido prejudicada por um aumento exponencial da poluição. Contudo, as pessoas hoje nunca viveram tanto e, nas cidades ocidentais, a maioria dos poluentes está em declínio, impulsionados pelos avanços tecnológicos e pela legislação ambiental (Lomborg; Rubin, 2002).

Na verdade, a maioria dos modelos apresenta o caso do *aumento* da expectativa de vida, da produção industrial e dos bens de consumo *até* cerca de meados do século XXI. Em 2000, a maioria dos modelos previa declínios lentos nos recursos e aumentos na poluição. A crítica de Lomborg e Rubin, então, faz parecer que eles interpretaram mal ou compreenderam equivocadamente os modelos, mas ainda assim esta posição é publicada numa revista de alto nível sob a "lata de lixo da história".

Outra crítica padrão ao LTG é que ele não leva em conta os avanços tecnológicos ou as adaptações do mercado – mas tais considerações têm um capítulo inteiro dedicado a elas no LTG *e* estão representadas nos cenários 3 a 6. Em cada um desses cenários, o colapso é adiado com tecnologia de controle da poluição, maior rendimento da terra, maior acesso a recursos não renováveis, proteção contra a erosão da terra e tecnologia de eficiência de recursos, mas nada disto evita o colapso da população ou do bem-estar humano até 2100. Para deixar claro, o Cenário 6 não termina num colapso populacional, mas na queda do bem-estar humano devido ao aumento dos custos para evitar a fome. Ainda assim, a tecnologia e os mercados simplesmente empurram o colapso para um futuro mais distante. Meadows, Randers e Meadows (2004) esclarecem ainda mais:

> Uma razão pela qual é pouco provável que a tecnologia e os mercados evitem o déficit ecológico e o colapso é que a tecnologia e os mercados são apenas ferramentas para servir os objetivos da sociedade como um todo. Se os objetivos implícitos da sociedade forem explorar a natureza, enriquecer as elites e ignorar o longo prazo, então a sociedade desenvolverá tecnologias e mercados que destroem o meio ambiente, aumentarão o abismo entre ricos e pobres e otimizarão para ganhos a curto prazo. *Em suma, a sociedade desenvolve tecnologias e mercados que aceleram o colapso em vez de o impedirem* (grifo dos autores).

E não são os únicos a pensar que as tecnologias e os mercados se destinam realmente a reforçar o crescimento e não a ajudar-nos a reduzi-lo. Um estudo econômico conclui ironicamente que a estratégia de crescimento a todo custo "atrapalhou a inovação tecnológica, reforçou a desigualdade e exacerbou a instabilidade financeira" (Jackson, 2019).

Outra crítica é que todos os cenários resultam num colapso, o que implica que futuros sustentáveis são impossíveis. Os cenários 6, 9 e 10 não terminam num colapso populacional, mas requerem medidas substanciais na redução dos feedbacks de consumo (e o Cenário 10 mostra o que poderia ter acontecido se as reduções tivessem ocorrido na década de 1980).

Turner pega os cenários do livro de 1974 com as fórmulas matemáticas para o LTG (Meadows *et al.*, 1974) e depois compara os modelos do LTG com as tendências reais após 30 anos de dados históricos e *descobre que estamos no caminho certo para o cenário mais pessimista, o modelo de execução padrão,* visto na Figura 9. Turner observa ainda que as atuais ameaças ambientais se assemelham aos tipos de coisas sobre as quais o LTG alertou (mudanças climáticas etc.), e que esses modelos, incluindo cenários como "tecnologia total", em que todos os avanços tecnológicos para preservar a produção de alimentos e reduzir a poluição estão disponíveis e perfeitamente utilizados, são demasiado otimistas em comparação com os dados históricos. Turner (2008) conclui:

> Conforme mostrado, os dados históricos observados para 1970-2000 correspondem mais de perto aos resultados simulados do cenário de "execução padrão" do LTG para quase todos os resultados relatados; este cenário resulta num colapso global antes de meados deste século.

Além disso,

> Além da corroboração baseada em dados aqui apresentada, questões contemporâneas como o pico do petróleo, as mudanças climáticas e as seguranças alimentar e hídrica ressoam fortemente com a dinâmica de feedback de "déficit ecológico e colapso" apresentado no cenário de "execução padrão" do LTG (e cenários similares). A menos que o LTG seja invalidado por outra pesquisa científica, a comparação de dados aqui apresentada corrobora a conclusão do LTG de que o sistema global está numa trajetória insustentável, a menos que haja uma redução substancial e rápida no comportamento de consumo, em combinação com o progresso tecnológico (Turner, 2008).

Para comprovação adicional, Joseph Rotmans e Bert de Vries (1997) desenvolveram um modelo ainda mais complexo de saúde humana, expectativa de vida, população, disponibilidade de água, terra, alimentos, energia, e ciclos biogeoquímicos – e também mostraram déficit ecológico e colapso como uma possibilidade (de Vries; Goudsblom, 2002). Outra avaliação técnica descobriu que, embora o modelo World3 seja excessivamente sensível a mudanças nos dados, o novo teste do modelo produziu resultados semelhantes, e "as trajetórias que indicam um futuro favorável para a humanidade (ou seja, sem um declínio grave na população e nos recursos) permanecem em áreas de baixa probabilidade" (Heath; Stappenbelt; Ross, 2019). Sem mudanças drásticas no comportamento social, como limitar a população a dois filhos por família ou permitir que o capital invista apenas o equivalente à depreciação do capital, os resultados de todos assemelharam-se ao cálculo padrão da Figura 9.

Em suma, o LTG fornece uma medida inovadora que nos ajuda a compreender os limites globais ao consumo. Parece que a advertência mais ampla do LTG é apropriada e precisa, a partir da versão inicial da década de 1970. É importante ressaltar que o LTG ataca diretamente os Primeiros Princípios e fornece uma visão crítica sobre a interseção de P1 e P2, e Turner indica corretamente que o LTG não pode ser justificadamente ignorado. Curiosamente, o autor pediu a uma lista de colaboradores constituída de pesquisadores e instrutores de política ambiental global que ajudassem a identificar "erros" que encontraram no LTG, e nem um único erro foi sugerido. Além disso, embora a edição de 1972 tenha gerado um debate acirrado, as últimas edições não suscitaram muita oposição.

> Por que isso aconteceu? Nos anos entre 1972 e agora, a consciência dos efeitos e problemas ambientais mudou significativamente. Poucas pessoas ignorariam agora abertamente o meio ambiente como um dos fatores mais importantes que moldam o nosso futuro [...] *Livros como* Limits *já não são mais provocativos* (Moll, 1993, grifo meu).

4.5 Índices

Moldan, Janoušková e Hák (2012) escrevem: "O conceito de desenvolvimento sustentável e os seus três pilares evoluíram de uma noção bastante vaga e principalmente qualitativa para especificações mais precisas definidas muitas vezes em termos quantitativos". Consequentemente, tem havido muitos esforços para tornar explícitos índices de sustentabilidade, ou comparações mensuráveis através de compilações de dados. Os índices de sustentabilidade normalmente agregam dados sobre qualidade da água, biodiversidade, governança e outros fatores para resumir a sustentabilidade, de acordo com a pessoa/grupo que elabora o índice.

A maioria dos estudiosos ou governos que criam índices concorda que os três "Es" de equidade, economia e ecologia (ou pessoas, planeta, prosperidade) que compõem o chamado tripé da sustentabilidade (cf. p. 157) devem ser representados por dados confiáveis sobre esses elementos de sustentabilidade. Como não existe uma medida simples para a sustentabilidade global, os índices são compostos por indicadores de cada parte da sustentabilidade. Por exemplo, para a equidade social, poderíamos utilizar o Índice de Gini como indicador, que mede a desigualdade de renda por país. Para cada área com um indicador, é calculada a média dos números (normalmente) para chegar a um único número que indica a combinação de todas as partes da sustentabilidade para aquele país, cidade ou empresa. No fim, há um número único que nos possibilita comparar a Suécia com o Zimbábue para ver qual é mais sustentável, presumindo que o índice é confiável e representativo.

Um dos índices mais bem estabelecidos é o Índice de Desempenho Ambiental (IDA) (Emerson *et al.*, 2012), publicado pelas universidades de Yale e Columbia em colaboração com o Fórum Econômico Mundial. O IDA classifica os países analisando 22 indicadores de dez áreas temáticas para avaliar a saúde pública ambiental e a vitalidade dos ecossistemas.

No entanto, um problema que índices como o IDA enfrentam é o de "vazamento" discutido anteriormente, porque se medirmos quão limpa é a água na Suécia, é possível que a Suécia esteja importando bens que poluem a água, mas não poluem as águas suecas. Este ainda é um problema de sustentabilidade para a Suécia, mas se tivermos apenas um índice sobre a qualidade da água sueca, sem captar este vazamento, o índice será impreciso. Outro problema é que países como a Suécia e o Zimbábue têm condições geopolíticas históricas completamente diferentes, que produzem impacto na sustentabilidade e nos governos de cada país, e os índices normalmente têm dificuldade em dar sentido a estas comparações. Uma forma de lidar com este problema é comparar grupos de países semelhantes, talvez os da África Austral, entre si. Um efeito positivo dos índices, contudo, é que por vezes os líderes utilizam o número final para competir com os seus pares, tentando ser os "mais" sustentáveis.

Um segundo problema é o que Fuchs *et al.* (2020) chamam de *trade-off* abrangência-comunicabilidade, porque obter um número suficiente dos fatores certos torna potencialmente mais difícil a comunicação simples. Eles argumentam que, para realmente se chegar a um índice adequado que capte a "qualidade de vida" – um termo que consideram trabalhar com sustentabilidade –, ele deve incluir fatores de bem-estar e de desenvolvimento sustentável semelhantes à Tabela 1.

Pode-se dizer que poderíamos simplesmente pensar neles como uma dinâmica única que inclui apenas sistemas de qualidade social, política, econômica e ambiental que se enquadram nos limites planetários. No entanto, consideram que não existe uma relação geral, por exemplo, no Índice de Sociedade Sustentável (ISS) entre bem-estar e desenvolvimento sustentável, e eles deveriam ser aspectos separados. É claro que cada categoria tem múltiplos elementos, por exemplo, equidade de identidade (como gênero), educação e redes de segurança social (políticas que protegem os pobres), todos enquadrados no bem-estar social. Fuchs *et al.* descobriram que, de todos os índices, o ISS é o único que cobre todas as dimensões principais, e pode ser encontrado em www.ssfindex.com/. No momento em que este livro foi escrito, ele estava em processo de atualização para 2018.

Tabela 1 – Fatores de qualidade de vida e objetivos futuros

Qualidade de vida	Objetivos futuros
Bem-estar	Desenvolvimento sustentável
Condições sociais	Qualidade ambiental
Condições políticas	Justiça para as gerações atuais e futuras/ limites planetários
Condições econômicas	

Fonte: Adaptado da Figura 1 em Fuchs et al. (2020).

4.6 Heurística e metáforas

Os métodos heurísticos e metafóricos para medir a sustentabilidade são mais subjetivos do que algo como a pegada ecológica, mas podem ilustrar dinâmicas, ameaças e oportunidades importantes para a sustentabilidade. Esta seção discute os exemplos de limites planetários e tripé da sustentabilidade. **Heurística** são regras práticas que nos permitem realizar inferências aproximadas sobre probabilidades futuras. Às vezes, as heurísticas são chamadas de atalhos cognitivos porque são usadas para fazer julgamentos com informações limitadas. Essa abordagem apresenta ao mesmo tempo problemas e benefícios. O problema é que é fácil fazer julgamentos errados com heurísticas não representativas. Se uma heurística não for representativa dos problemas em questão, então é fácil inferir uma conclusão inadequada. Por outro lado, é amplamente reconhecido que as pessoas não esperam e não podem razoavelmente esperar utilizar todas as informações para tomar uma boa decisão, e a heurística nos ajuda a restringir o foco para o que pode ser importante para tomar melhores decisões.

Outra maneira de pensar em uma heurística é como um modelo experimental de tentativa e erro para promover a aprendizagem. Desta forma, talvez todas as medidas para possibilidades futuras de sustentabilidade sejam heurísticas. Na verdade, Kai Lee (1993) defende de forma convincente que a gestão adaptativa – tentativa, erro e correção – é fundamental para a sustentabilidade, e isto é compatível com o ciclo adaptativo (cf. Cap. 2).

Assim, a marca de uma boa heurística é ser representativa dos Primeiros Princípios da sustentabilidade e fornecer um caminho para aprender e ajustar após erros, como corrigir déficits ecológicos. Algumas dessas heurísticas baseiam-se em ciência mais empírica e outras são mais *ad hoc*, mas cada uma das heurísticas discutidas a seguir inclui julgamentos normativos baseados em valores e faz contribuições interessantes para pensar a sustentabilidade. Na verdade, como a sustentabilidade inclui algo sobre futuros, a heurística fornece uma das mais ricas literaturas sobre sustentabilidade.

4.6.1 Limites planetários

Em 2009, Rockström *et al.* (2009) forneceram uma heurística empiricamente fundamentada, limites planetários, para responder à pergunta: "Quais são as pré-condições planetárias não negociáveis que a humanidade precisa respeitar para evitar o risco de alterações ambientais deletérias ou mesmo catastróficas às escalas continental e global?". A resposta deles, atualizada em 2015, está representada graficamente na Figura 10. Observe que o espaço seguro é representado pelo círculo central.

No artigo de 2009, Rockström *et al.* estimaram que três limites foram ultrapassados: mudanças climáticas, perda de biodiversidade e ciclo biogeoquímico do nitrogênio. No entanto, em 2015, Steffen *et al.* atualizaram o seu trabalho e foram acrescentadas mudanças no sistema fundiário, de modo que quatro dos limites foram ultrapassados (Steffen *et al.*, 2015). É claro que é difícil saber a localização precisa de qualquer limite, mas isso não é tão importante quanto a inferência, ou o julgamento feito não através da observação direta, mas entre as relações entre os fenômenos, que podemos fazer a partir deste trabalho. Um exemplo de julgamento é que os problemas estão aumentando. O P1 é cada vez mais desafiado e o funcionamento do sistema terrestre é cada vez mais perturbado.

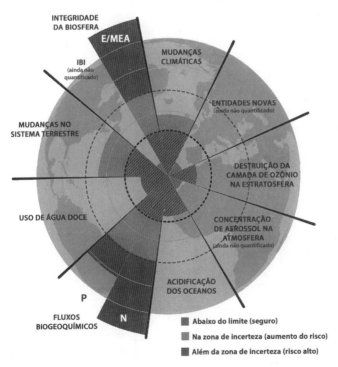

Figura 10 – Fronteiras planetárias
Fonte: Rockström et al. (2009).

Processo do sistema terrestre	Variável(is) de controle	Limite planetário (zona de incerteza)	Valor atual da variável de controle
Mudanças climáticas (R2009: idêntico)	Concentração de CO_2 na atmosfera, ppm	350 ppm de CO_2 (350-450 ppm)	398,5 ppm de CO_2
	Desequilíbrio energético no topo da atmosfera, Wm^{-2}	+1,0 Wm^{-2} (+1,0;-1,5 Wm^{-2})	2,3 Wm^{-2} (1,1-3,3 Wm^{-2})
Mudança na integridade da bioesfera (R2009: Taxa de perda de biodiversidade)	*Diversidade genética:* taxa de extinção	< 10 E/MEA (10-100 E/MEA), mas com uma meta aspiracional de *ca.* 1 E/MEA (a taxa normal de perda de extinção). E/MEA = extinções por milhão de espécies-ano^{-2})	100-1.000 E/MEA
	Diversidade funcional: Índice de Biodiversidade Intacta (IBI) Nota: estas são variáveis de controle provisórias até que outras mais apropriadas sejam desenvolvidas	Manter o IBI em 90% (90-;30%) ou superior, avaliado geograficamente por biomas/grandes áreas regionais (por exemplo, África Austral), principais ecossistemas marinhos (por exemplo, recifes de coral) ou por grandes grupos funcionais	84%, aplicados apenas à África Austral
Destruição da camada de ozônio na estratosfera (R2009: idêntico)	Concentração de O_3 na estratosfera, DU	Redução <5% em relação ao nível pré-industrial de 290 DU (5%-10%), avaliado pela latitude	Transgrediu apenas sobre a Antártida na primavera austral (~200 DU)

Tabela 2 – Limites planetários e zonas de incerteza

Processo do sistema terrestre	Variável(is) de controle	Limite planetário (zona de incerteza)	Valor atual da variável de controle
Acidificação dos oceanos (R2009: idêntico)	Concentração de íons de carbonato, estado médio de saturação global da superfície oceânica em relação à aragonita (W_{arag})	80% do estado de saturação da aragonita pré-industrial da superfície média do oceano, incluindo o diel natural e a variabilidade sazonal (80%-70%)	~84% do estado de saturação da aragonita pré-industrial
Fluxos biogeoquímicos: (ciclos P e N) (R2009: fluxos biogeoquímicos [interferência com ciclos P e N])	*P Global:* Fluxo de P dos sistemas de água doce para o oceano	11 Tg P ano^{-1} (11-100 Tg P ano^{-1})	~22 Tg P ano^{-1}
	P Regional: Fluxo de P de fertilizantes para produtos erodíveis	6,2 Tg ano^{-1} extraídos e aplicados em solos erodíveis (agrícolas) (6,2-11,2 Tg ano^{-1}). O limite é uma média global, mas a distribuição regional é fundamental para os impactos.	~14 Tg P ano^{-1}
	N Global: Fixação biológica industrial e intencional de N	62 Tg N ano^{-1} (62-82 Tg N ano^{-1}). O limite atua como uma "válvula" global que limita a introdução de novo N reativo no sistema terrestre, mas a distribuição regional de fertilizante N é fundamental para os impactos.	~150 Tg N ano^{-1}

Mudanças no sistema terrestre (R2009: idêntico)	*Global:* Área de terras florestais como % da cobertura florestal original	*Global:* 75% (75-54%). Os valores são uma média ponderada dos três limites individuais do bioma e suas zonas de incerteza	62%
	Bioma: Área de terras florestais como % da floresta potencial	Bioma: Tropical: 85% (85-60%). Temperado: 50% (50-30%). Boreal: 85%	
Uso de água doce (R2009: Uso de água doce global)	*Global:* Quantidade máxima de uso consuntivo de água azul (km^3ano^{-1})	*Global:* 4.000 km^3ano^{-1} (4.000-6.000 km^3ano^{-1})	~2.600 km^3a-no^{-1}
	Bacia: Captação de água azul como % da vazão média mensal do rio	Bacia: Captação máxima mensal como percentagem do caudal médio mensal do rio. Para meses de baixo fluxo: 25% (25-55%); para meses de fluxo intermediário: 30% (30-60%); para meses de alto fluxo: 55% (55-85%)	

Concentração de aerossol na atmosfera (R2009: idêntico)	*Global:* Profundidade Óptica de Aerossol (POA), mas muita variação regional		
	Regional: POA como média sazonal de uma região. Monções do Sul da Ásia usadas como estudo de caso	Regional: (Monções do Sul da Ásia como estudo de caso): POA antropogênico total (absorção e dispersão) sobre o subcontinente indiano de 0,25 (0,25-0,50); absorvendo (aquecimento) POA inferior a 10% do POA total	POA de 0,30, na região do Sul da Ásia
Introdução de novas entidades (R2009: poluição química)	Nenhuma variável de controle definida atualmente	Nenhum limite identificado atualmente, mas veja o limite do ozônio estratosférico para um exemplo de limite relacionado a uma nova entidade (clorofluorocarbonetos, ou CFCs)	

A Tabela 2 lista e explica nove processos que a pesquisa poderia razoavelmente medir. Desses nove limites, os pesquisadores sentem que sete deles podem ser justificadamente qualificados, enquanto a equipe de pesquisa reconhece, necessariamente, que essas construções requerem uma combinação de julgamentos científicos e normativos. Cada um desses limites possui variáveis de controle, que são os fatores mais importantes que nos aproximam dos pontos limiares das mudanças teóricas. Dois permanecem não quantificados: novas entidades e concentração atmosférica. Eles descrevem novas entidades como "novas substâncias, novas formas de substâncias existentes e formas de vida modificadas que têm potencial para efeitos geofísicos e/ou biológicos indesejados". A concentração atmosférica ocorre quando pequenas partículas são liberadas e permanecem na atmosfera por algum tempo, por exemplo, fumaça da queima de florestas tropicais ou sulfato da queima de carvão e petróleo. As variáveis de controle estão listadas e explicadas na Tabela 2, atualizada por Rockström *et al.* (2009), identificada aqui como R2009. Alguns dos nomes das variáveis de controle mudaram e as "zonas de incerteza" estão entre parênteses sob "limites planetários".

A ideia de limites planetários baseia-se nos conceitos não lineares encontrados no ciclo adaptativo, bem como na modelagem no LTG. Tal como referido antes, eles acreditam que ultrapassamos quatro dos nove limites planetários: mudanças climáticas, perda de biodiversidade, ciclo biogeoquímico do nitrogênio e do fósforo e mudanças no sistema terrestre. A integridade da biosfera e as mudanças climáticas são discutidas como limites "centrais" porque cada um "tem o potencial por si só de conduzir o sistema terrestre para um novo estado, caso sejam transgredidos de forma substancial e persistente".

Como essas alterações ocorrem dentro dos sistemas, cada mudança está conectada e interage com outras mudanças. Por exemplo, o principal fator de perda de biodiversidade é a conversão de terras (na Tabela 2, "Mudanças no sistema terrestre") que elimina a área de distribuição e o *habitat* de plantas e animais. Outro exemplo é a perda de biodiversidade causada pela poluição por nitrogênio. Os fertilizantes nitrogenados diminuem a biodiversidade no oceano quando o nitrogênio deságua nos deltas, porque causa a eutrofização ou uma abundância excessiva de algas que consomem o oxigênio (dissolvido) na água. O processo cria zonas mortas quando é consumido oxigênio suficiente para que outras plantas e animais morram ou tenham que sair dali. Essas zonas mortas não tinham sido observadas extensivamente antes da **Revolução Verde** que industrializou a agricultura, aumentando o uso de fertilizantes de nitrogênio e fósforo que são filtrados nos rios que vão para os deltas. À medida que estas técnicas agrícolas aumentaram, também cresceram as zonas mortas; atualmente, há mais de 400 destas áreas que existem de forma permanente, sazonal ou episódica (Diaz; Rosenberg, 2008). Algumas das variáveis de controle agora têm dois níveis para reconhecer que existem muitas diferenças regionais e interações em escala cruzada (em tempos e espaços menores para/de maiores). A perda de biodiversidade tem duas escalas, uma de extinções (cf. a seguir) e outra de biodiversidade funcional, denominada Índice da Biosfera Intacta (IBI), que não é quantificada, também explicado a seguir.

Examinaremos agora os quatro limites que Rockström *et al.* afirmam terem sido ultrapassados.

4.6.2 Mudanças climáticas

O limite planetário para as mudanças climáticas é de 350 ppm (partes por milhão, por volume) de dióxido de carbono (CO_2) na atmosfera. O CO_2 é um gás de efeito estufa essencial e, na longa história da Terra, durante períodos muito quentes, havia muito mais CO_2 do que agora na atmosfera. A Terra estava relativamente livre de gelo até que o CO_2 foi reduzido para cerca de 450 ppm ± 100 ppm. A faixa de incerteza significa que a estimativa mais conservadora exigiria manter o CO_2 em *350* ppm, um nível que já ultrapassamos. As concentrações de CO_2 estão acelerando, aumentando anualmente 0,75 em 1960 para 2,64 ppm por ano em 2019. Na primavera de 2020, o CO_2 era de 413 ppm (NOAA, 2020). Em 2008, Hansen *et al.* escreveram:

A diminuição do CO_2 foi a principal causa de uma tendência de arrefecimento que começou há 50 milhões de anos, com o planeta quase sem gelo até o CO_2 cair para 450 ± 100 ppm; salvo mudanças políticas imediatas, esse nível crítico será ultrapassado, na direção oposta, dentro de décadas. Se a humanidade quiser preservar um planeta semelhante àquele em que a civilização se desenvolveu e ao qual a vida na Terra está adaptada, as evidências paleoclimáticas e as mudanças climáticas em curso sugerem que o CO_2 terá de ser reduzido dos atuais 385 ppm para, no máximo, 350 ppm, mas provavelmente menos que isso (Hansen *et al.*, 2008).

Além disso,

A humanidade hoje, coletivamente, deve enfrentar o fato desconfortável de que a própria civilização industrial se tornou o principal motor do clima global. Se mantivermos o rumo atual, utilizando combustíveis fósseis para alimentar um apetite crescente por estilos de vida com utilização intensiva de energia, em breve deixaremos o clima do Holoceno, o mundo da história humana anterior. A eventual resposta à duplicação do CO_2 atmosférico pré-industrial seria provavelmente um planeta quase sem gelo, precedido por um período de mudanças caóticas com zonas costeiras em constante mudança (Hansen et al., 2008).

No momento em que este livro foi escrito, a pandemia de covid-19 estava mostrando sua cara e, em maio de 2020, os níveis de CO_2 tinham caído para inéditos 17% porque as viagens e o comércio reduziram enormemente. Os promotores da sustentabilidade não acham que isso irá durar, pois quando as viagens e o comércio regressarem, as emissões voltarão aos níveis anteriores, a menos que sejam feitas mudanças estruturais. Um efeito positivo da pandemia é que o mundo viu ar limpo sobre as cidades antes poluídas e aprendeu, na verdade internalizou, conceitos como "crescimento exponencial", e há esperança entre os estudiosos de que pode haver uma janela de oportunidade para trabalhar substancialmente em direção à sustentabilidade e à estabilidade climática quando as coisas retornarem ao normal.

Na ausência de uma inversão dramática e permanente das emissões, de 1 a 3 bilhões de pessoas, excluindo qualquer migração, viverão em zonas com uma temperatura média anual comparável à do Saara, com consequências terríveis para a produção de alimentos (Xu *et al.*, 2020).

4.6.3 *Perda de biodiversidade e ameaças à integridade biológica*

A taxa de perda de biodiversidade e a ameaça à integridade biológica é o limite planetário mais claramente ultrapassado. Rockström *et al.* (2009) alertam que, tal como indicado por outros eventos de extinção, esta perda de biodiversidade provavelmente virá acompanhada de mudanças não lineares e irreversíveis no sistema terrestre, porque a biodiversidade estabiliza os ecossistemas e a perda de biodiversidade desestabiliza os ecossistemas (Pereira; Navarro; Martins, 2012). Cada espécie se adaptou e evoluiu dentro de um nicho ecológico e desempenha diversas funções. A diferença na função das espécies é a diversidade funcional, e a diversidade funcional é um serviço ecossistêmico de apoio para outros sistemas e ciclos da Terra e outros limites planetários – a perda de biodiversidade reduz a função geral do ecossistema (Cardinale *et al.*, 2012). Por exemplo, polinizadores, como morcegos e abelhas, são necessários para a reprodução eficaz de algumas plantas. Se um ecossistema tiver um baixo nível de diversidade funcional – poucos tipos de polinizadores, por exemplo –, é mais vulnerável a mudanças catastróficas. Como já foi citado no Capítulo 1, a Sexta Grande Extinção está atualmente em curso e acelerando, e é uma das mais profundas mudanças ambientais globais. Essa mudança já provocou efeitos na saúde e nas oportunidades humanas (Myers; Patz, 2009), para não mencionar que é um problema ético profundo para a modernidade.

Dito isto, pesquisadores admitem que é muito difícil dizer com segurança qual a taxa de perda de diversidade biológica que deveria constituir o limite. Isso demonstra que, como serviço de apoio, a diversidade biológica desempenha funções que não são inteiramente compreendidas e a ciência é incapaz de estabelecer um limite concreto para o conforto humano relativamente à perda de espécies. Por ora, cientistas argumentam que a taxa de extinção pode ser usada até que a ciência seja capaz de fornecer algo diferente. As taxas de extinção são expressas em termos de "extinções por **milhão de espécies-ano**", E/MEA (ou E/MSY – *extinctions per million species--years*). Isso significa que, se houver um milhão de espécies no planeta, uma seria extinta todos os anos; ou, se houvesse uma espécie no planeta, ela duraria um milhão de anos, em média. A taxa normal de extinção é estabelecida através do registro fóssil. A espécie média existe entre 1 e 10 milhões de anos, o que significa que a taxa de extinção é de 1 a 0,1 espécie por milhão de espécies-ano. Atualmente, a melhor estimativa é algo entre 5 e 15 milhões de espécies atuais na Terra. A taxa de extinção é agora *pelo menos* várias centenas de vezes superior à taxa normal e pode atingir "mais de mil extinções por milhão de espécies por ano" (Dirzo; Raven, 2003). Cientistas estimam o limite planetário para a perda de espécies em 10 por milhão de espécies-ano, mas aspiram a uma taxa igual à taxa natural de 1 E/MEA. Estamos *sem dúvida* acima dessas taxas, e muito provavelmente acima dessa taxa em *várias centenas de vezes*. Cientistas que classificam as atuais taxas de extinção sugerem que o momento atual é diferente de qualquer outro período de extinção em massa, e pode acabar sendo aquele com maior magnitude e intensidade (Şengör *et al.*, 2008). Infelizmente, espera-se que a perda de biodiversidade se agrave muito à medida que o clima aquece devido aos efeitos de interação do aquecimento e da mudança dos ciclos da água (Chapin; Díaz, 2020).

4.6.4 *Poluição por nitrogênio*

A heurística do limite planetário indica que ultrapassamos o limite do processo biogeoquímico de nitrogênio e fósforo. Em 2009, o fósforo estava ligeiramente abaixo do limite. Aqui vamos nos concentrar no nitrogênio. O ciclo do nitrogênio envolve o nitrogênio, N_2 (dois átomos de nitrogênio), saindo da atmosfera, onde, junto com o O_2, é a molécula mais abundante. O nitrogênio se move para os solos e organismos e volta para a atmosfera. Todas as plantas precisam de nitrogênio para crescer. Mas o nitrogênio é um "fator limitante" para o crescimento das plantas, o que significa dizer que o crescimento das plantas é restringido pelo ingrediente mais escasso, mas necessário – o nitrogênio. Para que as culturas agrícolas cresçam mais, elas necessitam de mais nitrogênio do que o que está naturalmente disponível no solo. O nitrogênio utilizável é escasso no solo porque é quimicamente diferente do nitrogênio na atmosfera, que não pode ser usado pelas plantas, e à medida que mais culturas são cultivadas em uma área, o nitrogênio disponível (ou "fixo") para o crescimento das plantas é reduzido porque as antigas plantas o usaram.

O nitrogênio fixo é difícil de ser produzido. O N_2 tem três ligações entre as duas moléculas, tornando-o tão forte que existem apenas poucas formas pelas quais o N_2 pode ser decomposto para ser utilizado pelas plantas, sendo uma delas por meio de descargas elétricas. A maneira mais comum de decompor o N_2 é através de micróbios específicos que existem em certas plantas – são plantas fixadoras de nitrogênio, como as leguminosas, e elas convertem N_2 em NH_3, ou amônia. Assim, durante séculos, os agricultores plantaram uma cultura, como o trigo, e depois alteraram essa cultura com uma cultura fixadora de nitrogênio para ajudar a substituir parte do nitrogênio esgotado necessário ao solo. No entanto, esse processo é lento e produz menos crescimento do que a aplicação de fertilizantes. Uma das grandes invenções do período moderno foi o processo de Haber-Bosch, que queima CH_4 (gás metano) para obter hidrogênio. Então, sob calor e pressão, N_2 é adicionado para criar NH_3/amônia. A amônia é então aplicada às plantações para aumentar o rendimento das colheitas.

Embora o nitrogênio fixo seja naturalmente escasso, a modificação humana do ciclo do nitrogênio converte agora mais nitrogênio da atmosfera do que todos os processos naturais combinados (Robertson; Vitousek, 2009). Esse nitrogênio convertido pelo ser humano é levado pelos solos até os cursos de água, nos quais é um poluente grave e a principal causa das zonas mortas costeiras mencionadas antes (cf. p. 164-165). Essa poluição contribui para a perda de biodiversidade, compromete a qualidade do ar, produz um poderoso gás de efeito estufa (óxido nitroso, ou N_2O) e polui as águas subterrâneas. As águas com muito nitrato podem limitar a forma como o sangue transporta oxigênio nos bebês, causando uma doença potencialmente fatal conhecida como "síndrome do bebê azul". Atualmente, os Estados Unidos usam cerca de 12 Tg (teragramas, ou milhões de toneladas métricas) de fertilizante à base de nitrogênio para o cultivo, e desses 12 teragramas, 10 são desperdiçados e liberados no meio ambiente como poluição, de modo que as plantas estão absorvendo apenas um sexto do fertilizante utilizado (Robertson; Vitousek, 2009).

Rockström *et al.* (2009) e Steffen *et al.* (2015) argumentam que devemos pensar no limite planetário do nitrogênio como uma válvula gigante com a qual devemos limitar a quantidade de nitrogênio reativo no meio ambiente. Então, estabeleceram provisoriamente o limite em 25% da quantidade atual de 150 milhões de toneladas a nível mundial, mas eles admitem que não existe uma forma conclusiva de saber onde se encontra o limite real para este processo.

4.6.5 Mudanças do sistema terrestre

As mudanças no sistema terrestre, tal como as mudanças climáticas, situam-se na "zona de incerteza", onde existe um risco crescente de desestabilização do espaço de vida seguro para a humanidade. Eles argumentam que podemos usar terras florestais como substitutos dos próprios sistemas terrestres, por exemplo, não estabelecem limites separados para zonas de pasto ou zonas úmidas. Eles definiram o limite de manutenção de um mínimo de 54% da área florestal original total e mostram que 62% da cobertura florestal foram perdidos.

É claro que os sistemas terrestres estão profundamente ligados às mudanças climáticas, à perda de biodiversidade e às tendências biogeoquímicas. Basta pensar nas florestas que, quando deixadas em pé, absorvem dióxido de carbono e fornecem *habitat* essencial para plantas e animais. Os sistemas de utilização dos solos, como a agricultura, são o vetor central da poluição por nitrogênio, uma vez que o nitrato de amônio é pulverizado nas culturas. Todos esses limites são profundamente interdependentes e, na medida em que são levados a níveis críticos, a humanidade está "comprometendo seriamente as perspectivas de que as gerações futuras possam prosperar" (Chapin; Díaz, 2020).

Além desses três limites que a humanidade ultrapassou, a heurística dos limites planetários argumenta que estamos perto de ultrapassar o limite da acidificação dos oceanos. Tal como descrito no Capítulo 1, desde a Revolução Industrial, o pH dos oceanos diminuiu 0,1 unidade (10%) como resultado de o oceano absorver cerca de 30% do dióxido de carbono emitido pelo ser humano. Rockström *et al.* (2009) comentam que, "esta taxa de acidificação está pelo menos 100 vezes mais rápida do que em qualquer outro momento nos últimos 20 milhões de anos". Segundo os pesquisadores, os limites da poluição por produtos químicos sintéticos e da concentração de aerossóis na atmosfera (poluição do ar) não podem ser quantificados. Eles também argumentam que estamos dentro dos limites da mudança do sistema terrestre e do uso global de água doce.

4.6.6 *Avaliação dos limites planetários*

Tal como o LTG, os limites planetários funcionam em escala global, mas também são atualizados para incluir condições regionais como as monções asiáticas (cf. concentração de aerossóis discutida antes). De acordo com os relatórios, devemos determinar e respeitar os limites globais, ou enfrentaremos a perda iminente das condições ecológicas confortáveis que desfrutamos ao longo dos quase 12 mil anos da época do **Haloceno**, período que se segue à última era glacial e no qual se deu toda a civilização complexa – agricultura, escrita, urbanização. Uma coisa em que existe consenso entre os vários estudos sobre as mudanças climáticas, com exceção de mudanças dramáticas, é que a própria humanidade pode acabar com o Haloceno e enfrentar um tempo geológico inteiramente novo.

Ao contrário do LTG, esta heurística não inclui os impulsionadores do consumo nem os recursos em si. Os limites planetários não dizem nada sobre o P2, mas medem tentativas de definir onde está a linha para o P1 em nove áreas críticas. Portanto, não há nada nesta heurística que explique como viver dentro dos limites, nem nada sobre a desigualdade entre ricos e pobres, a geografia dos limites ou as relações de poder nos sistemas humanos, como a política mundial:

> Como a abordagem dos limites planetários nada fala sobre a distribuição da riqueza e das tecnologias entre a população humana, um "mundo-fortaleza", no qual existem enormes diferenças na distribuição da riqueza, e um mundo muito mais igualitário, com sistemas socioeconômicos mais equitativos, poderia igualmente satisfazer as condições de limite. Estes dois estados socioeconômicos, no entanto, produziriam resultados muito diferentes para o bem-estar humano. Assim, permanecer dentro dos limites planetários é uma condição necessária – mas não suficiente – para um futuro promissor para a humanidade (Steffen; Rockström; Costanza, 2011).

No entanto, como medida do P1, esta heurística corrobora com outros trabalhos, como o LTG e o ciclo adaptativo. Além disso, um de seus aspectos mais valiosos é que ela se preocupa em encontrar um equilíbrio viável para o espaço operacional humano e os processos do sistema terrestre. Como os sistemas e ciclos da Terra são muito mais importantes do que a simples escassez, os limites planetários estabelecem uma heurística mais cuidadosa, que dá atenção à *estrutura* dos suportes da vida. É claro que a maior parte desses limites são definidos por uma incerteza substancial e, por isso, temos de calcular quão cuidadosos queremos ser para preservar este espaço confortável. É evidente, porém, que existem limites em algum ponto dessas áreas e que se tornam mais complicados pela forma como elas interagem entre si, e parece prudente estipular delimitações mais cuidadosas em vez de menos cuidadosas.

Na verdade, outros pesquisadores levaram este trabalho a níveis específicos relacionados a políticas. Kate Raworth (2017) defende o que ela chama de "economia *donut*" para um espaço de vida "seguro e justo" para a humanidade, em que o interior do *donut* é a quantidade de consumo de que as pessoas devem dispor para satisfazer as necessidades básicas de desenvolvimento sem exceder o exterior do *donut*, o limite planetário. A partir daí, O'Neill *et al.* (2018) tentaram então medir "Uma boa vida para todos dentro dos limites planetários". Eles criaram uma lista de níveis de consumo biofísico por pessoa, juntamente com uma lista de limiares sociais – por exemplo, cada pessoa receberia 1,6 tonelada de carbono por ano que poderia queimar e permanecer no limite, e cada país deveria permitir a satisfação de vida da maioria dos cidadãos. O'Neill *et al.* concluem que "nenhum país satisfaz as necessidades básicas dos seus cidadãos a um nível globalmente sustentável de utilização de recursos", em que quanto mais objetivos sociais são alcançados, mais limites planetários são ultrapassados e vice-versa. Utilizando os dados de O'Neill *et al.*, Hickel (2019) argumenta que é teoricamente possível um espaço de vida seguro para 100% da humanidade, mas isso exigiria que os países ricos reduzissem as suas pegadas biofísicas em 40 a 50%. Isto exigiria o abandono do crescimento como objetivo político. Uma vez que o capitalismo requer crescimento, essa redução demandaria a mudança para um sistema econômico "pós-capitalista".

4.7 O tripé da sustentabilidade: avaliação categórica das decisões

O tripé da sustentabilidade (TBL) é uma estrutura de contabilidade qualitativa para medir o progresso sustentável. Relacionado ao TBL está o que às vezes também é chamado de 3Ps: pessoas, prosperidade e planeta, correlacionando-se com os três "Es" descritos no Capítulo 2. As três áreas de ecologia, economia e equidade devem estar todas simultaneamente em boas condições, para que a sustentabilidade seja o resultado final.

Aqui, sociedade refere-se especificamente à justiça social e aos objetivos sociais relacionados, todos os quais também fizeram parte e são coerentes com o Relatório Brundtland (WCED, 1987). Isto significa que o progresso não é visto apenas através dos *trade-offs* entre o crescimento econômico e os valores ambientais, mas inclui especificamente o critério da justiça. Como as empresas e os governos adotaram largamente essa conceitualização de sustentabilidade, esta tornou-se amplamente influente. Um dos resultados tem sido uma maior atenção à forma como as empresas e os governos contabilizam o seu impacto global no mundo, incluindo as contribuições cívicas das empresas. Assumir a responsabilidade pelos impactos dos negócios e reduzir os impactos negativos e, ao mesmo tempo, aumentar os impactos públicos positivos (não apenas sobre aqueles que compram os seus produtos) tem sido chamado de **responsabilidade social corporativa** (RSC). Quando todas as áreas são saudáveis e têm compromisso a longo prazo, a sustentabilidade em grande escala é mais provável.

O tripé da sustentabilidade (*"triple bottom line"*, termo aparentemente cunhado por John Elkington) é na verdade uma forma de operar uma contabilidade multicritérios, em vez de permitir que as preocupações econômicas imperem sem pensar nos valores ecológicos e sociais. Atualmente, no entanto, alguns acadêmicos acreditam que os principais sistemas políticos e econômicos do mundo ignoraram as considerações ecológicas e sociais, colocando as considerações econômicas em evidente primeiro plano. Substituir outros valores pela consideração exclusiva de valores econômicos chama-se **economicismo**, e Robert Paehlke observou que "o economicismo triunfa" (Paehlke, 2004) no atual mundo globalizado. Isto indicaria que o TBL não está sendo cumprido, mas a medida em si não nos fornece ferramentas para avaliar realmente as condições globais.

4.7.1 Avaliando o tripé da sustentabilidade

Existem muitos bons resultados de empresas que trabalham num TBL forte e que pensam seriamente sobre a RSC, se esta for autêntica, e vários pensadores têm defendido continuamente que existem inúmeras maneiras pelas quais tornar a produção mais ecologicamente eficiente fará sentido rentável (Hawken; Lovins; Lovins, 1999). Por outro lado, não devemos confundir essa estrutura com a sustentabilidade dos sistemas.

Evidentemente, o TBL não se refere ao P1, mas oferece uma forma de considerar múltiplos critérios na tomada de decisões do mundo real sobre o que os projetos incluem em termos de quem e quais custos e benefícios vêm com esses projetos. Além disso, a própria estrutura é um recipiente a ser preenchido, na medida em que não faz afirmações específicas sobre quão bem o planeta, as nações, as empresas ou as comunidades estão *de fato* progredindo em direção a um TBL firme. Pelo contrário, é uma ferramenta para esses grupos medirem por si próprios. A metáfora consiste realmente em pedir aos tomadores de decisão de todos os níveis que pensem em mais do que questões econômicas, mas também que incluam, muitas vezes, custos e benefícios não monetários que tornam o mundo mais ou menos habitável. Desta forma, a estrutura poderá ser utilizada com integridade por esses grupos ou explorada como fachada e, na maioria dos casos, será muito difícil saber a diferença.

Na medida em que a mensuração fala da viabilidade das nossas decisões, a metáfora fornece exigências categóricas que são importantes quando estamos preocupados com o P2. Alguns argumentaram que o tripé da sustentabilidade é na verdade uma definição de sustentabilidade, mas isso não pode ser verdadeiro, porque as decisões tomadas em cada área temática podem ser boas, porém não sustentáveis a longo prazo, e não ter ligação empírica com os limites de um espaço habitável para a humanidade ou para os não humanos. Em outras palavras, o tripé da sustentabilidade é bastante valioso para garantir que decisões sejam tomadas levando em conta os custos/benefícios sociais e ecológicos, mas os conceitos não abordam especificamente a estrutura problemática da sustentabilidade.

4.8 Resumo

4.8.1 O que sabemos?

Existem centenas de mensurações e indicadores de sustentabilidade, mas a amostra de abordagens compartilha sobretudo alguns elementos comuns. Nenhuma destas medidas mostra que o mundo está no caminho da sustentabilidade, e a maioria indica que ultrapassamos limites importantes, de mudanças climáticas a recursos, alimentação e população. Este tipo de corroboração através das múltiplas e diversas abordagens acrescenta gravidade e legitimidade para se levar a sério os verdadeiros problemas de sustentabilidade e, uma vez que isso não aconteceu em grande escala, as medições demonstram que é necessária uma mudança social e econômica para tornar a sustentabilidade uma perspectiva.

4.8.2 Considerações fundamentais

1. Das mensurações discutidas, quais são as mais convincentes para a sustentabilidade?

2. Se você tivesse que criar sua própria mensuração de sustentabilidade, o que incluiria? O que você excluiria?

3. O que você acredita que as mensurações nos informam sobre os Primeiros Princípios da sustentabilidade?

4. O que você acredita que qualquer uma dessas mensurações nos informa sobre a elaboração de políticas para o futuro?

4.8.3 O que você acha das soluções de sustentabilidade a seguir?

1. Da mesma forma que cada cidade do mundo elabora orçamentos, ela cria um orçamento metabólico para entender de onde vêm os materiais e a energia dos quais a cidade depende, quanto ela está consumindo etc. Por cada hectare da pegada da cidade que se estende para além das suas fronteiras, a cidade deve restaurar essa quantidade de terra fora das suas divisas.

2. Todos os países do mundo medem o quanto contribuem para ultrapassar os limites planetários e depois elaboram políticas e alteram o seu comportamento consumista para remediar esses danos.

3. As habitações familiares individuais são obrigadas a consumir apenas o que provém da sua própria cidade e incentivadas a cultivar (todos os gramados são transformados em espaços agrícolas produtivos), a compostar e a reciclar, para que haja pouca necessidade

de produtos de fora da cidade e 95% dos resíduos dessa residência sejam de alguma forma reutilizados. A economia de materiais é colocada num ciclo fechado, de modo que os aterros são encerrados; apenas a reutilização, a compostagem e a reciclagem estão disponíveis e cada edifício é projetado para recolher e purificar a sua própria água, gerir os seus próprios resíduos e esgotos e produzir a sua própria energia a partir do sol e de baterias de hidrogênio.

4.8.4 Qual é sua opinião sobre o seguinte silogismo?

Premissa A: Evidências convincentes indicam que os sistemas e ciclos ecológicos globais estão sofrendo déficit ecológico e encontram-se sobrecarregados.

Premissa B: O *timing* das mudanças catastróficas e do colapso em sistemas socioecológicos complexos não pode ser previsto com precisão.

Conclusão: A comunidade internacional deveria montar um "Projeto Manhattan" transnacional que visasse mudanças radicais na economia material e na exigência cívica de limitar o consumo.

4.9 Leitura complementar

WILLIAMS, S.; ROBINSON, J. Measuring sustainability: An evaluation framework for sustainability transition experiments. *Environmental Science & Policy*, v. 103, p. 58-66, 2020. DOI: https://doi.org/10.1016/j.envsci.2019.10.012.

Este artigo oferece uma forma de avaliar experimentos em esforços de sustentabilidade.

BELL, S.; MORSE, S. *Sustainability indicators:* Measuring the immeasurable? Londres: Earthscan, 2008.

Bell e Morse redigem uma explicação lúcida sobre medidas de sustentabilidade. Este livro é tido em alta conta e constitui um recurso valioso.

BELL, S.; MORSE, S. *Measuring sustainability:* Learning from doing. Londres: Routledge, 2013. Trata-se da continuação do livro anterior, em 2013.

MITCHELL, G.; MAY, A.; MCDONALD, A. PICABUE: A methodological framework for the development of indicators of sustainable development. *International Journal of Sustainable Development & World Ecology*, v. 2, n. 2, p. 104-123, 1995. DOI: 10.1080/13504509509469893.

Este artigo descreve outra abordagem para medir a sustentabilidade por meio de um índice construído em torno da qualidade de vida humana e da integridade ecológica, e desenvolve uma metodologia que pode ser adaptada às necessidades específicas dos utilizadores, mas ainda assim é coerente com os princípios fundamentais da sustentabilidade.

MORI, K.; CHRISTODOULOU, A. Review of sustainability indices and indicators: Towards a new City Sustainability Index (CSI). *Environmental Impact Assessment Review*, v. 32, n. 1, p. 94-106, 2012. DOI: http://dx.doi.org/10.1016/j.eiar.2011.06.001.

Este artigo analisa os principais índices de sustentabilidade, incluindo a pegada ecológica, o Índice de Sustentabilidade Ambiental (não mais produzido), o Índice de Progresso Genuíno e muito mais, da perspectiva da sustentabilidade das cidades, e é um resumo útil das principais falhas e dificuldades conceituais da medição da sustentabilidade.

KLAUER, B. *et al.* The art of long-term thinking: a bridge between sustainability science and politics. *Ecological Economics*, v. 93, p. 79-84, 2013. DOI: http://dx.doi.org/10.1016/j.ecolecon.2013.04.018.

Este artigo reforça os benefícios cognitivos do uso de heurísticas para unir a ciência da sustentabilidade e a tomada de decisões, usando ideias que remontam ao filósofo alemão Immanuel Kant.

5
Ética, justiça, ordem moral e esquecimento

Mapa do capítulo

O conteúdo deste capítulo discorre sobre a forma como a ordem moral se relaciona com a vida e a morte, a sobrevivência e a continuidade, e a sustentabilidade e o esquecimento. Este capítulo explicará alguns dos debates éticos mais importantes na sustentabilidade relativos à desigualdade e à agência. Discutiremos o problema central dos valores éticos e do raciocínio moral. A história da criação dos Hopi abre este capítulo ilustrando que a ética pode abrir ou fechar portas de contenção necessária para a sustentabilidade e, sem essa contenção, o colapso e a morte são imanentes. O raciocínio moral para a contenção é uma razão central pela qual a ética é fundamental para a sustentabilidade e talvez seja uma medida tangível do que é "bom".

Uma premissa deste livro é que a justiça é um componente necessário da sustentabilidade, e esta noção de justiça deve incluir a ampla ordem moral dentro da qual todas as tendências de desigualdade ou exploração são contextualizadas. Este capítulo tenta demonstrar por que a justiça é tão essencial para a sustentabilidade e investiga conexões importantes de ética, justiça e manutenção de sistemas e ciclos essenciais da Terra. A ética e a justiça são critérios duradouros para a sustentabilidade global, que remontam a centenas, talvez milhares de anos. Peguemos, por exemplo, o caso dos Hopi, cujas histórias da criação indicam que falhas morais e éticas levam a falhas sociais críticas.

Na década de 1960, Frank Waters passou algum tempo com 30 anciãos do povo Hopi, que explicaram que a ética propicia orientação sobre o que é socialmente permitido e, portanto, estabelece limites para o que as sociedades se permitem fazer. Os Hopi são conhecidos pelo seu secretismo e por manterem muitas das suas cerimônias protegidas dos olhos de uma cultura ocidental curiosa, mas diferente.

Os mais velhos quebraram este silêncio lendário para transmitir a Waters a mensagem básica de que as coisas devem mudar ou este mundo acabaria. E, além do mais, disseram que sabiam disso não apenas pela profecia, mas porque já havia acontecido antes. Desde tempos imemoriais, essas histórias foram passadas para todas as crianças Hopi, na esperança de que as lições do passado fossem lembradas. Estas lições eram de primordial importância, relacionadas com a própria existência da raça humana.

Waters relata que o antigo e próspero povo Hopi viveu durante milênios na frágil e árida paisagem desértica do que hoje é o norte do Arizona. Eles lembram que o Primeiro Povo não conhecia doenças e era feliz.

> Embora fossem de cores diferentes e falassem línguas diferentes, sentiam-se como um só e entendiam-se sem falar. O mesmo acontecia com os pássaros e os animais. Todos mamavam no seio de sua Mãe Terra, que lhes dava seu leite de grama, sementes, frutas e milho, e todos se sentiam um só, pessoas e animais (Waters, 1963).

Era Tokpela, o Primeiro Mundo. No entanto, isso não durou.

> Chegou entre eles um Lavaihoya, o Falador. Ele veio na forma de um pássaro chamado Mochni [como um tordo-imitador], e, quanto mais falava, mais os convencia das diferenças entre eles: a diferença entre pessoas e animais, e as diferenças entre as próprias pessoas por causa da cor da pele, da fala e da crença no plano do Criador. Foi então que os animais se afastaram das pessoas (Waters, 1963).

Convencido de suas diferenças e tendo esquecido as orientações para respeitar o criador e, portanto, a criação, a divindade Sótuknang guiou um grupo de pessoas que ainda viviam pelas leis da criação para a terra subterrânea das Formigas, que cuidaram delas, enquanto Sótuknang destruiu o Primeiro Mundo com fogo. Depois, Sótuknang foi até o Povo Formiga e deixou o povo sair para o Segundo Mundo, Tokpa. Não era tão bonito ou abundante, mas era um grande mundo. Depois de serem lembrados de respeitar a criação, as pessoas se espalharam e se multiplicaram. Porém, embora tudo de que precisavam estivesse neste mundo, eles queriam cada vez mais. Eventualmente, as pessoas adoraram os bens mais do que os elementos sagrados do mundo vivo, as guerras começaram e mais uma vez Sótuknang e as outras divindades decidiram que as coisas estavam arruinadas. Novamente, as poucas pessoas que mantiveram as leis da criação foram colocadas em segurança com o Povo Formiga, e os Gêmeos nos polos da Terra que mantinham a rotação e o equilíbrio adequados do planeta foram instruídos a deixar seus postos – a Terra girou fora de controle e congelou. Então, os Gêmeos receberam a ordem para retornar aos seus postos para que o gelo quebrasse e o clima esquentasse; então, Sótuknang libertou o povo da kiva das formigas mais uma vez para entrar em Kuskurza, o Terceiro Mundo. Ele mais uma vez os lembrou:

> "Eu salvei vocês para que possam ser plantados novamente neste novo Terceiro Mundo. Mas vocês devem sempre se lembrar das duas coisas que estou lhes dizendo agora. Primeiro, respeitem a mim e uns aos outros. E, segundo, cantem em harmonia no topo das colinas. Quando eu não ouvir vocês cantando louvores ao seu Criador, saberei que se voltaram para o mal novamente" (Waters, 1963).

Mas a violência, a ganância e a guerra tornaram-se predominantes outra vez, e a água do mundo foi libertada, criando ondas maiores que montanhas, e o Terceiro Mundo deixou de existir.

Consequentemente, este é o Quarto Mundo, Túwaqachi. Depois de uma longa jornada, os povos do Quarto Mundo espalharam-se pelas terras que hoje conhecemos, com os povos vermelho, castanho, branco e amarelo – todos com mandamentos de fraternidade e unidade racial que os Hopi acreditam proteger para o futuro.

Cada mundo anterior foi perdido devido à avareza, ganância e arrogância humanas. As pessoas tornaram-se alienadas do seu propósito e do seu lugar no mundo, colocando o interesse próprio à frente da teia da vida e dos seus semelhantes. Os anciãos alertaram que este Quarto Mundo está no caminho para um destino semelhante ao dos outros três, a menos que a vasta destruição da Terra seja interrompida e as pessoas encontrem novamente o seu propósito humano. No centro destas lições está o fato de os nossos sistemas éticos e a ordem moral ampla que dita como tratamos uns aos outros e o restante do mundo e, portanto, a nossa ética, parecerem fundamentais para a nossa sobrevivência. De acordo com os Hopi, as falhas éticas foram as causas profundas do colapso social anterior.

5.1 Ponto de partida: a ética realmente importa para a sustentabilidade?

Um realista intransigente pode pensar que a ética é um belo luxo, mas serão as regras sociais éticas de fato necessárias para manter essa sociedade? Incluímos algo como justiça nos requisitos de sustentabilidade apenas para parecermos interessados na equidade? A resposta é que a ética, a ordem moral e a justiça são fundamentais para a sustentabilidade porque são relevantes para a causa dos problemas de sustentabilidade, para quão bem seremos capazes de resolvê-los, e por que essas preocupações estão relacionadas com a vida e a morte agora e no futuro. Por exemplo, as falhas éticas permitem corrupções sistêmicas que colocam a população em perigo e, sendo assim, as falhas éticas sistemáticas são uma característica fundamental das **Falhas Normativas** introduzidas no Capítulo 2.

William Ophuls lamenta:

> Absorvidos pela arrogância, alimentamos a ilusão de que podemos dominar a natureza e arquitetar a nossa saída da crise [da destruição ecológica]. Ainda não estamos preparados para admitir que a destruição da natureza não é consequência de erros políticos que podem ser remediados através de uma gestão mais inteligente, de melhor tecnologia e de uma regulamentação mais rigorosa, mas sim de *um fracasso moral catastrófico* que exige uma mudança radical de consciência (2011, grifo meu).

Ophuls (2011) argumenta que a única maneira de preservar a humanidade da extinção certa é criar uma ordem moral "em nome de algum fim superior à gratificação material contínua, baseado em leis verdadeiras governadas pela dinâmica da própria natureza". Ophuls lembra as sugestões do antigo filósofo romano Cícero, que acreditava que tal ordem moral estava "escrita nas tábuas da eternidade" e que "a verdadeira lei é a razão correta em acordo com a Natureza [...] válida para todas as nações e para todos os tempos" (Cícero, *apud* Ophuls, 2011). Esse tipo de lei natural é coerente com as leis dos Hopi, explicadas anteriormente, e a violação de tal lei natural para Cícero, Ophuls e os anciãos Hopi é um convite ao esquecimento social.

Ophuls defende que a ecologia, através dos limites dinâmicos e auto-organizados e do equilíbrio da natureza, indica que a ética coerente com a dinâmica ecológica é coerente com a vida, a justiça e a continuidade a longo prazo que promoveriam uma civilização digna. "Tanto a sabedoria como a ética decorrem dos fatos ecológicos da vida: limites naturais, equilíbrio e inter-relações implicam necessariamente humildade, moderação e ligação humanas" (Ophuls, 2011). Nem todos concordarão que existe tal lei natural, porque a "lei natural" foi usada no passado para substituir regras que os impérios queriam que fossem implementadas sem serem questionadas. No entanto, os estudiosos concordam que as expectativas éticas de uma sociedade desempenham papéis importantes na limitação do esgotamento dos recursos, bem como nas desigualdades sociais. Para Ophuls, a contenção que decorre de uma ordem moral forte, e não de um emaranhado de leis, é uma característica fundamental de uma sociedade justa e sustentável. Ele argumenta que esses limites são fundamentais para a sustentabilidade porque tal ordem moral, em todas as nações e em todos os tempos, levaria à manutenção do equilíbrio homeostático da vida na Terra, que é a base para todas as outras complexidades e desenvolvimentos.

Outros argumentam que a sustentabilidade *é* a manutenção da justiça que permite que outros realizem os seus direitos, tanto nas gerações presentes como nas futuras (Dower, 2004). A erosão dos sistemas de suporte à vida essenciais na Terra exclui opções agora e no futuro, especialmente quando as gerações atuais perturbam as condições climáticas e eliminam irreversivelmente a biodiversidade. Se os sistemas ecológicos são a base de todas as condições materiais de vida, são necessários sistemas ecológicos fortes para que outros possam realizar plenamente direitos importantes, como a subsistência e a segurança. Desta forma, pensadores como Dower podem argumentar que a questão de saber se a ética é necessária para a sustentabilidade não é a questão certa, porque a sustentabilidade tem a ver centralmente com ética, e com não prejudicar as condições para que outros existam e existam *bem*. Mesmo se dissermos que somos responsáveis apenas por não ferir os outros, seguindo alguma ética libertária como o "**princípio do dano**" de John Stuart Mill, que argumenta que a única restrição justificada da liberdade de alguém é prevenir danos (prejuízo físico, não apenas mera ofensa) para outra pessoa, somos confrontados com questões éticas importantes como: podemos participar *de forma justa* de sistemas econômicos e políticos que prejudicam a sustentabilidade porque prejudicam outros, especialmente os pobres, que não podem então concretizar os seus direitos humanos mais básicos? Mill provavelmente argumentaria que este cenário não se enquadra no princípio do dano, porque o prejuízo proposto não é suficientemente direto. No entanto, será que esta resposta alivia o peso real da questão?

É claro que, durante décadas, houve uma compreensão empírica de que a equidade e a justiça são fundamentalmente violadas quando o indicador mais importante de onde a poluição perigosa ou tóxica será distribuída é (nos Estados Unidos) a raça e depois a pobreza, de modo que as comunidades minoritárias suportam uma carga desproporcional de morbidade (doença) e mortalidade. Isto pode ser discutido como uma má distribuição de bolsões ambientais negativos, mas há algo mais aqui – essas comunidades não são devidamente reconhecidas como objeto de valor e dignidade.

5.2 Humanismo sustentável

Com relação às preocupações mencionadas antes, proponho um novo humanismo, um **humanismo sustentável**. Esta é a ideia de que a sustentabilidade requer um novo humanismo que reconheça a dignidade e o valor dos outros, incluindo os não humanos. É uma posição que acredita que a sustentabilidade exige que o pensamento, os valores e a ação humanos sejam compassivos. Aqui não podemos explicar completamente todas as implicações, mas apenas propor a ideia de que a sustentabilidade requer fundamentalmente o "reconhecimento" dos outros. Segundo Iris Marion Young (1990) e posteriormente David Schlosberg (2004), reconhecimento significa que a dignidade e o valor dos indivíduos e das comunidades são reconhecidos. Esta é uma pré-condição para a participação na sociedade, porque caso contrário não haverá adesão à sociedade ou a grupos políticos específicos. Schlosberg (2013) liga então a capacidade e o funcionamento dos ecossistemas às necessidades dos indivíduos e das comunidades, observando que também não devemos pensar apenas nas comunidades humanas:

> Quando interrompemos, corrompemos ou contaminamos o funcionamento potencial dos sistemas de apoio ecológico, cometemos uma injustiça não só com os seres humanos, mas também com todos aqueles não humanos que dependem da integridade do sistema para o seu próprio funcionamento. É a perturbação e a crescente vulnerabilidade da integridade dos ecossistemas que está no cerne da injustiça das mudanças climáticas, por exemplo, tanto em termos do seu impacto nas comunidades humanas vulneráveis como na natureza não humana.

A minha visão de um humanismo sustentável deve, ironicamente, incluir pessoas não humanas, mas "pessoísmo" simplesmente não soa bem. Uma pessoa não humana tem vontade e propósito próprios, mas não é humana. Por exemplo, o povo Lakota pensa numa "nação bisão", que são bisões, mas pessoas não humanas que eles reconhecem como tendo a sua própria história, intenção e relacionamentos. O humanismo sustentável deve incluir e reconhecer os não humanos, não porque as pessoas precisem que o ambiente seja estável, produtivo e limpo para sobreviver (nós precisamos), mas porque é desumano desconsiderar todos os outros porque eles não são você. Ehrenfeld (1981) escreve em *The arrogance of Humanism* que existem muitas falhas fatais no humanismo do passado. Isto inclui a ideia de que as pessoas podem controlar a natureza, em parte, a partir de um triunfo da razão humana, e que pensaram no mundo simplesmente como um buffet de recursos apenas para as pessoas. É evidente que a irracionalidade na política e noutros lugares reina tanto como a razão, talvez mais, e os limites cognitivos humanos também nos levam a fazer coisas como distorcer as nossas próprias concepções do mundo (viés de confirmação). Se os seres humanos podem controlar a natureza, então por que estamos no meio de tantas crises no sistema Terra? Além disso, simplesmente de uma perspectiva utilitarista, tratar a Terra como um reservatório de recursos humanos parece permitir a sobre-exploração. Talvez isto se deva ao fato de os próprios ecossistemas não terem valor moral nesta perspectiva, mas outros seres humanos também perdem o seu valor moral porque estão basicamente competindo pelos mesmos recursos. É evidente que necessitamos de um novo humanismo, mais adequado e mais humilde.

O humanismo sustentável não é uma panaceia. Pode ser algo necessário, mas um elemento insuficiente para moldar um mundo mais sustentável, necessário porque exige que abandonemos o tipo de egocentrismo que pensa apenas em algum eu. É claro que esse "eu" tem o mesmo direito à dignidade e ao valor, por isso o eu não é sacrificado, mas não é permitido simplesmente sacrificar os outros. Não resolve os amargos conflitos e negociações necessários para uma vida, economias e comunidades sustentáveis. E estabelece apenas um mínimo, sem abordar o poder. Um importante aspecto de como a justiça é observada é a forma como o poder é organizado, e isto levanta a questão da desigualdade e do poder político no que se refere à sustentabilidade.

5.3 Desigualdade e justiça

Os defensores da globalização argumentam que os mercados globalmente conectados melhoraram o crescimento e a eficiência globais, permitindo que mais receitas fluam para os países que exploram a sua vantagem comparativa. Tudo isto permite que mais alimentos, energia e bens de consumo cheguem aos mercados internacionais e níveis mais elevados de consumo para aqueles que podem pagar. A globalização também teve alguns custos. Saith (2011) escreve que a globalização trouxe consigo uma desigualdade "tóxica", quando

> descobriu-se que o 1% mais rico possui 40% dos ativos globais, os 2% mais ricos representam metade da riqueza global e os 10% mais ricos possuem 85%; no outro extremo, a metade inferior da população mundial possuía apenas 1% da riqueza global.

Saith argumenta que essa desigualdade ajuda a impulsionar crises sociais e financeiras internacionais, porque esse tipo de desigualdade profunda subverte as instituições responsáveis pela regulação e responsabilização, corrói as normas sociais e mina a democracia. A Figura 11 mostra a desigualdade de renda nos Estados Unidos entre 1961 e 2017. Podemos observar que até 1980 a desigualdade de renda era menor e estável, mas nesse ano começou a aumentar, e está agora no seu nível mais elevado no período mostrado. Podemos observar também que nada disto leva sequer em consideração os impactos econômicos globais da pandemia de covid-19, que deixou dezenas de milhões de pessoas sem trabalho.

A maioria dos países mais pobres está presa a dívidas insustentáveis com os países mais ricos, forçando pagamentos que de outra forma poderiam aliviar a privação mortal, o que Dent e Peters (2019) chamam de "grotesco". Eles argumentam que existe um "dever imperativo" dos países que têm um bom nível de vida de ajudar os países mais pobres. Incluído nesta dinâmica infeliz está o fato de as elites dos países pobres poderem assumir a dívida nacional, mas serão os cidadãos mais pobres desses países que perderão cuidados de saúde, educação, ar e água limpos e oportunidades. As questões claras de sustentabilidade incluem então as do dever e da responsabilidade não apenas dos indivíduos, mas também dos governos, da sociedade civil, das empresas e das organizações governamentais internacionais para os mais desfavorecidos.

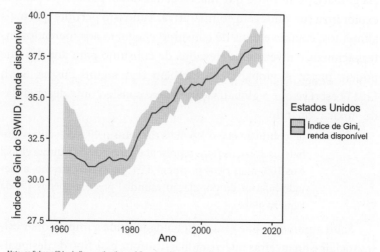

Nota: as linhas sólidas indicam estimativas médias; as regiões sombreadas indicam os intervalos de incerteza associados de 95%.
Fonte: Standardized World Income Inequality Database v.8.3 (Solt, 2020).

Figura 11 – Desigualdade de renda nos Estados Unidos (renda disponível), 1961-2017
Fonte: Extraído de Solt (2020).

O Banco Mundial (2020) estimou que cerca de 10% da população mundial (736 milhões de pessoas) viviam abaixo do limiar de pobreza internacional de 1,90 dólar por dia em 2015. Isto é inferior aos níveis de 1990 de 36% (1,9 bilhão). Todas as outras pessoas no planeta vivem com menos de 5,50 dólares por dia. No entanto, o Banco Mundial estima que entre 40 e 100 milhões de pessoas serão lançadas na pobreza extrema por razões relacionadas com a pandemia global. Entretanto, as pessoas mais ricas ocupam uma classe de elite transnacional muito pequena (Robinson, 2012), e essa desigualdade distribui e afeta as **perspectivas de vida**. As perspectivas de vida são as oportunidades que um indivíduo tem para melhorar a qualidade e a duração de sua vida. O conceito é importante para o desenvolvimento sustentável porque indivíduos e famílias com menos perspectivas de vida enfrentam mais doenças e mortes mais precoces (Boulanger, 2011). A Organização Mundial da Saúde relata que os problemas nutricionais são a maior fonte de morte e doenças em todo o mundo. O *Global nutrition report* de 2020 conclui que uma em cada nove pessoas no mundo passa fome e uma em cada três pessoas tem excesso de peso, e que a fome está profundamente relacionada com a desigualdade. Embora, no momento em que escrevo, não saibamos o resultado específico da pandemia global sobre a fome, podemos inferir que mais pessoas passarão fome porque os programas alimentares governamentais foram reduzidos e as cadeias de abastecimento favoreceram os clientes mais ricos, que podem pagar, e milhões de pessoas foram lançadas na pobreza.

A desigualdade também afeta profundamente quem tem acesso à energia. "Para os menos favorecidos, as melhores opções de energia confiável são opções descentralizadas, limpas e renováveis, como energia solar, biogás etc.", mas os mais necessitados não podem pagá-las, por isso, recorrem a combustíveis sujos que causam uma terrível poluição em ambientes fechados (Hande, 2007). A poluição do ar dentro de casa proveniente de combustíveis como madeira, querosene, carvão vegetal, resíduos de plantações, como talos e caules de plantas colhidas, e esterco causa doenças respiratórias que provavelmente matam mais de um milhão de crianças por ano (Ezzati; Kammen, 2002; Alam *et al.*, 2012). A poluição também pode estar associada ao baixo peso ao nascer, que tem impacto ao longo da vida, e aos natimortos (Pope *et al.*, 2010). Para levar a energia solar às comunidades rurais e pobres, Hande (2007) e outros (Polak, 2008) argumentam que a *assistência* não é a resposta, porque causa dependência e não resolve o problema da pobreza, que é a falta de oportunidades de geração de renda. Para aumentar a expectativa de vida de um cidadão comum para 75 anos e reduzir as taxas de mortalidade infantil para menos de 1% dos bebês por mil nascimentos, cada pessoa precisa consumir cerca de 50-70 gigajoules (GJ) de energia por ano, em média (Smil, 2000). A fonte pode variar, mas esse valor equivale a cerca de 1,6 tonelada de petróleo por pessoa. O nível de consumo de energia também está associado a taxas de alfabetização superiores a 90% e ao acesso generalizado à educação.

No entanto, o cidadão comum nos Estados Unidos consome cerca de 300 GJ por pessoa por ano, ou o equivalente a 8 toneladas de petróleo por pessoa.

A morte e a doença, bem como os cuidados médicos, a boa nutrição e oportunidades importantes, não se espalham uniformemente, mas são organizados pela sociedade através de regras políticas e econômicas, preconceitos históricos e até mesmo geográficos; e uma profunda desigualdade significará uma diferença na vida e morte através de perspectivas de vida.

Além de afetar o grau de privação com que as pessoas vivem, a justiça e a equidade afetam a forma como vivemos bem com os sistemas ecológicos. Num trabalho marcante sobre o papel da desigualdade na sustentabilidade, Andersson e Agrawal (2011) estudaram mais de 200 áreas florestais em que as pessoas dependiam da floresta, mas não eram as proprietárias dela. Eles descobriram que a desigualdade dentro e entre os grupos prejudica a sustentabilidade da floresta. Cada aumento na desigualdade diminuiu o bem-estar da floresta. É importante ressaltar que as instituições arbitram a forma como a desigualdade afeta as condições da floresta e fazem a diferença para a sustentabilidade ao restringir a desigualdade.

No entanto, alguns pensadores, como Ophuls, acreditam que grandes grupos de pessoas serão sempre liderados por uma minoria e que alguma desigualdade em si não é necessariamente ruim. O que importa é a forma da desigualdade. Poucas pessoas sugerem que a igualdade total de *status*, renda, oportunidades etc. seja uma forma boa ou pragmática de organizar sociedades sustentáveis. Tornar tudo absolutamente igual, o chamado nivelamento, significaria não haver liderança, gênio ou *status* que resultem legitimamente de competências ou experiência, além de pouco incentivo para ir além da mediocridade, porque qualquer intelecto ou visão excepcional seria suprimido. Numa sociedade grande, a igualdade total poderia traduzir-se no domínio da multidão. Por outro lado, uma desigualdade plutocrática cria castas ou classes de pessoas sem poder que têm poucas oportunidades de participar na elaboração de regras ou de mudar positivamente sua condição de vida. É mais difícil para um grupo desempoderado obter reparação de queixas. Se houver muita desigualdade, haverá menos responsabilização pelas decisões exigidas pelos Primeiros Princípios. Além disso, Vollan e Ostrom (2010) indicam que as instituições são obrigadas a resolver problemas de sustentabilidade. *Se* as pessoas não participarem de instituições que consideram injustas (Rawls, 1971), então *apenas* instituições serão necessárias para a sustentabilidade.

Por fim, e talvez o mais importante, o tipo e a profundidade da justiça nas nossas sociedades refletem quem somos e quem queremos ser – a nossa visão. Nossa visão indica o que valorizamos e, portanto, estamos dispostos a apoiar, investir, sacrificar e trabalhar. Donella Meadows, coautora de *Os limites do crescimento*, argumentou que precisamos ter uma visão de um mundo sustentável para realizá-lo, e que a visão precisa representar algo de valor e ser responsável:

> É preciso haver uma responsabilidade na visão. Posso imaginar subir ao topo de uma árvore e voar. Posso realmente querer fazer isso, mas a minha racionalidade e o meu conhecimento de como o mundo funciona dizem-me que essa não é uma visão responsável (Meadows, 2012).

Além disso, ela acredita que a visão de crescimento simples (em rendimento, construção, tecnologia etc.) excluiu outras alternativas mais sustentáveis. A visão de Meadows de um mundo sustentável é a seguinte:

> Um mundo alternativo e sustentável é, evidentemente, aquele em que a regeneração de recursos é pelo menos tão grande como o esgotamento de recursos. É um mundo onde as emissões não são maiores do que a capacidade do planeta de absorver e processar essas emissões. É claro que é um mundo onde a população está estável ou talvez até diminuindo; onde os preços internalizam todos os custos; um lugar onde ninguém passa fome ou é desesperadamente pobre; um lugar onde exista uma verdadeira e duradoura democracia. Estas são algumas das coisas que tenho na minha parte da visão. Mas a maioria delas são partes fisicamente necessárias ou socialmente necessárias da visão. Elas formam a estrutura responsável que você sabe que deve fazer parte da visão. Mas, então, o que mais pode ser feito? O que mais pode mudar? O que tornaria este mundo um lugar que deixaria você animado para acordar de manhã e ir trabalhar? (Meadows, 2012).

Ela observa que as nossas visões não precisam ser imediatamente alcançáveis e podem até parecer impossíveis à primeira vista. No entanto, à medida que as partilhamos com outras pessoas, surgem possibilidades.

5.4 Sistemas éticos e sustentabilidade

Que abordagens éticas são mais coerentes com as exigências de sustentabilidade do tipo P2? Os filósofos da ética tendem a dividir as abordagens em três tradições importantes para nossa consideração: a ética utilitarista, a deontológica e a ética das virtudes.

A teoria utilitarista, popularizada por John Stuart Mill, argumenta que algo está certo se traz mais prazer ou menos dor a mais pessoas do que as alternativas. A deontologia, popularizada por Immanuel Kant, argumenta que algo é certo se for categoricamente certo, independentemente dos resultados, e as pessoas têm o dever de agir de forma coerente com o que é categoricamente certo. A teoria da virtude foi trazida a nós pela primeira vez pelos antigos filósofos chineses e por Platão e Aristóteles. A ética da virtude argumenta que algo está certo se essa ação "responde bem a um fato moralmente evidente sobre o mundo" (Sandler, 2013). Em outras palavras, o que é certo depende do contexto da situação. Aqui, só podemos fornecer um breve esboço do raciocínio geral, mas podemos mostrar que os filósofos tendem a pensar que a ética utilitarista e os sistemas político-econômicos que a utilizam são muito menos compatíveis com as exigências normativas da sustentabilidade. No entanto, nenhum sistema ético está isento de seus *trade-offs* e de problemas de sustentabilidade.

A ética utilitarista é geralmente considerada como propiciadora de injunções e limites inadequados ao consumo atual para a sustentabilidade (O'Hara, 1998) por múltiplas razões, mas principalmente porque qualquer prazer e dor são iguais a qualquer outro, e são facilmente trocados por ganhos futuros. Considerando que a economia dominante se baseia na ética utilitarista, os estudiosos da sustentabilidade tendem a ver uma contradição entre a sustentabilidade e a ética econômica dominante; a ética econômica dominante é frequentemente considerada inadequada e insustentável (Dresner, 2008). Uma exceção a essa tendência pode ser o utilitarismo de Gifford Pinchot, o primeiro engenheiro florestal nacional dos Estados Unidos ativo durante a Era Progressista de Theodore Roosevelt. Pinchot estendeu a ética de sua responsabilidade sobre as florestas para proporcionar o maior bem, para o maior número, *pelo máximo de tempo possível*. Pinchot acreditava que era seu trabalho proteger as florestas de serem invadidas para as necessidades atuais de curto prazo, mas, como propriedade nacional, as florestas eram um depósito de riqueza para a nação no futuro e a posteridade da nação dependia de sua boa administração. Ele argumentou que a razão pela qual os Estados Unidos eram a nação mais próspera do seu tempo era porque as gerações anteriores tinham legado uma enorme riqueza natural e que essa riqueza natural era a base para todo o bem-estar futuro. Ele elaborou suas razões para preservar essas riquezas:

> Se não o fizermos, aqueles que vierem depois de nós terão de pagar o preço da miséria, da degradação e do fracasso pelo progresso e prosperidade dos nossos dias. Quando os recursos naturais de qualquer nação se esgotam, o desastre e a decadência em todos os departamentos da vida nacional ocorrem naturalmente. Portanto, a conservação dos recursos naturais é a base, e a única base permanente, do sucesso nacional (Pinchot, 1910).

A extensão do tempo ao utilitarismo de Pinchot parece lhe dar uma razão moral para preservar o capital natural da nação para as gerações futuras para o bem-estar futuro, mas sem o fator tempo é improvável que o raciocínio se estendesse dessa forma. Contudo, tal como outras abordagens utilitaristas, os seus objetivos eram expressamente de natureza humana, em que a sua prática de silvicultura – cultivar florestas como colheitas – pretendia fornecer madeira suficiente para cada americano construir uma casa, e o valor da floresta não se estendia muito além disso. Assim, se houvesse um substituto para a madeira para construir casas, e a nação não precisasse dela, os seus objetivos declarados seriam provavelmente muito menos protetores das florestas.

A ética deontológica na sustentabilidade tende a destacar o dever de proteger e proporcionar o bem-estar humano atual e futuro, como no modelo de desenvolvimento humano. A abordagem do desenvolvimento humano pressupõe um conjunto universal de direitos para todos os indivíduos do planeta, independentemente de gênero, grupo étnico ou classe. Essa abordagem kantiana é defendida pelos estudiosos do desenvolvimento Sudhir Anand e Amartya Sen (2000). Anand e Sen explicam que a perspectiva universalista argumenta que devemos ser imparciais e não oferecer nenhum privilégio ao "grupo certo" ou ao "gênero certo" etc., mas universalmente existe "o reconhecimento de uma reivindicação compartilhada de todos para a capacidade básica de levar vidas que valham a pena" (Anand; Sem, 2000). Essa obrigação é geralmente transmitir à posteridade a capacidade de estar bem. Isto não gera uma responsabilidade de transmitir algo específico, como uma determinada floresta ou uma fonte de água passada adiante porque alguns recursos são substituíveis, mas sim a capacidade global de viver bem, que provém do capital, ou de ativos que geram renda; e o capital pode ser ecológico, material ou humano. Naturalmente, não faz sentido dizer que somos obrigados a garantir que o futuro possa ser vivido bem e, depois, não nos preocuparmos com os cidadãos pobres de hoje, em que "manter a privação não pode ser o nosso objetivo, nem devemos negar aos menos privilegiados de hoje a atenção que dedicamos às gerações no futuro" (Sen, 2013). Assim, uma ética universalista para a sustentabilidade exige que invistamos na educação, nos cuidados de saúde e na nutrição para os pobres de hoje, tanto como um fim em si mesmo como como uma forma de construir sociedades mais produtivas que construirão também gerações futuras mais fortes.

É importante ressaltar que a ética universalista pressupõe a igualdade moral de todos os indivíduos, em que cada pessoa tem o mesmo valor, independentemente das diferentes capacidades. Nessas circunstâncias, que tipos de desigualdade são aceitáveis? Aqui, o filósofo político John Rawls (1971) defendeu o que chamou de **princípio da diferença**. Ele argumentou que se uma pessoa racional não soubesse que tipos de privilégios ou obstáculos ela tinha na vida e, portanto, não soubesse também que tipos de recursos – direitos, riqueza, oportunidades etc. – possuía, concordaria com regras que só permitissem a desigualdade quando esta beneficiasse os menos favorecidos. Um problema dessa abordagem é que ela indica o que cada indivíduo deveria ter, mas não que tipos de coisas deveriam ser restringidas. Além disso, a ética kantiana em geral tem sido criticada por se preocupar excessivamente com os indivíduos e menos com as comunidades ou relacionamentos sintetizados em uma ética feminista do cuidado (Gilligan, 1995) ou em muitas éticas indígenas que se concentram em comunidades humanas e não humanas (Stewart-Harawira, 2012). Esta última crítica é indicativa de que os sistemas éticos fazem sentido para formas específicas de estar no mundo, ou **ontologias**, e diferentes ontologias terão parâmetros diferentes sobre como sustentar esse tipo de ser e identidade ao longo do tempo. As ontologias também muitas vezes vêm com presunções sobre qual é o propósito humano geral, quem e o que conta como outros seres, e qual é a relação correta com os não humanos.

Enquanto a ética utilitarista e a deontológica são tipicamente antropocêntricas, a ética da virtude tende a reconhecer a importância do contexto humano entre outros não humanos porque o seu objetivo é orientar a ação humana para a excelência e o florescimento da pessoa como um todo. As ações que promovem o florescimento, como a contemplação ou a simplicidade, constroem um tipo de pessoa e de sociedade que vale a pena. A ética da virtude, então, também é diferente das duas outras citadas porque identifica algo para sustentar além das necessidades. Hull (2005) descreve a ética das virtudes ambientais como uma forma de boa cidadania ecológica; e

> os valores fundamentais abraçados por um indivíduo que possui esta excelência começam com o reconhecimento de que somos todos meros cidadãos do nosso planeta, que para nosso próprio benefício físico, intelectual e moral partilhamos com outras formas de vida.

As decisões para desenvolver um recurso natural devem então satisfazer critérios importantes – será este um desenvolvimento inevitável e necessário para o florescimento? Existe uma alternativa? Se for escolhido, existem formas de minimizar, reconstruir e melhorar a área natural posteriormente? Hull observa que a riqueza é apenas um meio para um fim, e a busca descarada do prazer e da autoindulgência é *errada* em comparação com a responsabilidade, a prudência, a moderação, a simplicidade e outras virtudes que aproximam uma pessoa da excelência humana. O mesmo cálculo pode ser feito para sociedades que encorajam graus de virtude e vício ecológicos. Outros notaram que a virtude exige que cada pessoa seja responsável pelo seu impacto sobre os outros, e Dobson (2003) argumentou que somos responsáveis por garantir que a nossa pegada ecológica (cf. cap. 4) não prejudica os outros, em qualquer parte da Terra. Vários problemas também permeiam a ética da virtude, a saber, a lista de traços de caráter que incorporariam especificamente a excelência e a prosperidade, e não está claro de onde vem o processo de determinação da virtude – é inerente a uma pessoa, ou vem de regras sociais ou contextos culturais? Esse relativismo cria problemas para a ética da virtude sobre como julgar o comportamento ou indivíduos que não estão na mesma cultura.

5.5 Agência e posição

A discussão anterior indica que os debates sobre qualquer ordem moral devem ser claros sobre "quem conta". Esta seção discute a forma como diferentes sistemas éticos privilegiaram e marginalizaram agentes específicos e como isso afeta a sustentabilidade.

O raciocínio ético trata de decidir o que é certo, e na sustentabilidade estamos muito preocupados com a ética ambiental que debate o que é certo para os seres humanos, os não humanos e as paisagens. Na teoria utilitarista de Mill (1974), se algo não for senciente, não pode ter mais ou menos dor, e importaria muito menos do que um agente que presumivelmente pode sentir prazer/dor, o que, para Mill, eram apenas os seres humanos. Uma das declarações mais famosas de Kant foi que nenhuma pessoa deveria ser tratada apenas como um meio para um fim, como uma ferramenta com mero valor instrumental, mas deveria ser pensada como um fim em si mesma, com valor inerente. Essa exigência torna o universalismo para o desenvolvimento humano uma responsabilidade poderosa. Mas e os não humanos? Para Kant, a humanidade tinha o dever de tratar bem os animais porque cumpria o dever para conosco de apreciar a beleza (amor por algo não útil), mas não necessariamente pelo valor inerente aos próprios animais (Korsgaard, 2004). Consequentemente, a deontologia de Kant não considera os animais como agentes em si mesmos, e o que as pessoas que são agentes morais podem fazer com os animais é mais aberto do que o que podem fazer a outras pessoas.

Diferentes posições ontológicas afirmam que tipo de entidade tem **postura moral** e **agência**. Ter agência significa ter vontade. Qualquer entidade percebida como tendo agência também tem postura moral ou deve ser considerada importante. Jenni (2005) argumenta: "A questão central na ética ambiental ocidental tem sido a de saber o que tem postura moral: quais entidades merecem consideração direta na tomada de decisões morais?". Dentro dessa tradição ocidental, apenas a humanidade tem importância nos círculos religiosos e seculares porque a tradição ocidental vê os seres humanos feitos à imagem de Deus ou com raciocínio. "Portanto, em ambos os ramos do pensamento ocidental, os seres humanos estão no centro do universo moral" e isso é captado no termo **antropocentrismo**. Na verdade, Peter Hay (2002) argumentou que se há algo que diferencia o pensamento ocidental de outras tradições, é o apoio inequívoco ao antropocentrismo.

O antropocentrismo coloca os seres humanos em uma categoria moral especial superior a animais, plantas e certamente paisagens inanimadas, como montanhas, e é coerente com o Paradigma do Excepcionalismo Humano (HEP – Human Exemptionalism Paradigm) (Dunlap, 2002) tipicamente baseado em habilidades humanas especiais propostas, como senciência, autoestima. consciência, racionalidade, memória e linguagem.

Desde a década de 1970, os ativistas dos direitos dos animais têm desafiado o HEP, a fim de conceder aos animais mais postura moral e proteção. Desde então, cientistas cognitivos e animais demonstraram que os invertebrados, até aos moluscos, possuem os receptores biológicos, os sistemas neurológicos e as respostas comportamentais que são consistentes e necessárias para a dor humana; e muitos animais, como golfinhos e macacos, apresentam evidências de autoconsciência, memória e linguagem (Jones, 2012). Embora essas condições possam ser mais fortes para os seres humanos com base na compreensão limitada que podemos ter sobre como outras espécies pensam e sentem, há claramente evidências que sugerem que o excepcionalismo humano tem sido extremamente exagerado. Ainda assim, continuam a existir defensores do HEP, como o Centro de Excepcionalismo Humano do *think tank* conservador Discovery Institute, que afirma "combater ataques pseudocientíficos à dignidade humana, defendendo a dignidade única das pessoas, o que chamamos excepcionalismo humano, nas políticas e práticas de cuidados de saúde, na gestão ambiental e na pesquisa científica" na sua busca pelo avanço dos mercados livres e pela promoção dos "fundamentos teístas do Ocidente" (Discovery Institute, 2012).

Capacidades como razão ou senciência podem não importar. A ética da virtude argumenta que o nosso carácter ético é determinado não apenas pela forma como tratamos aqueles que são *como nós*, mas também aqueles que são diferentes de nós – "outros". É um conceito psicológico bem conhecido que, quando os grupos se formam, os integrantes do grupo se veem como "dentro do grupo" e outros que não estão nele como "fora do grupo". Em estudos psicológicos clássicos, como o experimento da prisão de Stanford, realizado por Zimbardo (que viu pessoas comuns se tornarem sádicas quando colocadas nos conhecidos papéis de falsos guardas-prisioneiros), e ao longo de eventos históricos como o Holocausto, as pessoas foram facilmente manipuladas para perpetrar atos horríveis com aqueles que consideraram fora do grupo (Navarrete *et al.*, 2012).

O ponto essencial de tudo isto é que a postura moral confere reconhecimento – se uma entidade tiver postura moral "suficiente", não pode simplesmente ser descartada como uma ferramenta com valor apenas instrumental. Entidades com postura moral suficiente têm valor inerente, ou valor que não depende da utilidade para ninguém, mas aquele que vem com plena agência. Qualquer coisa que não tenha postura moral suficiente, então, está disponível para descarte, e o que está disponível para descarte pode ser usado e esgotado. Na cultura ocidental, há poucas exceções à afirmação de que apenas os cidadãos e semicidadãos têm valor inerente, e todo o restante é propriedade *e* pode ser alienado sem qualquer consideração além das regras relativas a esse tipo de propriedade. Por exemplo, as culturas ocidentais normalmente têm regras diferentes sobre o tratamento de cães em comparação com uma ferramenta como um martelo, mas no fim das contas o cão ainda é propriedade na lei ocidental. O problema que isso apresenta é duplo. O primeiro problema é pragmático, o segundo é ético.

O efeito pragmático é que a falta de reconhecimento de outros não humanos permite a sua eliminação sem muita responsabilização. Por exemplo, "o estatuto moral dos animais, tal como refletido em quase todas – mesmo as mais progressistas – políticas de bem-estar, está muito atrasado, ignora ou desconsidera a nossa melhor e atual ciência sobre a senciência e a cognição animal" (Jones, 2012). Este desrespeito pelos animais nas nossas instituições, como as leis que regem a criação de animais para a produção industrial de carne, é um salvo-conduto para maus-tratos. De acordo com Robert Jones, as explorações industriais produzem a maior parte dos 1,02 bilhão de bovinos e 1,2 bilhão de porcos por ano para alimentação e esses animais podem viver vidas horríveis: "O gado criado para carne é castrado, descornado e marcado, tudo sem anestesia ou analgésicos. No abate, técnicas de atordoamento inadequadas podem fazer com que alguns bovinos sejam içados de cabeça para baixo pelas patas traseiras e desmembrados enquanto estão totalmente conscientes" (Jones, 2012). Essas condições industriais criam lagoas de estrume que poluem gravemente os cursos de água, pressionam enormemente a demanda na produção de cereais e representam ameaças de doenças, porque os grupos concentrados de animais criam condições epidêmicas perfeitas. Para evitar doenças, essas instalações aplicam profilaticamente mais antibióticos aos animais do que os usados em toda a medicina humana, e isso cria patógenos mais fortes imunes aos antibióticos, e "cepas de *Salmonella*, *Campylobacter* e *Escherichia coli* resistentes a antibióticos que são patogênicas para seres humanos" são cada vez mais comuns em aves ou carne bovina produzidas em operações de grande escala" (Cassman *et al.*, 2002). Há um consenso nos estudos agrícolas de que a agricultura moderna está à altura do desafio de alimentar mais pessoas, mas poucos estudiosos acreditam que isso seja sustentável, dados os custos e as contradições, como a erosão do solo necessário para o cultivo de mais culturas (Pimentel, 2011). Existe uma ligação entre o desrespeito pelos outros animais, e ainda mais pela biodiversidade, e o problema de sustentabilidade que enfrentamos na alimentação do mundo.

O segundo problema é que o desrespeito pelos não humanos não é virtuoso. Existem pelo menos duas variações de antropocentrismo que se baseiam em raciocínios morais muito diferentes. A maioria das pessoas no mundo ocidental mantém um **antropocentrismo humanista** em que os ecossistemas, com as suas plantas e animais, são valiosos e devem ser relativamente protegidos porque são recursos que algum dia poderão ajudar outra pessoa (Dietz; Fitzgerald; Shwom, 2005). Essa visão apoiaria a proteção dos recifes de coral, pois podemos encontrar respostas para o tratamento do câncer nos organismos do coral, mas não necessariamente porque os corais merecem existir independentemente da sua utilização para os seres humanos. Nesse caso, os futuros seres humanos têm postura moral, não o coral.

Mais extremo é o **antropocentrismo profundo**. Esta visão argumenta que proteger a natureza prejudica os seres humanos porque impede as pessoas de obterem recursos da natureza e que não existe qualquer valor ético na natureza. O melhor exemplo disso está em *Hard green: Saving the environment from the environmentalists, a conservative manifesto*, de Peter Huber:

> Neste ponto da história, a segunda visão é muito mais provável que a primeira. Podemos nos virar sozinhos. Precisamos de energia, nada mais, e sabemos como obtê-la em muito mais lugares do que as plantas. Não precisamos da floresta para conseguir remédios; na maioria das vezes, precisamos de remédios para nos proteger do que emerge por acaso da floresta. Não precisamos de outras formas de vida para manter um

equilíbrio respirável de gases na atmosfera ou um clima temperado. Não precisamos de sequoias e baleias, pelo menos não para a vida comum, assim como não precisamos de Platão, Beethoven ou das estrelas no firmamento do céu. Corte a última sequoia para fazer os hashi, arpoe a última baleia-azul para fazer sushi, e as bocas adicionais alimentadas nutrirão mais cérebros humanos, que em breve inventarão formas de substituir a gordura por olestra e o pinho por plástico. A humanidade pode sobreviver muito bem em uma cripta de concreto e computadores cobrindo o planeta (Huber, 1999).

Esta perspectiva ética é coerente com o ceticismo ambiental e o negacionismo climático, os contramovimentos sociais que argumentam que os problemas ambientais globais como o aquecimento global não são reais ou importantes (Jacques, 2009). Huber indica que essa posição ética nos permite "arpoar a última baleia-azul para fazer sushi" porque a maior criatura que já agraciou a Terra não tem postura moral *e* Huber argumenta que interferir com as pessoas que exploram a natureza pelo bem da natureza, como regular os recursos de extração, é *imoral* porque tal interferência prejudica as pessoas. O antropocentrismo profundo é consistente e inerentemente integrado com o HEP, que também argumenta que os únicos agentes morais no mundo são os humanos. O proponente do HEP, Wesley J. Smith (2012), argumenta: "A agência *moral* é inerente e exclusiva da *natureza* humana, o que significa que é possuída por toda a espécie, não apenas por indivíduos que possuem capacidades racionais". Smith argumenta que, como apenas os seres humanos têm agência moral, apenas eles poderiam ter direitos. No prefácio do livro de Smith, o autor Dean Koontz argumenta que Deus concede direitos, e as leis que os seres humanos fazem são simples privilégios que são manipulados por aqueles que estão no poder: "Mas reconhecendo uma ordem sagrada vertical, devo também acreditar que os direitos não vêm de homens ou tribunais, ou de governos, mas somente de Deus", e somente Deus pode conceder ou remover direitos – portanto, os animais não podem receber direitos (Koontz, *apud* Smith, 2012). Isto é semelhante à noção cristã da Grande Cadeia do Ser, uma hierarquia vertical de seres mais valiosos, indo primeiro de

Deus, depois para anjos e demônios, homens, mulheres, crianças e animais. A ideia da Grande Cadeia do Ser tem sido bastante influente; por exemplo, moldou a ciência evolucionista que erroneamente colocou algumas raças humanas biologicamente acima de outras (Nee, 2005).

Já sabemos há algum tempo que os animais sociais provavelmente "envolvem-se num raciocínio moral robusto" (Casebeer, 2003) e uma forma de raciocínio moral, a empatia, provavelmente foi transmitida através da seleção evolutiva – e é gerada em partes do cérebro que são "antigas, provavelmente tão antigas quanto os mamíferos e pássaros" (de Waal, 2008).

No entanto, existem desafios diretos ao HEP e ao antropocentrismo provenientes da ética biocêntrica e ecocêntrica. O **biocentrismo** acredita que o valor de toda a vida, como a **biodiversidade**, deve orientar as nossas decisões. O **ecocentrismo** defende uma ética ainda mais ampla, na qual o valor da integridade holística de paisagens inteiras e dos seus processos deve orientar as nossas ações. Ainda assim, Norton (2002) salienta, com razão, que não é possível proteger a biodiversidade sem proteger o *habitat* e a paisagem. Essas duas abordagens concordam, então, em desalojar a ética economista e utilitarista dominante que favorece o prazer humano pela consideração de outras medidas igualmente valiosas. Tomemos, por exemplo, o trabalho da Mensageira da Paz das Nações Unidas, Jane Goodall. O seu trabalho, juntamente com outros, como Frans de Waal (2005), destruiu o raciocínio por detrás do antropocentrismo, na medida em que insiste que os seres humanos são essencialmente diferentes da natureza, tal como os nossos antepassados nos Grandes Primatas. O seu trabalho implica que o antropocentrismo é ética *e* cientificamente problemático e que tal quadro ético leva a erros em termos de sustentabilidade. Não se deve perder de vista, no entanto, que os esforços de conservação de Goodall demonstraram que as populações locais precisam ter as suas necessidades básicas satisfeitas para que a conservação seja bem-sucedida (cf. Goodall, 2003). Valorizar os ecossistemas ou a biodiversidade não significa que os interesses humanos sejam negados, mas sim que os nossos interesses existem entre uma pluralidade de interesses de outros.

Jane Goodall é uma primatologista de renome mundial. Ela liderou e conduziu o estudo observacional biológico local mais longo do mundo, de mais de 60 anos, estudando chimpanzés na floresta de Gombe, na Tanzânia, começando em 1960. Como resultado de suas profundas experiências em Gombe, Goodall tenta trazer uma mensagem de unidade biosférica ao mundo por meio da ilustração da semelhança entre seres humanos e chimpanzés. Os chimpanzés partilham 99,4% da nossa estrutura genética (Wildman *et al.*, 2003), e primatologistas como Goodall e de Waal (2005) argumentaram que temos tanto a aprender sobre nós mesmos como temos sobre os grandes símios quando estudamos chimpanzés, bonobos e gorilas, porque os seres humanos são membros da família dos Grandes Primatas.

Quando Goodall começou em Gombe, ela cometeu um "erro" interessante e duradouro – ela não conseguiu numerar seus objetos de estudo, como é prática geral para fazer o trabalho parecer "objetivo". Em vez disso, Goodall *deu nomes* aos chimpanzés e, de fato, tornou-se mais próxima deles. Eles se tornaram indivíduos para ela – **pessoas não humanas**. Uma pessoa não humana é qualquer coisa que tenha personalidade, mas não seja um ser humano. Com o tempo, isto lhe permitiu desenvolver relações genuínas com os chimpanzés que um cientista mais "objetivo" poderia ter bloqueado.

Goodall escreve:

> Quando fui pela primeira vez à África, para estudar os chimpanzés, tive de aprender a ver o mundo – da melhor maneira possível – através dos olhos deles. Percebi que nós, seres humanos, não estamos separados do restante do reino animal, que não existe um abismo intransponível entre nós e eles. Os chimpanzés ultrapassam este abismo percebido e exigem que os aceitemos no nosso mundo ou que nos juntemos a eles no deles. Eles nos ensinaram que não somos os únicos seres no planeta com personalidades, mentes e, acima de tudo, emoções (Goodall, 2003).

E também,

> Assim que admitirmos que fazemos realmente parte do reino animal, teremos um novo respeito pelos outros animais incríveis com quem partilhamos o planeta. E ficaremos cada vez mais chocados quando olharmos ao redor do planeta e virmos o que fizemos ao meio ambiente. Que as nossas ações destruíram o lar e as vidas de incontáveis milhões de animais. E ficaremos envergonhados e chocados quando pensarmos na forma como tratamos tantos animais no nosso dia a dia (Goodall, 2003).

Na verdade, através da sua pesquisa, ela desacreditou um pilar central do HEP. Em 1960, acreditava-se que apenas os seres humanos utilizavam ferramentas para modificar o ambiente que nos rodeia e satisfazer as nossas necessidades. No entanto, no início do seu trabalho, ela explicou como um dos chimpanzés, David Graybeard [Barba Cinzenta], não só usava palha para pescar cupins de um monte, mas também arrancava folhas dos caules para fazer a ferramenta. Quando Goodall relatou isso ao seu mentor, Louis Leakey, ele lhe telegrafou de volta: "Agora devemos redefinir ferramenta, redefinir o ser humano ou aceitar os chimpanzés como seres humanos" (Goodall, 1998).

Entre outras coisas, os chimpanzés têm estruturas sociais sofisticadas, demonstram cognição e consciência, comunicam-se por meio de linguagem e podem aprender linguagens novas. Eles mantêm relacionamentos pessoais que podem durar 50 anos ou mais.

Eles até realizam ataques deliberados e guerras. Esta foi uma descoberta que horrorizou Goodall. Ela documentou combates organizados entre subgrupos de chimpanzés. Não se tratava de um perigo iminente por parte de nenhum dos grupos de chimpanzés, mas de um ato de agressão premeditada. Aliás, isso ocorreu depois de Goodall já estar com os chimpanzés há algum tempo, e ela não tinha visto a guerra até então. Portanto, não era um comportamento que fizesse parte da vida cotidiana dos chimpanzés, nem era algo que fizesse parte da sua "natureza" – era uma decisão social. Isto é muito parecido com a guerra humana que é decidida socialmente. No fim, Goodall nos diz que os chimpanzés nos enxergam através de um vazio que criamos e exigem ser reconhecidos como "pessoas" não humanas com suas próprias vidas e propósitos.

Num incidente, não muito depois de ela ter começado a estudar os chimpanzés, Goodall estava perto de David Graybeard e lhe ofereceu uma noz de palmeira que ele gostava de comer. Graybeard pegou a noz e a deixou cair no chão para segurar delicadamente a mão dela (Peterson, 2008). Goodall tem sido uma embaixadora do mundo animal não humano, mostrando-nos que não estamos sozinhos e que, se fazemos parte de uma família maior, devemos agir como tal e ser membros mais responsáveis da biosfera.

Outra abordagem muito importante é um tratamento dos valores mais holístico e ecocêntrico, mas quando favorecemos a biosfera, acabamos por favorecer tudo o que a biosfera precisa em ecologia – portanto, essas abordagens podem não ser diferentes nas suas exigências políticas.

Tratando de uma ética ecocêntrica holística, geralmente os filósofos discutem a ética fundiária de Aldo Leopold, que defende que devemos ver a terra e tudo o que nela existe como parte da nossa própria comunidade. Outra visão do holismo ecológico é defendida por muitos dos povos indígenas do mundo, tal como apresentado no movimento indígena mundial que tem sido construído desde a década de 1970, exigindo sistemas éticos que sejam fundamentalmente holísticos. Em todo o mundo, os líderes indígenas têm-se organizado em vários cantos do globo para articular a sua rejeição ao sistema capitalista mundial e à ética utilitarista que o acompanha (Ridgeway; Jacques, 2013).

O teólogo indígena George Tinker argumenta que existem dois elementos principais nas formas indígenas de viver bem. Na verdade, o movimento indígena mundial, juntamente com um movimento camponês mundial e um movimento social mundial no Fórum Social Mundial, argumentam sem constrangimento algum e com notável coerência que o sistema mundial capitalista e a sua visão da Terra e da biosfera como matéria morta estão literalmente matando a Mãe Terra (cf. Conferência Mundial sobre os Povos Indígenas na Rio+20 e a Mãe Terra, 2012; Cúpula Internacional de Povos

Indígenas sobre Desenvolvimento Sustentável, 2002; *Declaração da Kari-Oca 2*, 1992). De acordo com o esquema de Tinker, "viver bem", ou o que esses movimentos chamam de *buen vivir*, requer a responsabilidade da *reciprocidade*: "Saber que cada ação tem o seu respectivo efeito sempre significou que deveria haver algum tipo de compensação embutida para as ações humanas, alguma reciprocidade" (Tinker, 1996). Isto significa que, por tudo o que tiramos da terra, precisaríamos retribuir com algo como o tempo e, por vezes, quando uma vida é tirada nas comunidades indígenas durante a caça, esse compromisso recíproco de tempo pode significar horas ou dias de cerimônia. Tal compromisso retarda consideravelmente a maquinaria de mudanças na terra porque, ele adverte, "até onde eu sei, não há cerimônia para derrubar uma floresta inteira" (Tinker, 1996). Outro aspecto da ética indígena, observa Tinker, é viver em um espaço específico que constitui a comunidade, ou seja, esse espaço coevolui com as pessoas de lá e constitui quem elas são como cultura e sociedade, quais práticas elas consideram valiosas e úteis e os valores que são adaptáveis a ele. A comunidade está comprometida com a terra, as plantas e os animais, e tudo – rochas, montanhas, flores e águias – são pessoas não humanas. As pessoas podem tirar algo do espaço, na verdade as pessoas devem tirar para viver, mas uma pessoa ou grupo só pode tirar o que for considerado necessário e deve compensar a terra e as pessoas não humanas relacionadas. Tinker, Vine Deloria e muitos outros líderes indígenas argumentam que, como não há compromisso com um lugar e nenhuma exigência de reciprocidade com pessoas não humanas (na verdade, não existem pessoas não humanas na ética ocidental dominante), a ética ocidental permite a retirada desenfreada e insustentável da terra e de outros que são vistos apenas como matéria morta para serem usados para o bem-estar material humano.

5.6 Resumo

5.6.1 *O que sabemos?*

Sabemos que a ética é importante para alguns dos elementos mais decisivos da sustentabilidade humana, como a distribuição de alimentos e energia. Instituições mais equitativas, teórica e empiricamente, parecem ser mais eficazes na gestão dos recursos naturais.

Sabemos que alguns dos sistemas éticos mais influentes, como o HEP e o Paradigma Social Dominante (DSP), são inspirados em prioridades antropocêntricas. No seu estudo de referência sobre o DSP, Dunlap e Van Liere (1984) observam que esta constelação de valores surgiu durante uma época de abundância, mas que é claramente inadequada à medida que avançamos para uma era em que os problemas de sustentabilidade são mais proeminentes. No entanto, as atitudes culturais dominantes continuam a defender fortemente esses valores, mesmo para além do mundo ocidental, e grupos como o Centro de Excepcionalismo Humano lutam aberta e diretamente para manter essa posição.

Sabemos que agência e postura moral são importantes para a sustentabilidade, porque orientam a nossa tomada de decisão para considerar mais ou menos partes do mundo. Sabemos que, se usarmos um teste de capacidade para considerar outros organismos além dos seres humanos, por exemplo, a empatia, muito mais animais do que seres humanos seriam considerados. Por outro lado, se usarmos a ética da virtude, poderemos não precisar de capacidades para determinar a que oferecer reconhecimento. Lembrando os capítulos 1 e 2, muitos sistemas de suporte à vida essenciais são invisíveis e não são considerados abertamente na tomada de decisões. Os sistemas éticos que conferem postura moral a uma gama mais ampla de plantas, animais e paisagens podem, acidental ou mesmo deliberadamente, preservar mais desses suportes vitais essenciais e invisíveis. No entanto, os sistemas éticos são normativos e não existe nenhum sistema objetivamente certo ou errado ao qual possamos recorrer para julgar os conflitos humanos; pelo contrário, estes são problemas em que devemos usar a razão e a compaixão para pensar e sentir o nosso caminho através deles.

5.6.2 Considerações fundamentais

1. Qual abordagem ética – utilitária, deontológica ou da virtude – você prefere e por quê? Qual abordagem você acha que proporcionará uma tomada de decisão mais sustentável?

2. Que tipos de soluções para a distribuição desigual de alimentos e energia você acha que funcionariam?

3. Que regras devemos estabelecer quando se trata da distribuição de bens? E de perigos, como resíduos tóxicos?

4. Imagine que você está sentado em uma praia e é seu último dia na Terra. Você é a última pessoa viva e não há nada que possa fazer para melhorar seus últimos momentos. Nesse instante, uma tartaruga-marinha sai do oceano e rasteja até a costa. Há algo de *errado* em matá-la? E se fosse um caranguejo? E se um mosquito estivesse voando em uma floresta atrás de você, seria normal matá-lo sem motivo? Haveria algo de errado em usar máquinas para destruir a floresta e a praia antes de morrer? Por que não? Qual é o *raciocínio* moral por trás da sua resposta e como ela afeta os outros seres? Esses outros seres importam? É evidente que essas perguntas se referem a uma situação hipotética exagerada, mas elas o ajudam a mapear onde você situa sua barreira moral.

5.6.3 O que você acha das soluções de sustentabilidade a seguir?

1. Todos os países devem adotar uma abordagem de "direitos da natureza" em relação às regras, como a Constituição do Equador de 2008, que afirma o seguinte no Artigo 71:

> Artigo 71. A natureza, ou Pacha Mama, onde a vida se reproduz e ocorre, tem direito ao respeito integral por sua existência e pela manutenção e regeneração dos seus ciclos de vida, estrutura, funções e processos evolutivos.

> Todas os indivíduos, comunidades, povos e nações podem apelar às autoridades públicas para que façam cumprir os direitos da natureza. Para fazer cumprir e interpretar esses direitos, serão observados os princípios estabelecidos na Constituição, conforme o caso.

O Estado dará incentivos às pessoas singulares e coletivas e às comunidades para protegerem a natureza e promoverem o respeito por todos os elementos que compõem um ecossistema.

Desde essa mudança constitucional, sua linguagem foi, pelo menos num processo judicial, mantida. Ao decidir um caso em que a construção de uma estrada foi contestada, os direitos à natureza foram aplicados e respeitados. A decisão do juiz citou Alberto Acosta, Presidente da Assembleia Constituinte do Equador:

> O ser humano não pode sobreviver à margem da natureza [...] O ser humano faz parte da natureza, e não pode tratar a natureza como se fosse uma cerimônia da qual é espectador. Qualquer sistema jurídico vinculado ao sentimento popular, sensível aos desastres naturais com o qual estamos familiarizados em nossos dias, aplicando o conhecimento científico moderno – ou o conhecimento antigo das culturas originais – sobre como o universo funciona, deve proibir os seres humanos de provocar a extinção de outras espécies ou destruição do funcionamento dos ecossistemas naturais (Daly, 2011).

2. Os governos e territórios devem permanecer (ou tornar-se) pequenos e simples, e permitir uma utilização estável e frugal da natureza, de uma forma que não perturbe a homeostase dinâmica, em que os *inputs* e os *outputs* continuam num sistema complexo, mas o próprio sistema é estável. Isto significa que não há taxa de transferência (*throughput*), na qual simplesmente retiramos da natureza, fazemos algo e depois deixamos os resíduos como subproduto; e significa que todos os grupos políticos devem continuar a ser populações pequenas com regras simples. Sem uma ética que contenha esses limites, a humanidade sofrerá. Ophuls (2011) coloca desta forma:

> Dito de forma mais positiva, a ecologia contém uma sabedoria intrínseca e uma ética implícita que, ao transformar o ser humano de inimigo [obcecado apenas pelo crescimento, em que o controle da natureza é "em última análise, uma mentira"] num parceiro na natureza, tornará possível preservar o melhor das conquistas da civilização por muitas gerações futuras e também alcançar maior qualidade de vida civilizada.

Em suma, um sistema político ético seria organizado e consumiria energia como um sistema climático maduro, e não como um sistema pioneiro imaturo.

5.6.4 Qual é sua opinião sobre o seguinte silogismo?

Premissa A: As instituições são obrigadas a resolver problemas de sustentabilidade.

Premissa B: As instituições consideradas injustas serão menos eficazes por várias razões.

Conclusão: Instituições justas são necessárias para a sustentabilidade.

5.7 Leitura complementar

JAMIESON, D. *Reason in a dark time:* Why the struggle against climate change failed – and what it means for our future. Oxford: Oxford University Press, 2014.

Neste volume muito acessível, Jamieson defende o respeito pela natureza e pela virtude ambiental para nos ajudar a viver em tempos sombrios, em que até agora não conseguimos reduzir as emissões de gases de efeito estufa que impulsionam as mudanças climáticas. Inclui uma história completa da ciência das mudanças climáticas e uma explicação dos principais obstáculos à seu refreamento.

DOBSON, A. *Citizenship and the environment.* Oxford: Oxford University Press, 2003.

Dobson propõe que as pessoas cumpram responsabilidades cívicas proporcionais aos danos que infligem aos outros, onde quer que vivam os prejudicados – próximos ou muito distantes das fronteiras internacionais. Esse dano está relacionado com a pegada ecológica de um indivíduo, o consumo de espaço ecológico e a produtividade.

MERCHANT, C. *The death of nature:* Women, ecology, and the scientific revolution. São Francisco, CA: Harper & Row, 1980.

Merchant examina a história da Europa pré-iluminista para mostrar que a Terra era vista como uma figura materna benevolente. Esta metáfora orgânica, no entanto, foi substituída pela de uma máquina, à medida que pensadores como Francis Bacon viam a ciência como uma ferramenta para forçar a natureza a revelar os seus segredos e controlá-la. Essa conversão da natureza como organismo em natureza como máquina foi uma pré-condição para o desenvolvimento do capitalismo.

VANDERHEIDEN, S. *Atmospheric justice:* A political theory of climate change. Oxford: Oxford University Press, 2008.

Vanderheiden propõe que instituições justas para as mudanças climáticas são essenciais para se lidar com elas. A justiça exige que os maiores responsáveis paguem a maior parte dos custos e não prejudiquem as atuais populações vulneráveis nem as gerações futuras. Em particular, Vanderheiden aplica o "princípio da diferença" de Rawls para definir justiça, em que as regras climáticas só podem ser desiguais se beneficiarem os menos favorecidos.

6
Política no fim do mundo

> **Mapa do capítulo**
>
> Luta e poder são os temas deste capítulo, no qual as linhas divisórias da sustentabilidade do P2 proporcionam conflitos sobre o quanto são necessárias proteções ecológicas, equidade social ou crescimento econômico e a que custo ocorrem. Este capítulo cobre as políticas essenciais e as barreiras à sustentabilidade e discute a natureza do "desenvolvimento" como a questão política internacional central para a sustentabilidade. Também são abordadas as dinâmicas de gestão de recursos que são comuns a todos, mas que podem ser esgotados por alguns. Além disso, cobrimos algumas noções de economia política que determinam o que e quanto é consumido dos sistemas e ciclos da Terra.

Em 1895, o Império Britânico estabeleceu o Protetorado da África Oriental, que se tornou a Colônia do Quênia em 1920. Apenas cerca de 20% do Quênia são aráveis para a agricultura, sendo que a maior parte se encontra nas terras altas e o restante do Quênia é adequado principalmente para rodízio de pastagem. Alguns povos agrícolas e pastoris desenvolveram-se nessas áreas. Os colonos britânicos apropriaram-se das terras altas, deslocando principalmente o grupo étnico Kikuyu, criando as condições para a rebelião Mau Mau nas décadas de 1950 e 1960. O Quênia conquistou a independência em 1963 e organizou-se num Estado-nação onde o líder étnico Kikuyu, Jomo Kenyatta, e depois Daniel arap Moi, ambos da União Nacional Africana do Quênia (KANU – Kenya African National Union), governaram o país com táticas repressivas e silenciaram a dissidência durante mais de 40 anos.

Ao longo de todo esse período, na sociedade queniana pré-colonial, colonial e independente, as mulheres não tiveram acesso suficiente a recursos essenciais. A propriedade era herdada principalmente através da linhagem masculina e as mulheres só tinham direitos de uso da terra, apesar de terem sido e continuarem a ser as principais lavradoras do solo e as responsáveis pela alimentação da família. Em alguns grupos étnicos, as mulheres nem sequer eram consideradas adultas. Essas regras foram reforçadas através da religião, da educação, foram codificadas no sistema jurídico, e muitos desses problemas persistem até hoje.

Para fazer face a essas condições repressivas, as mulheres quenianas têm uma tradição de formar grupos de trabalho femininos que partilham as tarefas, por exemplo, quando uma das mulheres está doente, deu à luz ou está lidando com outros desafios de subsistência. Quando os britânicos institucionalizaram o trabalho forçado juntamente com os impostos, os homens migraram em busca de trabalho assalariado, "destruindo a cultura e a economia locais e institucionalizando as estruturas e a ideologia coloniais" (Oduol; Kabira, 1995). Desde o início, as regras do Império destinavam-se a integrar os recursos naturais e o trabalho quenianos no mercado imperial global. Por exemplo, em 1955, o Império criou regras para colocar a terra em uso para culturas agrícolas comerciais em grande escala que substituíram o trabalho de subsistência, a cultura e a soberania alimentar dos quenianos e resultaram em "extenso excesso de cultivo, sobrepastoreio e erosão do solo" (Oduol; Kabira, 1995). As forças coloniais esperavam que as mulheres acrescentassem a conservação à sua carga de trabalho e, consequentemente, as mulheres organizaram rebeliões e motins abertos, bem como outros esforços de resistência durante e após a independência. Contudo, alguns grupos de trabalho femininos começaram a plantar árvores por razões próprias.

O Conselho Nacional das Mulheres do Quênia (National Council of Women of Kenya – NCWK) foi um desses grupos, trabalhando na melhoria das condições diárias das mulheres. Em 1977, a doutora Wangari Maathai (1940-2011) fundou o que viria a ser chamado de

Movimento do Cinturão Verde (GBM – Green Belt Movement) e tornou-se líder do NCWK em 1980. O GBM respondeu às mulheres quenianas que

> relataram que os seus riachos estavam secando, o seu abastecimento alimentar era menos seguro e elas tinham de caminhar cada vez mais para conseguir lenha para combustível e para cercas. O GBM encorajou as mulheres a trabalharem juntas para cultivar mudas e plantar árvores para proteger o solo, armazenar água da chuva, fornecer alimentos e lenha e receber uma pequena quantia em dinheiro pelo seu trabalho (The Green Belt Movement, 2013).

Mas elas não pararam por aí. Também se organizaram e investigaram porque eram marginalizadas na sua própria sociedade, lutaram contra invasões agrícolas e apropriação de terras e trabalharam para mudar a posição das mulheres *e o desenvolvimento* em toda a região (Oduol; Kabira, 1995).

Maathai usou sua posição para confrontar a discriminação de gênero por parte do regime Moi e da Kanu. Em oposição ao regime Moi, Maathai foi por vezes agredida ao ponto de ser espancada até ficar inconsciente. Ela também foi presa, ridicularizada publicamente e declarada inimiga do Estado (Hyanga, 2006).

Originalmente, o GBM foi criado para ajudar a fornecer às mulheres aquilo de que elas mais precisavam, mas que estava degradado – alimentos, água, combustível e forragem – e o GBM sabia que as árvores eram o caminho para proteger esses suportes essenciais à vida. As árvores evitam a erosão do solo, protegem as bacias hidrográficas e fornecem importante combustível de subsistência para as famílias pobres, mas durante o período colonial e após esse período, o desmatamento foi iniciado para o cultivo de culturas comerciais, especialmente café, para o Império, e culturas alimentares para uma população crescente.

Maathai relata:

> O governo britânico estava derrubando a floresta nativa para que pudessem estabelecer plantações [...] Outra coisa que notei. Costumava haver umas figueiras enormes. As figueiras são uma espécie de árvore um tanto sagradas para nós [...] Essas

árvores também foram cortadas, agora penso que pode haver uma ligação, que as figueiras faziam parte de um sistema de água que mantinha esta parte do país irrigada e florestada. E rica, exuberantemente rica. [...] Mas agora que olhamos para trás – e estamos com fome, e não temos florestas, e não temos água [...] Podemos agora ver o que fizemos em nome do desenvolvimento. Assim, a minha experiência de infância reforça a minha convicção de que algo correu mal, extremamente mal, em nome do desenvolvimento (Maathai, 1997).

Maathai e as milhares de mulheres que se juntariam a ela, a partir de 2017, plantaram mais de *51 milhões* de árvores para proteger o seu próprio bem-estar e o bem-estar das suas famílias e, mais tarde, no movimento, para proteger o bem-estar de uma população internacional – tudo inicialmente face a um Estado repressivo, a uma sociedade dominada pelos homens e a um ambiente neocolonial assustador que estava sendo desmembrado diante de seus olhos, com o impulso do enorme poder dos mercados ultramarinos.

Em 2002, o regime autoritário de Moi terminou juntamente com o reinado da Kanu, e Maathai foi trazida para o governo, servindo no parlamento e como ministra do Ambiente e dos Recursos Naturais. Mais importante ainda, foi galardoada com o Prêmio Nobel da Paz em 2004 pelo seu trabalho em levar as questões do desenvolvimento sustentável ao nível da construção da paz. Aqui está um trecho de seu discurso de aceitação do prêmio, disponível no site da Fundação Nobel:

> À medida que compreendemos progressivamente as causas da degradação ambiental, vimos a necessidade de uma boa governança. Na verdade, o estado do ambiente de qualquer país é um reflexo do tipo de governança existente, e sem boa governança não pode haver paz. Muitos países, que têm sistemas de governança deficientes, também são propensos a ter conflitos e leis de proteção ambiental deficientes.
>
> Em 2002, a coragem, a resiliência, a paciência e o empenho dos membros do Movimento do Cinturão Verde, de outras organizações da sociedade civil e do público queniano culminaram na transição pacífica para um governo democrático e lançaram as bases para uma sociedade mais estável.

Excelências, amigos, senhoras e senhores, faz 30 anos que iniciamos este trabalho. As atividades que devastam o ambiente e as sociedades continuam inabaláveis. Hoje, enfrentamos um desafio que exige uma mudança no nosso pensamento, para que a humanidade deixe de ameaçar o seu sistema de suporte à vida. Somos chamados a ajudar a Terra a curar as suas feridas e, no processo, a curar as nossas próprias feridas – na verdade, a abraçar toda a criação em toda a sua diversidade, beleza e maravilha. Isto acontecerá se percebermos a necessidade de reavivar o nosso sentimento de pertencimento a uma família maior de vida, com a qual partilhamos o nosso processo evolutivo.

No decorrer da história, chega um momento em que a humanidade é chamada a mudar para um novo nível de consciência, para alcançar uma base moral mais elevada. Um momento em que temos que nos livrar do medo e dar esperança uns aos outros.

Esse momento chegou (Maathai, 2004).

6.1 Ponto de partida: que política mais provavelmente evitará a falha normativa?

O que podemos fazer para evitar falhar no teste de sustentabilidade? Infelizmente, não existem formas claras e universalmente aplicáveis de governar porque cada espaço ecológico e grupo político tem as suas próprias necessidades e história. No entanto, conhecemos alguns princípios orientadores.

Em primeiro lugar, os governos e os atores poderosos, como as empresas, não podem simplesmente declarar ou prometer ser sustentáveis, ao mesmo tempo que prosseguem um crescimento econômico não questionado, ininterrupto e desequilibrado, à custa de sistemas ecológicos dinâmicos e auto-organizados que levam milhares de anos para serem formados. Se não vivemos agora dentro dos limites da Terra, simplesmente reformular a marca das políticas ou das empresas para parecerem mais verdes sem realmente mudar a direção do consumo não é sustentável, *mas esta promessa vazia é evidente em vários ministérios governamentais e em quase todos os corredores de nossas lojas* (Smith; Farley, 2014). A lavagem verde corporativa (a promessa de práticas ambientais sustentáveis sem substância) e as políticas governamentais que não refletem a estrutura problemática da sustentabilidade arriscam a gravidade da falha normativa porque não abordam problemas reais e desarmam a população, fazendo-a pensar que esses problemas estão realmente sendo levados a sério.

As instituições em todas as escalas, do local ao global, serão forçadas a administrar *trade-offs* e a negociar as falhas centrais da sustentabilidade. Nenhum valor único dos três "Es" pode dominar todos os outros sem criar desequilíbrios graves que não são sustentáveis; e os sistemas de governo devem ser adaptativos. Esta é uma governança coerente com o ciclo adaptativo e a panarquia.

6.1.1 Gestão adaptativa

Folke *et al.* (2005) alertam: "Ecossistemas terrestres e aquáticos vulneráveis podem facilmente mudar para estados indesejados no sentido de fornecer serviços ecossistêmicos à sociedade" e existe agora um amplo acordo de que essa vulnerabilidade, tanto a curto como a longo prazo, é uma questão fundamental para a governança sustentável. A solução para a vulnerabilidade é a resiliência, ou o grau em que os sistemas socioecológicos podem experimentar "perturbações naturais e humanas recorrentes e continuar a regenerar-se sem se degradarem lentamente ou mesmo mudarem inesperadamente para estados menos desejáveis" (Folke et al., 2005). A gestão adaptativa cria resiliência em todos os níveis dos sistemas socioecológicos interligados, e isto significa evidentemente resolver **problemas de ação coletiva** muito difíceis em vários níveis (cf. p. 222).

As escalas, conforme observado no Capítulo 2, são dimensões observadas de espaço e tempo. Quase todos os sistemas socioecológicos têm ligações entre escalas e causas complexas de mudança, ou impulsionadores. A mudança no uso da terra, por exemplo, é impulsionada por um conjunto de causas em todas as escalas. Adger, Brown e Tompkins (2005) observam:

Muitos, se não todos os sistemas, são inerentemente transversais e o seu sucesso na promoção do envolvimento sustentado e da gestão resiliente e partilhada é determinado por fatores em vários níveis, desde o constitucional e organizacional até o nível dos utilizadores dos recursos.

Uma falha comum na gestão e conservação de recursos advém da incapacidade de identificar e compreender as ligações e motivadores distantes que impactam as áreas de interesse. Em parte, este é também um problema de múltiplos atores que trabalham em diferentes níveis e em diferentes regimes, mas que afeta o que acontece em todas as escalas, criando constelações de atores que podem ter valores, incentivos ou interesses muito diferentes. Governar múltiplos atores em diferentes escalas exige que os processos de uma escala não militem contra a utilização sustentável de recursos em diferentes escalas. Vários processos podem estar em funcionamento, mas existem dois exemplos de problemas em que:

1. Os atores, organizações e instituições globais podem ficar desligados dos impactos locais das suas ações, causando problemas locais pelos quais os atores globais podem não ser responsáveis.

2. As ações locais estão desligadas de problemas maiores, nos quais as ações locais podem resultar num problema global, mas a governança local muitas vezes não dá conta desse problema. Por exemplo, as emissões locais de CO_2, no momento em que este livro foi escrito, não têm responsabilidade global, mas em conjunto têm impactos globais.

As mudanças globais, tal como as mudanças na temperatura média global, afetam as escalas locais; e as instituições globais, como as regras comerciais, afetam a forma como as ecologias locais são geridas – portanto, o uso da terra não é apenas determinado por decisões locais, mas também por forças distantes. Isto quer dizer que, em um mundo globalizado, a **interação institucional** significa que as regras se afetam mutuamente e podem ser reforçadoras ou contraditórias. Assim, as instituições existem num ambiente humano-ecológico complexo, no qual o desafio é criar **adequação institucional**, onde as regras se adaptam ao problema ecológico e são eficazes em cada escala. Ao mesmo tempo, o conhecimento sobre os sistemas sociais e ecológicos pode estar repleto de profundas incertezas e sofrer de problemas socioambientais decorrentes de forças convergentes. Para tornar mais claros esses conceitos abstratos, examinaremos o caso da bacia hidrográfica do Xingu e da hidrelétrica de Belo Monte.

6.1.2 A hidrelétrica de Belo Monte e a bacia do Xingu

O Parque Indígena do Xingu (PIX), no Brasil, fica na bacia hidrográfica do Xingu. Os povos indígenas tentaram estabelecer estratégias fortes de conservação para preservar suas florestas nele, mas o parque está rodeado por uma vasta região agroindustrial ligada à economia global através de cadeias de mercadorias "competindo por recursos terrestres e hídricos", e essa região causou erosão severa, reduziu seriamente a quantidade de água que passa pela bacia hidrográfica, acrescentou poluentes industriais e trouxe fumaça persistente para a área, que os povos indígenas não conseguiram controlar (Brondizio *et al.*, 2009). Os líderes indígenas fizeram um bom trabalho protegendo suas terras, mas não conseguiram controlar como suas terras foram alteradas nas fronteiras do PIX.

Em 2010, o governo brasileiro tornou a situação ainda mais delicada para o parque, quando aprovou a hidrelétrica de Belo Monte, a terceira maior do mundo, para se enquadrar na sua estratégia nacional de desenvolvimento. A hidrelétrica entrou em operação em 2016. O Brasil obtém 80% de sua eletricidade de barragens hidrelétricas e isso é frequentemente retratado como uma estratégia "verde", mas as próprias barragens causam danos irreparáveis às áreas ribeirinhas submersas e a jusante, ao mesmo tempo que deslocam dezenas de milhares de povos indígenas. Um ano após a aprovação, as taxas de desmatamento na região duplicaram e aumentaram um terço a nível nacional – e não apenas por causa da hidrelétrica, mas sim devido à situação econômica mais ampla e às leis do Brasil. Essas condições fazem parte do ambiente institucional no qual as regras precisam se adaptar aos problemas e às escalas que pretendem resolver para serem eficazes.

Aqui, as prioridades estatais de grandes projetos de desenvolvimento, como Belo Monte, contradizem os seus compromissos de redução de 80% nas taxas de desmatamento até 2020 e objetivos maiores declarados para mitigar os problemas ambientais e a desigualdade social. Os sociólogos que estudaram este caso observam que tal "'desenvolvimento' mal concebido" é "imposto à população local, com pouco esforço feito para consultá-la ou mesmo para explicar adequadamente o que está acontecendo" (Hall; Branford, 2012). O governo brasileiro argumenta que isso é um progresso e que elevará o estilo de vida indígena local do que é chamado de condições atrasadas. No entanto, os povos indígenas discordam e têm argumentado durante os últimos 30 anos que esse tipo de desenvolvimento está devastando a Mãe Terra. Os líderes locais caiapós chegam a dizer que "O mundo deve saber o que está acontecendo aqui, ele precisa perceber como a destruição das florestas e dos povos indígenas destrói o mundo inteiro" (Survival International, [201?]).

Pior ainda, desde o início do governo de Jair Bolsonaro, em janeiro de 2019, o desmatamento da Amazônia disparou. Em 2019, Bolsonaro incentivou a exploração madeireira ilegal e a comunidade global se apavorou enquanto a floresta tropical literalmente queimava para acomodar os fazendeiros. Em 2020, durante a pandemia global e numa altura em que o Brasil liderava as taxas de mortalidade diária no mundo, a sua administração admitiu, em vazamentos para a imprensa, que estava usando de forma proposital a crise global para estimular ainda mais o desmatamento. As vendas de escavadeiras duplicaram no início de 2020 e, em maio, o desmatamento atingiu o seu nível mais elevado em mais de uma década (Londoño; Andreoni; Casado 2020). O ativismo ambiental é difícil no Brasil, onde o assassinato de ambientalistas é comum.

O desmatamento tropical tem causas imediatas, como incentivos nacionais e locais ou a falta de aplicação das leis de proteção ambiental, ou o enfraquecimento da sociedade civil. Existem também causas subjacentes mais distantes que muitas vezes não são suficientemente consideradas, mas o peso do desmatamento é atribuído a essas condições econômicas maiores e distantes, como a forma como as finanças são investidas em madeira ou em terras com madeira, bem como o conjunto de regras que favorecem as relações econômicas em detrimento das relações sociais ou ecológicas. Desde a década de 1970, os líderes políticos adotaram instituições que transferem o poder para a esfera econômica, longe das esferas estatais e sociais, num sistema denominado **neoliberalismo**. As políticas neoliberais capacitam a indústria através da redução das regulamentações sobre a indústria e as finanças, reprimindo o financiamento estatal da educação, cuidados de saúde e iniciativas ambientais. O projeto Belo Monte se enquadra nesse sistema neoliberal. No entanto, as evidências das ciências sociais indicam que o neoliberalismo tem causado crises socioeconômicas desde a década de 1980: "O padrão foi estabelecido para os anos vindouros: a desregulamentação levava à crise, a autoridade pública e o dinheiro eram usados para resolvê-la, e a austeridade seria exigida como forma de pagar pelos erros" (Centeno; Cohen, 2012). Muitos estudiosos indicam que as formas de justiça encontradas na governança ambiental global são aquelas coerentes com o neoliberalismo, que favorecem os direitos de propriedade e o comércio mutuamente benéfico, e são "incapazes de proporcionar justiça distributiva" e os limites ecológicos substantivos ao uso de recursos exigidos pelo Relatório Brundtland (Okereke, 2007). É também claro que, quando os atores econômicos são fortalecidos desta forma, o poder dos atores sociais, como as ONGs, é reduzido. Deste modo, num sistema neoliberal é mais difícil para a sociedade civil responsabilizar o governo; assim, sob o neoliberalismo, a exploração social e ambiental é intensificada de maneiras que funcionam potencialmente contra os requisitos do P2.

É importante ressaltar que as condições ecológicas de lugares como a Amazônia estão todas conectadas o suficiente para afetar os sistemas globais da Terra e a falha em governar a Amazônia de forma sustentável afeta outras áreas:

> A floresta amazônica desempenha um papel crucial no sistema climático. Ajuda a impulsionar a circulação atmosférica nos trópicos, absorvendo energia e reciclando cerca de metade das chuvas que caem sobre ela. Além disso, estima-se que a região contenha cerca de 10% do carbono global armazenados nos ecossistemas [...] *As perturbações nos volu-*

mes de umidade provenientes da bacia amazônica poderiam desencadear um processo de desertificação em vastas áreas da América Latina e mesmo na América do Norte (De la Torre *et al.*, *apud* Hall; Branford, 2012, grifo meu).

Dado o trabalho de Oran Young (2011), que estuda essas instituições ambientais há décadas, deparamo-nos com sérios problemas de governança para a sustentabilidade. Young mostrou que, uma vez que as instituições existem num ambiente social e ecológico complexo, o desafio é criar regimes que se ajustem à dinâmica ecológica que possam ser eficazes em toda a hierarquia de escalas. Entretanto, o conhecimento sobre os sistemas sociais e ecológicos pode estar repleto de incertezas profundas que interferem na tomada de decisões prudentes pelos atores.

É evidente, então, que existe um conflito entre o que os cientistas políticos sabem ser necessário para governar de forma sustentável e o sistema neoliberal dominante, além de confundir ainda mais os problemas clássicos das relações internacionais. Esses problemas clássicos e recorrentes incluem uma reticência contínua por parte dos Estados-nação em se comprometerem com investimentos sérios em todas as escalas para resolver problemas de ação coletiva num mundo onde a adesão e a observância de tratados são inteiramente voluntárias. Iremos agora abordar estes problemas de ação coletiva.

6.2 Problemas de ação coletiva

"A gestão sustentável dos recursos naturais comuns, como a pesca, a água e as florestas, é essencial para a nossa sobrevivência a longo prazo" (Vollan; Ostrom, 2010).

Os sistemas ecológicos são geridos por grupos de pessoas e alguns destes recursos são sistemas de suporte à vida essenciais, como o ciclo da água, e requerem uma coordenação profunda entre escalas. Quanto mais aprendemos sobre esse processo, mais complicado ele se torna. Por exemplo, gerir a pesca é muito mais complicado do que apenas limitar o que e como as pessoas pescam – temos também antes de tudo de gerir as perturbações em todos os processos que criam as populações de peixes ao mesmo tempo que a esfera política está repleta de atores locais-globais e público-privados no espaço e no tempo, com diferentes objetivos e influências. Primeiro, devemos explicar as lições padrão da **tragédia dos comuns.**

Terras comuns de sistemas de pastagens abertas "provavelmente antecedem a ideia de propriedade privada da terra e são, portanto, de grande antiguidade" (Taylor, *apud* Buck, 1985). Camponeses e povos indígenas possuíam terras em comum antes mesmo de a ideia de propriedade privada ser concebida. O filósofo liberal francês Rousseau imagina o momento crítico em que isso mudou:

> O primeiro indivíduo que, tendo cercado um terreno, pensou em dizer "Isto é meu", e encontrou pessoas bastante ingênuas para acreditar nele, esse indivíduo foi o verdadeiro fundador da sociedade civil. De quantos crimes, guerras e assassinatos, de quantos horrores e infortúnios alguém poderia ter salvo a humanidade, arrancando as estacas ou tapando o fosso e clamando aos seus companheiros: "Cuidado ao ouvir este impostor; estarão perdidos se esquecerem que os frutos da terra pertencem a todos nós e a terra não pertence a ninguém!" (Rousseau, [1775] 1992).

Dado que todos os ecossistemas da Terra são agora dominados pelas ações humanas (Vitousek *et al.*, 1997), os bens comuns da Terra – o Oceano Mundial, a atmosfera, a rede da vida e o seu patrimônio genético, ecossistemas terrestres como florestas e pastagens, águas subterrâneas – estão sendo consumidos com uma gana alarmante. Pelo menos, alguns desses bens comuns, como o fundo do mar fora das áreas de gestão nacional do Oceano Mundial, têm sido referidos como o "patrimônio comum da humanidade" que deve ser usado e protegido para os interesses a longo prazo de todas as pessoas. Uma tragédia é simplesmente a perda de bens comuns abundantes que permitiam que grupos coletivos de pessoas subsistissem com deferência para com a comunidade.

Soron e Laxer (2006) escrevem: "Geralmente, os bens comuns referem-se às áreas da vida social e natural que estão sob administração comunitária, compreendendo recursos e direitos coletivos para todos, em virtude da cidadania, independentemente da capacidade de pagamento", mas, uma vez que os bens comuns são fechados para uso privado, é a capacidade de pagar e ser pago que concentra o poder daqueles que reivindicaram os bens comuns para si. O que permanece como comum deve ser governado por coletivos.

Pelo menos desde a época de Aristóteles, as ciências sociais têm lutado com problemas de ação coletiva. Geralmente, estes são os problemas que surgem quando os indivíduos resistem a cooperar uns com os outros, a fim de proporcionar um bem comum para todos.

E fica pior. Os indivíduos podem até trabalhar para *destruir* recursos essenciais de que todos necessitam para seu próprio ganho a curto prazo – isto é o que Garret Hardin (1968) chamou de tragédia dos comuns (*tragedy of the commons* – TOC). O artigo de Hardin na revista *Science* pode ser o mais citado da ciência contemporânea, embora contenha vários erros importantes. Hardin nos convida a imaginar bens comuns pastorais ingleses ou um campo usado coletivamente como pasto para gado bovino ou ovelhas. Nesse espaço comum, não há regras. Ele parte do princípio de que todas as pessoas são estritamente racionais; portanto, um pastor perceberá que, se colocar uma ovelha extra no pasto, ganhará o benefício de uma ovelha inteira para consumo, comércio etc. O custo, porém, será dividido por toda a comunidade que depende das pastagens – assim sendo, os custos do uso excessivo são distribuídos e os benefícios, concentrados. Como Hardin acredita que todos são racionais, todos chegarão à mesma conclusão e também acrescentarão outra ovelha.

Quando fica óbvio que o pasto está condenado, os pastores fazem o impensável. Eles *intensificam* o uso porque sabem que o pasto vai acabar, e cada um quer vencer o vizinho para usar os últimos pedaços. Esta corrida para esgotar os recursos cria uma armadilha, porque todos agora estão na corrida para usar o recurso antes que ele acabe. Quando o campo está sobrecarregado, ninguém pode utilizar o recurso, pois este entrou em colapso – e esta é a tragédia.

Podemos argumentar contra a suposição de racionalidade de Hardin, uma vez que os seres humanos não são racionais da forma como ele propôs. Mas isso não importa para o caso, porque tudo o que precisamos é de exploradores racionais maximizadores de utilidade *suficientes* – indivíduos que buscam o maior ganho e o menor custo para si mesmos – e eles usarão o recurso mesmo que haja altruístas que optem por ficar de fora da corrida. Os maximizadores da utilidade tomarão o lugar dos altruístas. É por isso que Hardin observa que os conscienciosos sofrerão o mesmo destino que todos os outros, porque mesmo que alguns optem por sair, os bens comuns ainda entrarão em colapso nesta situação. Relacionado a isso, uma das preocupações centrais de Hardin no documento da TOC era o crescimento populacional num mundo limitado. Se apelarmos ao senso de consciência das pessoas para terem menos filhos, aqueles que não respondessem – os menos conscientes – acabariam por se tornar o estoque genético. Observe a implicação de que a consciência é uma característica biológica, o que pode se relacionar com a política racial de Hardin mencionada anteriormente.

No fim, Hardin argumenta que todos os bens comuns estão destinados ao colapso e que

> "a ruína é o destino para o qual todos os seres humanos correm, cada um perseguindo o seu melhor interesse numa sociedade que acredita na liberdade dos bens comuns. A liberdade em um bem comum traz a ruína para todos" (Hardin, 1968).

Hardin sugeriu então que, para evitar esse destino, os bens comuns deveriam ser privatizados na maior medida possível, e o que não pode ser privatizado deveria ser gerido por um Estado autoritário ("coerção mútua, mutuamente acordada"). William Ophuls seguiu Hardin ao propor que estamos num momento crítico para a sustentabilidade global porque a economia mundial estava a promover um crescimento constante e maior liberdade para consumir mais, e isso iria levar a uma terrível escassez de bens essenciais, como os alimentos. Assim, a liberdade de destruir os nossos bens comuns, argumentou ele, levará a uma vida política totalmente despótica e repressiva. Embora um conjunto de liberdades mais permissivo possa ter funcionado num período de abundância sem paralelo, Ophuls observou que estamos entrando numa "sociedade de escassez", na qual a crise ecológica impõe limites drásticos às nossas liberdades. Neste caso, remover alguma liberdade agora preservaria alguma liberdade mais tarde (Ophuls, 1974).

Com relação à sustentabilidade, o ensaio de Hardin tratava realmente do crescimento populacional. No fim do artigo é onde sua discussão sobre o crescimento populacional é tratada como uma tragédia dos comuns, em que "a liberdade de procriar é intolerável" e "acoplar o conceito de liberdade de procriar com a crença de que todo mundo que nasce tem um direito igual aos bens comuns é trancar o mundo num curso de ação trágico." As ideias de Hardin (1974) são desenvolvidas num ensaio intitulado "Living on a lifeboat", discutido no Capítulo 3.

6.2.1 *Erros de Hardin, nossa esperança*

Deixando de lado a política pessoal de Hardin, ele cometeu pelo menos dois erros importantes que nos ajudam a compreender um pouco melhor a nossa situação. O primeiro é que ele confundiu recursos com regras de utilização de recursos. O segundo é que as condições históricas do verdadeiro campo inglês eram muito diferentes do que ele supõe, e essas diferenças possibilitam uma visão sobre como as pessoas gerem os recursos comuns reais.

Para compreender o primeiro erro de Hardin, recorremos à falecida ganhadora do Nobel, Elinor Ostrom (1933-2012), que estudou o uso real de recursos comuns em todo o mundo e descobriu que as pessoas nem sempre os destroem. Um erro que Hardin cometeu foi confundir os sistemas de recursos (lagos, oceanos, atmosfera, pastagens etc.) com as regras desses sistemas (regimes, ou **instituições**). Na verdade, Hardin estava explicando um regime de *pool* aberto, que é um ambiente institucional onde não existem regras de acesso ou uso para limitar o consumo da pastagem, mas os sistemas abertos não são a única opção para recursos comuns. Os regimes de recursos comuns, no entanto, tendem a ter regras, e há vários tipos diferentes de regras que as pessoas têm utilizado para alocar recursos partilhados, especialmente direitos de propriedade e responsabilidades.

Existem vários tipos diferentes de direitos de propriedade (Ostrom *et al.*, 1999):

1. Acesso aberto: quando nenhum direito de propriedade é aplicado.

2. Propriedade privada: os indivíduos detêm direitos sobre o recurso e podem excluir outros.

3. Propriedade de grupo: quando um grupo de pessoas pode formar regras de uso coletivo para o bem, e a alienação da propriedade requer acordo de grupo.

4. Propriedade governamental/estatal: quando o recurso é regulamentado ou subsidiado pelo Estado, como uma floresta nacional ou um parque nacional.

Esses direitos de propriedade fazem parte do regime que se aplica a um recurso. Existem quatro tipos de bens/recursos, determinados por quão esgotável é o recurso quando é consumido e pela dificuldade de excluir outros utilizadores (cf. Tabela 3). A Tabela 3 delineia tipos puros, mas muitos recursos podem partilhar qualidades de tipos diferentes, ou a natureza do seu esgotamento ou exclusão pode ter gradações.

Assim, a propriedade privada é utilizada por proprietários individuais e é imediatamente excludente e esgotável. Um bem público é aquele que os mercados têm muita dificuldade em fornecer porque não há escassez proveniente do consumo do bem e é difícil impedir que as pessoas o utilizem sem pagar. Por exemplo, quando uso a segurança nacional, ela não se esgota; e minha nação fornecerá segurança nacional, quer eu pague meus impostos ou não.

Os recursos comuns são os mais importantes para a sustentabilidade porque incluem os nossos recursos ambientais que são difíceis de regular, mas que se esgotam quando não são regulamentados. Isto ilustra a tensão entre a sustentabilidade e o sistema econômico neoliberal que favorece a desregulamentação.

Tabela 3 – Tipos básicos de recursos

	Excludente	*Não excludente*
Esgotáveis/rivais	Bens privados	Bens comuns
Inesgotável/não rivais	Bens clube/pedágio	Bens públicos

A atmosfera é um regime majoritariamente aberto para um recurso comum, e os países estão utilizando esse sumidouro para o dióxido de carbono e outros gases de efeito estufa (GEE), tal como os pastores usaram o pasto na TOC, com algumas exceções em que as emissões são comercializadas regionalmente, como na União Europeia. O Acordo de Paris da Convenção-Quadro das Nações Unidas sobre Mudanças Climáticas (United Nations Framework Convention on Climate Change – UNFCCC) negociado em 2015, na 21ª Conferência das Partes (COP – Conference of the Parties) da UNFCCC, tem 195 signatários, o que corresponde a quase todos os países do mundo. No entanto, neste momento, simplesmente pede aos países que se comprometam com quaisquer reduções que cada país pretenda reduzir e reportem essas reduções, chamadas contribuições nacionalmente determinadas (NDCs – *nationally determined contributions*). Isto é semelhante a pessoas no pasto concordarem unanimemente que precisavam de um plano para gerir o pasto e dizer aos aldeões para simplesmente reduzirem a quantidade de ovelhas que *desejam* reduzir e comunicarem à aldeia de quanto seria tal redução, mesmo que fosse igual a zero. O objetivo do Acordo de Paris é manter o aquecimento global abaixo de 2°C e, de preferência, abaixo de 1,52°C. Os especialistas concordam que existe uma oportunidade para esse regime se consolidar numa abordagem eficaz *se* os países se comprometerem com reduções mais sérias, mas, na forma atual, os cientistas acreditam que o planeta aquecerá mais de 2°C.

As mudanças climáticas são, portanto, uma clássica tragédia dos comuns, e a pesquisa em ciência política diz-nos que este recurso necessita de instituições mais apropriadas. Ao mesmo tempo, os Estados-nação têm soberania e podem decidir cooperar ou não com outros países; atualmente, os países estão cooperando para não fazerem quase nada para mitigar os GEE.

Hardin estava aplicando um regime de acesso aberto ao que era na verdade um regime de *pool* comum. O acesso aberto é manifestamente insustentável, tornando a TOC uma preocupação autêntica e perene na qual, caso exista acesso aberto a sistemas de recursos comuns, estes estarão, sem dúvida, esgotados. No entanto, se existirem direitos de propriedade do grupo no pasto de Hardin, o grupo pode impor restrições à entrada de mais pastores no pasto e impedir que um pastor seja um carona (*free rider*) em detrimento do restante do grupo. Um **carona** é um indivíduo que se beneficia de um recurso fornecido publicamente sem pagar. O famoso economista político Mancur Olson (1932-1998) observou que é difícil para um grande grupo de pessoas resolver os seus problemas de ação coletiva porque "pegar carona" é preferível a pagar. Na verdade, no problema das mudanças climáticas, muitos Estados-nação preferem ser caronas nos acordos que limitam os GEE, atribuindo o custo da cooperação e de um clima estável a outros; o fato de os Estados-nação não poderem ser compelidos por nenhuma entidade supranacional faz do problema das mudanças climáticas um dos mais graves problemas de ação coletiva que devemos resolver para a sustentabilidade a longo prazo. Note-se, no entanto, que a economia mundial é governada por uma autoridade supranacional na Organização Mundial do Comércio, que sanciona os desertores mesmo que esses países não sejam membros, e esse tipo de governança autoritária foi alcançada e é, portanto, possível.

Felizmente, "uma conclusão básica [das ciências sociais contemporâneas] é que os seres humanos não maximizam universalmente os benefícios próprios a curto prazo e podem cooperar para produzir benefícios partilhados a longo prazo" (Vollan; Ostrom, 2010). Assim, as instituições são obrigadas a resolver problemas de ação coletiva, e estas regras constituem uma parte importante do **capital social**, ou "valor de confiança gerado pelas redes sociais para facilitar a cooperação individual e de grupo em interesses partilhados e a organização de instituições sociais em diferentes escalas" (Brondizio *et al.*, 2009). O capital social ajuda as pessoas a resolver problemas e cria confiança nas comunidades de recursos que trabalham contra os problemas de maximização a curto prazo. É possível que, por meio da cooperação, o conhecimento na respectiva comunidade possa mudar de forma a influenciar proteções mais conservadoras. Mas, se o capital social for fraco, crescem as oportunidades de maximização a curto prazo. Além disso, o capital social pode funcionar de forma regressiva. "Aqui o capital social é mais do que redes sociais: é o estabelecimento de relações sociais que criam sistemas de poder que são excludentes, autossustentáveis e baseados em condições sociais desiguais" (Gareau, 2013). Não há razão para acreditar que as redes de conhecimento funcionarão em benefício de todos, uma vez que, por exemplo, um grupo de ódio dos Estados Unidos, a Ku Klux Klan, provavelmente mobilizou muito capital social nas suas fileiras; portanto, o tipo de capital social, quem se beneficia dele e como ele é organizado são considerações importantes.

Isto nos leva a outro erro importante da TOC de Hardin – o fato histórico. Os bens comuns pastorais ingleses na Inglaterra medieval e pós-medieval foram, *de fato*, sustentáveis durante centenas de anos (Buck, 1985). A razão pela qual eram sustentáveis foi porque existiam instituições que impediam que o cenário de Hardin se tornasse realidade, incluindo limites às cabeças de gado que foram, em parte, instituídos a partir de uma compreensão da capacidade de carga dos camponeses que geriam essas terras. Mais tarde, esses bens comuns entraram em sério declínio, mas não a partir de uma TOC. Os bens comuns ingleses entraram em declínio por causa das Leis de Cercamento que restringiam os bens comuns pelas elites inglesas. O campesinato foi despojado da sua propriedade comum e dos meios de subsistência, e a mudança na tecnologia agrícola permitiu que esses bens comuns fossem usados mais intensamente pela elite proprietária de terras que ganhou a terra (Buck, 1985).

Em resumo, ocorreram várias tragédias que colocaram em risco as comunidades da era moderna. A primeira tragédia é a perda dos bens comuns que constituem a base de subsistência de todas as pessoas, e essa perda geralmente coloca as pessoas vulneráveis em maior perigo, ao mesmo tempo que fortalece as elites que têm pouco incentivo para manter a ecologia intacta, especialmente porque a extração de recursos dessas áreas aumentará sua riqueza e poder e permitirá que esses indivíduos, países ou empresas avancem para a seguinte pesca, floresta ou charco (pântano).

A segunda tragédia é que a família humana vive em múltiplas camadas de coletivos, tais como países diferentes. Esses diferentes coletivos podem considerar que é do seu interesse a curto prazo destruir sistemas de suporte à vida essenciais e, a fim de preservar os bens comuns para a nossa sobrevivência a longo prazo, a cooperação e a contenção são obrigatórias. No entanto, duas camadas dos nossos coletivos militam contra a cooperação e irritam-se com a exigência normativa de contenção: uma economia capitalista mundial neoliberal, e o sistema de Estados-nação construído sobre um conceito de **soberania**, ou a não interferência nos direitos de controlar as populações dos estados e recursos. As empresas no sistema capitalista trabalham para acumular capital e, portanto, consumir a ecologia, e o seu interesse está no lucro, nas receitas e no crescimento, e não na contenção ou na estagnação. Os países muitas vezes imaginam-se numa situação anárquica, em que qualquer cooperação com que se comprometam é confrontada com a exploração por parte de caronas e com a perda da sua soberania, o que criou sérios obstáculos à governança ambiental global.

6.3 A trajetória da governança global para a sustentabilidade

A história da Dra. Maathai, a primeira mulher na África Oriental a obter um doutorado, uma mulher que organizou outras mulheres para combater a desertificação com dezenas de milhares de plantações de árvores numa sociedade dominada pelos homens, e que mais tarde recebeu o Prêmio Nobel da Paz, nos mostra que uma pessoa pode fazer a diferença. Ela nos revela que os movimentos *sociais*, sim, *podem* ser importantes (cf. p. 240), porque, se o esforço continuasse a ser apenas o trabalho individual da Dra. Maathai, e não o GBM mais amplo, o impacto teria sido muito menor. Ela nos mostra que na política de desenvolvimento o gênero é importante, mas é frequentemente ignorado como uma força social fundamental. Também nos mostra que, por sua história ser tão notável, tais histórias não são "normais", são excepcionais. Além disso, a história e os estudos relacionados na área apontam que algumas das políticas mais importantes para a sustentabilidade são aquelas relacionadas com o desenvolvimento, ilustradas pelo caso da hidrelétrica de Belo Monte.

Nesta seção, iremos traçar a eficácia de algumas das ferramentas mais importantes para a governança ambiental global, começando com o Relatório Brundtland, que foi publicado em 1987. Esse relatório inspirou as Nações Unidas a organizar, em 1992, a Conferência das Nações Unidas sobre Meio Ambiente e Desenvolvimento (CNUMAD), também conhecida como Rio-92, ECO-92 ou, ainda, Cúpula da Terra.

Os acadêmicos parecem concordar que quaisquer compromissos assumidos pelas comunidades internacionais em 1992 dissiparam-se e, de fato, as próprias Nações Unidas determinaram que a urgência de 1992 se desvaneceu no espaço de cinco anos. O entusiasmo global relacionado com a Rio-92 produziu a Convenção sobre a Diversidade Biológica (CDB), a Agenda 21, a UNFCCC, a Declaração sobre Meio Ambiente e Desenvolvimento/"Carta da Terra" e a Declaração de princípios juridicamente não vinculativa para um consenso mundial sobre a gestão, a conservação e a exploração ecologicamente viável de todos os tipos de florestas. Discutiremos cada um deles brevemente.

6.3.1 CDB

A CDB é um dos regimes ambientais mais ambiciosos e importantes. Apela aos países para que elaborem planos nacionais que incluam áreas protegidas de terra e mar, restauração de *habitats* e monitorização científica e pesquisa para reduzir a perda de biodiversidade. No entanto, em 2010 ficou claro que a CDB não tinha conseguido atingir as suas metas, por isso, numa reunião em Aichi, no Japão, foram estabelecidas novas metas para conservar 17% das áreas terrestres e de águas interiores, 10% das áreas marinhas e costeiras, e restaurar 15% das áreas degradadas até 2020. Os biólogos, no entanto, observam que esses objetivos ficam "lamentavelmente abaixo" do que é "em última análise, necessário para sustentar a vida na Terra" (Noss *et al.*, 2012). Mais grave ainda, os novos compromissos *entre* os países só existirão no papel até que haja instituições de conservação fortes *nos* países e sejam observadas pela maioria dos atores. Pesquisas anteriores indicam que são necessárias instituições fortes desde o nível da comunidade local até as escalas nacional e internacional, em que o financiamento, os incentivos e o conhecimento favorecem a conservação, mas essas instituições em escala cruzada são consideradas insuficientes (Barrett *et al.*, 2001). Em alguns casos, as regras da CDB entram em conflito com instituições mais poderosas, como a Organização Mundial do Comércio, e alguns questionam a utilização de valores neoliberais e de ferramentas baseadas no mercado favorecidas pela CDB como fonte da causa mais ampla do problema (Corson; MacDonald, 2012). Na verdade, sem um conjunto abrangente e integrado de fortes procedimentos de tomada de decisão local-nacional-global para o uso da terra, espécies invasoras, mitigação das mudanças climáticas, caça e poluição, os biólogos alertam que enfrentamos um "tsunami de extinção" que lavará tudo, desde predadores, como leões e tigres, até biomas inteiros, como recifes de corais, pastagens e florestas específicas (Lovejoy, 2012). Alguns estudiosos consideram a perda de biodiversidade tão assustadora que especularam sobre potenciais eventos em cascata que eliminariam a espécie humana no que seria a "Sétima Grande Extinção" (Carpenter; Bishop, 2009); assim, embora não saibamos o que acontecerá no futuro, é seguro dizer que a CDB ainda não interrompeu a marcha mortal da Sexta Grande Extinção, apesar dos acordos para trabalhar em prol de objetivos como os de Aichi.

Na verdade, um estudo mostrou que "em 24,2% dos casos, os países estavam avançando em direção aos elementos, em 22,3%, estavam se afastando, e em 53,5%, houve pouco ou nenhum progresso" em direção às metas de Aichi (Buchanan *et al.* 2020). Mais importantes ainda, a Plataforma Intergovernamental de Política Científica sobre Biodiversidade e Serviços Ecossistêmicos (IPBES – Intergovernmental Science-Policy Platform on Biodiversity and Ecosystem Services), um órgão intergovernamental independente com mais de 130 países-membros composto por centenas de cientistas, revisou mais de 15 mil estudos científicos em uma avaliação global da biodiversidade e observou que "a natureza é essencial para a existência humana e para a boa qualidade de vida. A maior parte das contribuições da natureza para as pessoas não são totalmente substituíveis e algumas são insubstituíveis", "a biodiversidade e as funções e serviços dos ecossistemas estão se deteriorando em todo o mundo". A CDB está agora avançando para um Marco Global para a Biodiversidade Pós-2020 com o conhecimento de que a maioria, se não todas, as metas de Aichi não foram alcançadas. Este novo marco está previsto para ser concluído até o fim de 2020, tarde demais para ser incluído aqui em detalhe. No que diz respeito às mudanças climáticas, é provável que o acordo global com maior impacto nos gases de efeito estufa seja agora o Protocolo de Montreal, porque algumas substâncias que destroem a camada de ozônio também são gases de efeito estufa (Velders *et al.*, 2007). O Protocolo de Kyoto vinculou legalmente os países industrializados que o ratificaram a reduzir as emissões de dióxido de carbono, mas expirou em grande parte em 2012. O protocolo falhou porque não conseguiu superar o compromisso com o crescimento do uso de energia em quase todos os países. A prioridade para a redução das emissões não poderia competir com as prioridades econômicas, uma vez que nos Estados Unidos e no Reino Unido os programas antiambientais se tornaram populares, negando a autenticidade da ciência climática, e em economias emergentes como o Brasil e a China, a redução das emissões não poderia competir com as metas de desenvolvimento nacional.

6.3.2 *Agenda 21*

Os comitês organizadores da Rio-92 começaram a desenvolver um plano de ação para a sustentabilidade, denominado Agenda 21, que foi aprovado no Rio de Janeiro pela maioria dos países do mundo, embora tenha sido "moldado em grande parte pelas elites do hemisfério norte" (Doyle, 1998). A Agenda 21 aconselhou formas de interagir com zonas úmidas, florestas, costas e outras áreas para promover o desenvolvimento sustentável e há agora talvez centenas de cidades que implementaram planos da Agenda 21. A Agenda 21 é um conjunto de sugestões complexo, caro, mas voluntário, que várias localidades podem optar por adoptar em níveis variados de compromisso. No entanto, é claro que a Agenda 21 não trata da estrutura problemática real da sustentabilidade: tanto os padrões de consumo como a população foram deixados de fora do enorme documento de quinhentas páginas. Em particular, a Agenda 21 removeu as referências à contracepção a pedido do Vaticano e das Filipinas, ao mesmo tempo que negligenciou o militarismo e a dívida internacional porque eram simplesmente demasiado controversos (Dresner, 2008). Pior ainda, alguns analistas acreditam que os defensores do ambiente deveriam rejeitar a Agenda 21 de imediato pela sua falta de potencial para avanços reais em direção à sustentabilidade, porque é vista como uma ferramenta cooptiva do sistema neoliberal:

> A Agenda 21 também teve sucesso na venda de um conceito de desenvolvimento sustentável que continua a promover as metas de progresso do Iluminismo através do crescimento econômico e da industrialização a todo custo. Mas é pior do que isto: também promove a globalização de sistemas de mercado libertários radicais, juntamente com sistemas pluralistas "apolíticos" de democracia ao estilo dos Estados Unidos (Doyle, 1998).

Assim, críticos como Doyle indicam que a Agenda 21 não só falhou em lidar politicamente com as causas da insustentabilidade, mas na verdade participa na reprodução das causas da desigualdade e das alterações ambientais globais.

6.3.3 Declaração de princípios juridicamente não vinculativa para um consenso mundial sobre a gestão, a conservação e a exploração ecologicamente viável de todos os tipos de florestas

Quando se trata de silvicultura sustentável, nem vale a pena mencionar o acordo da Rio-92, e a governança nesta área atingiu um impasse óbvio. Por exemplo, desde a década de 1990, muitos projetos internacionais de governança florestal, como a Comissão Mundial sobre Florestas e Desenvolvimento Sustentável, surgiram e desapareceram porque não tinham qualquer apoio político sério para realmente limitar as colheitas de madeira ou interferir no desmatamento. Agora, a maior parte da governança florestal internacional depende simplesmente de medidas voluntárias fracas e ineficazes. David Humphreys (2006) escreve em *Logjam: Deforestation and the crisis of global governance*:

> Isto é para que tais medidas não sejam consideradas barreiras ao comércio sob as regras da Organização Mundial do Comércio (OMC). A OMC estabeleceu um neoliberalismo [sistema econômico que coloca a livre iniciativa e o comércio acima de todas as outras considerações] sob o qual o livre comércio internacional e outros objetivos neoliberais superam a provisão de bens públicos. As restrições comerciais para proibir o comércio internacional de madeira gerida de forma insustentável ou extraída ilegalmente são inadmissíveis [...] Portanto, [...] o desmatamento, especialmente nos trópicos, continua em grande parte descontrolado.

Humphreys alerta que o desmatamento desenfreado significa que, até 2050, 40% da floresta tropical amazônica, uma das áreas mais ricas em biodiversidade do mundo, serão perdidos, juntamente com 25% dos mamíferos que nela vivem. Existem aproximadamente 32,688 milhões de km^2 de floresta em todo o mundo e, utilizando modernas técnicas de satélite, sabemos que cerca de 1,011 milhão de km^2 foi perdido só nos cinco anos entre 2000 e 2005 (Lovejoy, 2012). No entanto, a governança precisa gerir algo mais complicado do que o "mero" desmatamento, porque existem agora evidências de uma extinção global de florestas devido a alterações relacionadas com o clima e a ciclos hidrológicos (Garcia; Rosenberg, 2010). As mudanças climáticas induzidas pelo ser humano estão afetando o momento, a duração e a intensidade das secas, e um artigo do *New York Times* de 2011 relatou o seguinte:

> A devastação se estende por todo o mundo. As grandes árvores *Euphorbia* da África Austral estão sucumbindo ao calor e ao estresse hídrico. O mesmo acontece com os cedros-do-atlas do norte da Argélia. Os incêndios alimentados pelo clima quente e seco estão matando enormes extensões

de floresta siberiana. Os eucaliptos estão sucumbindo em grande escala por uma explosão de calor na Austrália, e a Amazônia sofreu recentemente duas secas "uma a cada século", com apenas cinco anos de intervalo, matando muitas árvores de grande porte (Gillis, 2011).

Estudos posteriores mostraram que a maioria das árvores requer um delicado equilíbrio de abastecimento de água, dependente de condições climáticas estáveis, e isso pode explicar parte dessas mortes que tornam as árvores mais suscetíveis a infestações por besouros, doenças e incêndios (cf. Anderegg *et al.*, 2012). A avaliação global da IPBES observa que o desmatamento aumentou 45% desde 1970, mas a taxa abrandou desde 2000, com a maior parte do desmatamento observado nos trópicos.

6.3.4 A Carta da Terra

Juntos, os projetos do Rio proporcionaram uma oportunidade para construir redes de resolução de problemas entre países e experimentar a governança das alterações ambientais globais. No entanto, neste ponto, os estudiosos tendem a concordar que o "ambientalismo do Rio" está "morto" e que a energia para essas estratégias de governança global evaporou nas décadas seguintes (Park; Conca; Finger, 2008). DeSombre (2006) observa que as declarações da Rio-92 "refletem o domínio da ordem econômica liberal", em que o crescimento econômico é o objetivo dominante, e é visto como compatível com a resolução de problemas ambientais, e há pouca evidência de um conjunto coerente de instituições globais que trabalhem em prol da contenção, da justiça ou da previsão.

Dito isto, há acadêmicos mais otimistas que comentam que a Rio-92 forneceu lições importantes dos seus fracassos, proporcionou capital social e redes de pessoas que podem agora agir de forma mais eficaz contra os problemas ambientais e de desenvolvimento globais – mas apenas dez anos depois da Rio-92, na Cúpula Mundial para o Desenvolvimento Sustentável (World Summit for Sustainable Development – WSSD), também apelidada de Rio+10, "faltava quase totalmente uma agenda ambiental séria", na qual os líderes não conseguiam sequer afirmar os objetivos da reunião original do Rio, muito menos impulsionar novas iniciativas inovadoras. A situação pareceu ainda pior na Rio+20, onde os resultados dessa reunião dificilmente atendiam aos padrões jornalísticos para uma notícia.

Park *et al.* (2008) questionam:

> Como é possível – 15 anos depois da Rio-92, 20 anos depois da Comissão Brundtland e mais de 30 anos depois da Conferência das Nações Unidas sobre o Desenvolvimento e Meio Ambiente Humano em Estocolmo – que o grande desafio global de garantir o futuro ecológico do planeta e da sua população tenha alcançado um ponto de tamanha insignificância política e social?

Eles acreditam que a Rio-92 e o otimismo cauteloso dessa conferência realizada no Brasil falharam por três razões importantes, que se refletem em resultados consistentes na ciência política ambiental global:

1. Total subestimação e incapacidade de lidar com uma economia industrial globalizada.

2. Má compreensão dos problemas de ambiente-desenvolvimento.

3. Conflitos sociais profundos e os problemas de autoridade ou capacidade dos Estados foram ignorados.

Em outras palavras, embora a Rio-92 tenha sido o momento ambiental global *mais ambicioso*, ela simplesmente não abordou a globalização dos sistemas de produção, o poder crescente dos interesses corporativos transnacionais, a difusão de gostos e estilos de vida consumistas e o enfraquecimento dos sistemas reguladores nacionais que vêm crescendo pelo menos desde a década de 1970 dentro do sistema capitalista mundial neoliberal. Além disso, a Rio-92 concentrou-se principalmente nos acordos nacionais sobre problemas transfronteiriços, mas grande parte da ação precisava ser um esforço coordenado para reduzir os impactos a nível local. Por exemplo, ao pensar apenas nos problemas transfronteiriços (como a cooperação fluvial), ela não conseguiu lidar inteiramente com as mudanças nos *sistemas* de água doce que são em grande parte controlados internamente, dentro das fronteiras dos países, independentemente de quaisquer negociações ou diplomacias internacionais. Por fim, a Rio-92 superestimou a capacidade e a vontade dos países de resolver problemas de sustentabilidade global, com uma série de declarações que começam com "os estados devem [...] apesar da pouca evidência da sua eficácia e apesar do mundo fictício da diplomacia soberana presumido por tais esforços" (Park *et al.*, 2008).

Parece haver poucas vozes sensatas que nos digam que estamos fazendo bons progressos a nível internacional para garantir um espaço de vida seguro para a humanidade. Existem conflitos graves entre escalas, atores e instituições, a interação entre regras pode ser contraditória, as organizações relacionadas com a resolução desses problemas têm sido limitadas e as exigências políticas econômicas mais amplas parecem dominar os ambientes de elaboração de políticas. Tapio Kanninen (2013) avalia a situação e conclui: "nem o atual sistema da ONU, o G20, nem outras instituições intergovernamentais existentes desenvolveram mecanismos ou disposições sistemáticas e credíveis para responder eficazmente a uma emergência global", e por sua vez acredita que toda a estrutura constitucional da ONU precisa ser refeita para tornar possível um Grande Despertar (ou seja, o surgimento de um endosso global para as mudanças necessárias em direção à sustentabilidade), a fim de evitar a Grande Ruptura (ou seja, o colapso da civilização/crises sociais sistêmicas). Vozes ainda mais otimistas colocam a questão de forma clara:

> Sem pedir desculpas pelo efeito dramático, a principal questão que nos preocupa é nada menos do que a sobrevivência de uma biosfera segura para a vida humana. Os nossos sistemas de suporte à vida estão sob grave ameaça e o caráter interdependente da natureza não permitirá qualquer fuga fácil. Este problema reflete tanto uma crise na governança como um desequilíbrio biológico e climático, e é indiscutivelmente tarefa da ecopolítica global resolvê-lo (Stoett, 2012).

Stoett acredita que "podemos fazer isso", mas a comunidade internacional terá de melhorar a governança global, prestando mais atenção às questões de justiça, o que atrai uma participação mais comprometida, e trabalhar numa gestão adaptativa e multiatores. A consideração dos menos favorecidos e dos mais afetados pelas alterações ambientais globais é limitada, e a distribuição da riqueza e das oportunidades parece estar passando regressivamente dos mais vulneráveis para os mais favorecidos, especialmente nas alterações do uso da terra e nas mudanças climáticas (Vanderheiden, 2008).

No entanto, o que inspiraria os governos a assumir grandes riscos e despesas para iniciar mudanças em grande escala na energia, na água, nos sistemas alimentares e no ambiente construído, em colaboração com outros governos? Isto levanta a questão dos movimentos sociais e da sociedade civil que iniciaram este capítulo.

6.4 As pessoas se preparam: sociedade civil, movimentos sociais e hegemonia

Quando começamos este capítulo, aprendemos sobre o GBM, que teve um enorme impacto no sustento da vida das mulheres quenianas, melhorando as condições ecológicas, sociais e econômicas em que elas vivem. O GBM foi e é uma parte da **sociedade civil**, aquela parte da sociedade que não é responsável pelos governos estaduais nem pelas grandes corporações e produção econômica. Esses três grandes grupos sociais lutam em **arenas de dominação**, espaço político onde os projetos do Estado, das empresas e da sociedade civil competem por influência não apenas sobre os detalhes básicos da política, mas sobre o amplo cenário moral em que a política é feita (Migdal, 1997).

Quando se trata de problemas de sustentabilidade, como a mitigação das mudanças climáticas, alguns estudiosos como Stephen Hale (2010) argumentam que os Estados-nação têm sido ambivalentes e as empresas, totalmente hostis à realização das mudanças necessárias; portanto, a esperança recai no "terceiro setor" da sociedade civil. A sociedade civil é formada por grupos informais e formais de pessoas que se reúnem em público para recreação, ajudar outras pessoas, resolver problemas de interesse comum e fazer exigências aos governos e às empresas. Quando há uma "tentativa consciente, coletiva e organizada" de fazer exigências à sociedade, chamamos isso de **movimento social** (Wilson, 1973). Os movimentos sociais normalmente se organizam para fazer exigências de mudança e, portanto, são geralmente formados nas bases; e, se estes esforços para exigir mudanças ameaçarem ser bem-sucedidos, aqueles que se beneficiam do acordo do *status quo*, ou seja, as elites, podem organizar um movimento de oposição, ou contramovimento, para parar ou reverter essa mudança. Os movimentos sociais nem sempre são progressistas e os contramovimentos nem sempre são reacionários, mas as condições prestam-se a esses padrões. Alguns movimentos sociais tiveram sucesso no passado, como o movimento ambientalista nos Estados Unidos, durante as décadas de 1960 e 1970, que resultou em muitas leis que estabeleceram proteções ambientais e padrões para a qualidade do ar e da água.

No entanto, devemos evitar a noção de que a sociedade civil é imediatamente e sempre bem-sucedida ou progressista. Vários problemas confundem esta expectativa simplista, incluindo a **estrutura de oportunidades políticas**, a **autonomia** e a **soberania popular** limitadas e a **hegemonia**.

A estrutura de oportunidades políticas é constituída por condições contextuais: a capacidade e organização dos Estados-nação, eventos críticos que concentram a atenção e a preocupação do público, e a disposição dos interesses dos diferentes grupos, incluindo a disponibilidade de alianças. Os grupos da sociedade civil podem mudar ou aproveitar as oportunidades para serem mais eficazes, mas só porque os grupos da sociedade civil têm uma queixa ou querem algo não significa que exista uma oportunidade política para que essas exigências sejam concretizadas.

O potencial da sociedade civil para promover a mudança também está limitado por sua autonomia e pela soberania popular. Ao analisar a sociedade civil nos Estados Unidos no início da década de 1830, Alexis de Tocqueville observou: "O povo reina no mundo político americano como Deus sobre o universo. É a causa e o fim de todas as coisas, tudo vem dele e tudo está absorvido nele". Hoje, nas democracias ocidentais, existe por vezes a suposição de que o povo governa com a mesma eficácia que Tocqueville aqui estimou, e esta influência é referida como forte soberania popular. Além disso, ele acreditava que as pessoas que constituíam afiliações informais e formais em público eram autenticamente organizadas por e para o interesse do povo, que na sua maioria estaria preocupado com o bem-estar geral da nação. Em outras palavras, Tocqueville não pensava que a sociedade civil estava organizada para defender os interesses da classe dominante, mas sim os interesses do povo, e na medida em que a sociedade civil está organizada em torno dos seus próprios interesses, é autônoma das outras forças nas arenas de dominação – não é um fantoche do Estado ou das corporações.

Poderá então a sociedade civil se organizar para exigir que os Estados-nação e as empresas mudem o seu modo de operar de forma a construir um futuro melhor para todos? Poucos analistas políticos diriam que a sociedade civil nunca é soberana ou autônoma, mas alguns pensam que o potencial de organização progressista contra sistemas de governo mal-adaptados enfrenta grandes desafios. Enquanto Tocqueville via o povo como "Deus" no governo na América do século XIX, na Itália do século XX, Antonio Gramsci, na década de 1920, fornece-nos uma visão mais cética.

Gramsci, um marxista italiano, acreditava que a classe dominante governava a sociedade através da hegemonia (Gramsci, 1996). O poder hegemônico é um poder que o povo geralmente não questiona, mas que incorpora regras da sociedade que são normalizadas para realmente reforçar os interesses da classe dominante através do Estado. A hegemonia é formada pela combinação do poder coercitivo do Estado com o poder normativo da sociedade civil (igrejas, escolas, partidos) e, portanto, Gramsci acreditava que a sociedade civil era muitas vezes outro braço do Estado. De acordo com este modelo, a sociedade civil tem pouca autonomia ou soberania. Quando o Estado ou a indústria querem promover mudanças, organizam a sociedade civil para gerar apoio aos seus programas e "educam" os educadores que espalham uma mensagem que, em última análise, é do interesse das elites da classe dominante. Neste modelo, a sociedade civil é facilmente comprada.

Para que a sociedade civil possa fazer a diferença e desafiar os valores sociais nas arenas de dominação, ela deve ser, pelo menos parcialmente, autônoma e soberana. Em particular, os movimentos transnacionais de base, como o GBM, precisarão mudar o amplo panorama moral, especialmente quando confrontam o sistema neoliberal, que gerou contramovimentos contra o ambientalismo global através do Ceticismo Ambiental e do Contramovimento do Negacionismo Climático. Esses contramovimentos desafiam a autenticidade (realidade e importância) das mudanças ambientais globais, mas são organizados por laboratórios de ideias (*think tanks*) ideológicos que trabalham na defesa contra as exigências ecológicas e de justiça contra as regulamentações e o capitalismo global. O ceticismo ambiental, bem como o negacionismo climático, aparecem como forças hegemônicas descritas por Gramsci e, para serem eficazes, os movimentos ambientais de base terão de contrariar esta hegemonia através das fronteiras nacionais para desafiar a natureza do consumo e os atuais modos de poder econômico e de produção, além de usar estrategicamente seu consentimento.

No entanto, terminemos com uma mudança global na política que se presta a uma governança ambiental mais promissora e que também pode reduzir a desigualdade – o que Boyd (2011) chama de "revolução dos direitos ambientais". Na verdade, muitos países alteraram as suas constituições para incorporar vários tipos de direitos ambientais. Trata-se principalmente de direitos para as pessoas viverem num ambiente saudável, mas a redação e o impacto jurídico variam enormemente. Ainda assim, May (2020) observa que 130 países assinaram acordos regionais que incluem o direito a um ambiente saudável, e pelo menos 88 países dos 193 estados-membros reconhecidos da ONU acrescentaram direitos semelhantes à sua própria constituição. O "Special Rapporteur on the issue of human rights obligations relating to the enjoyment of a safe, clean, healthy and sustainable environment" das Nações Unidas incluiu países que reconheceram "implicitamente" esses direitos e totalizou 110 países (Boyd, 2019). Vinte países têm uma expectativa constitucional de sustentabilidade ou desenvolvimento sustentável. Quando esses direitos são "justiciáveis", os cidadãos podem tentar recorrer aos tribunais para confrontar e talvez remediar certos problemas ambientais. Gellers (2017) observa que, ironicamente, os países com maus registos em matéria de direitos humanos têm maior probabilidade de ter direitos ambientais acrescentados à sua constituição, e devemos ter cuidado com os *trade-offs* de como os direitos ambientais podem afetar outros direitos.

Os principais desafios aos direitos ambientais incluem a aplicabilidade e a interpretação. Alguns estados têm direito a um clima estável, mas May (2020) indica que a falta de casos pode significar que um clima estável não é um direito executável. Pode-se imaginar que um processo judicial bem-sucedido contra um país pelas suas emissões de gases de efeito estufa não afeta outros, tornando a estabilidade fora do alcance do direito interno. A interpretação também pode ser um obstáculo se o direito for demasiado ambíguo. No entanto, a Constituição do Equador, no Artigo 71, articula um direito geral *para que* "a Natureza, ou Pacha Mama, onde a vida se reproduz e ocorre, tem direito ao respeito integral por sua existência e pela manutenção e regeneração dos seus ciclos de vida, estrutura, funções e processos evolutivos". Esse direito é diferente dos direitos humanos a um ambiente saudável, porque é concedido a pessoas não humanas ou entidades que são reconhecidas como pessoas, mas não são humanas. Isto está de acordo com muitas visões de mundo indígenas, nas quais o mundo está "cheio" de pessoas não humanas, desde montanhas a cabras-das-rochosas, rios e bisões e muitas, muitas "nações" de entidades não humanas que são reconhecidas como tendo posição no mundo e sua própria vontade e interesse, que podem ou não ser conhecidos pelas pessoas. A Nova Zelândia concedeu personalidade ao Parque Nacional Te Urewara e ao rio Whanganui, e, na Espanha, os grandes primatas têm "direitos humanos" que proíbem o país de realizar pesquisas prejudiciais a eles. Nesses casos, as pessoas podem intentar uma ação judicial em nome da pessoa não humana, como foi feito no Equador para a proteção e restauração do rio Atrato, em 2016.

6.5 Resumo

6.5.1 O que sabemos?

Em 2012, o Projeto de Governança do Sistema Terrestre (Earth System Governance Project), que é a maior rede de pesquisa em ciências sociais que lida com governança ambiental – cerca de 1.700 colaboradores de todo o mundo – falando de um programa de pesquisa que durou dez anos, encomendado pelo Programa Internacional da Geosfera-Biosfera (IGBP – International Geosphere-Biosphere Programme), o Programa Mundial de Pesquisa Climática, o Diversitas (um programa mundial para estudar a biodiversidade) e o Programa Internacional das Dimensões Humanas das Mudanças Ambientais Globais (IHDP – International Human Dimensions Programme on Global Environmental Change) emitiram esta declaração antes da Rio+20, na esperança de que os membros dessa reunião iniciassem mudanças sérias:

> A nossa pesquisa indica que o atual quadro institucional para o desenvolvimento sustentável é profundamente inadequado para provocar o rápido progresso transformador que é necessário. Na nossa opinião, o incrementalismo – a principal abordagem desde a Conferência de Estocolmo de 1972 – não será suficiente para provocar mudanças sociais no nível e na velocidade necessários para mitigar e adaptar-se à transformação do sistema terrestre. Em vez disso, argumentamos que é preciso que haja uma mudança estrutural transformadora na governança global (Biermann *et al.*, 2012b).

Sabemos agora que a reunião do Rio de 2012 não chegou nem perto desses objetivos urgentes. Os cientistas políticos e acadêmicos relacionados que pesquisam a governança ambiental global concordam que as atuais instituições que administram as mudanças ambientais globais, como a perda de biodiversidade ou as mudanças climáticas, são "profundamente inadequadas" e que devem ocorrer "mudanças estruturais transformadoras" para fazer face às crises globais em rápido crescimento. Esse relatório é muito claro: não governamos em prol da sustentabilidade.

6.5.2 Considerações fundamentais

1. Quais deveriam ser as diversas funções dos governos nos diferentes níveis?

2. Qual é o papel do governo quando se trata de estabelecer regras para a atividade econômica? Como funcionariam essas regras com empresas internacionais ou organizações financeiras internacionais, como a OMC?

3. Que papel você acha que a desigualdade desempenha na gestão adaptativa?

4. Que tipos de regras você acha que funcionam melhor no nível local e que regras você acha que funcionam melhor no nível internacional?

5. Como a ciência e o conhecimento interagem com a política e com a construção de instituições viáveis?

6.5.3 O que você acha das soluções de sustentabilidade a seguir?

Para cada reivindicação de "sustentabilidade", os governos, as empresas e os grupos da sociedade civil deveriam ser obrigados a mostrar como as suas políticas, produtos ou programas reduzem o consumo global, aumentam a equidade social e melhoram o bem-estar material. Os infratores podem ser sujeitos a campanhas públicas de descrédito ou ser solicitados publicamente a reformar o seu trabalho para torná-lo realmente sustentável.

O Projeto de Governança do Sistema Terrestre oferece o seguinte plano de nove pontos a partir de dois relatórios (Biermann *et al.*, 2012a; Biermann *et al.*, 2012b):

1. "*Fortalecer os tratados ambientais internacionais*" (Biermann *et al.*, 2012b) para que sejam mais eficazes: tenham formas precisas de saber se estão funcionando, se as regras se ajustam ao problema, se os processos são flexíveis, se podem incorporar novas lições científicas, entre outras estratégias mais detalhadas.

2. "*Gerir conflitos entre tratados internacionais*" (Biermann *et al.*, 2012b), em que "a integração das políticas de sustentabilidade exige que os governos coloquem maior ênfase sobre preocupações planetárias na governança econômica" (Biermann *et al.*, 2012a).

3. *"Preencher lacunas regulatórias negociando novos acordos internacionais"* (Biermann *et al.*, 2012b).

4. *"Promover o PNUMA (Programa das Nações Unidas para o Meio Ambiente)"* para uma "agência especializada da ONU para a proteção ambiental, nos moldes da Organização Mundial da Saúde ou da Organização Internacional do Trabalho" (Biermann *et al.*, 2012b).

5. *"Fortalecer a governança nacional"* por meio de novos instrumentos políticos juntamente com as estruturas regulamentares existentes (os acordos voluntários não cumpriram as suas promessas sem serem incorporados nas estruturas regulamentares).

6. *"Simplificar e reforçar a governança para além do Estado--nação"* para melhorar a transparência e a comunicação de esforços que estão fora do alcance dos governos nacionais.

7. *"Fortalecer a responsabilização e a legitimidade"* (Biermann *et al.*, 2012b) em que, por exemplo, "direitos consultivos mais fortes para representantes da sociedade civil em instituições intergovernamentais seriam um grande passo, inclusive no Conselho de Desenvolvimento Sustentável da ONU que propomos" (Biermann *et al.*, 2012a).

8. *"Abordar as preocupações de equidade dentro e entre os países"*: "a equidade e a justiça devem estar no centro de um quadro internacional duradouro para o desenvolvimento sustentável. Um forte apoio financeiro aos países mais pobres continua a ser essencial" (Biermann *et al.*, 2012a).

9. *"Preparar a governança global para um mundo mais quente"* (Biermann *et al.*, 2012b) porque parar completamente o aquecimento global não é inatingível; assim, a adaptação nas cidades e áreas onde residem populações vulneráveis, bem como nos sistemas globais de energia, alimentação e água, precisa estar preparada para choques inesperados.

6.5.4 Qual é sua opinião sobre o seguinte silogismo?

Premissa A: O Estado-nação é o nível mais alto de autoridade coercitiva.

Premissa B: Até agora, os Estados-nação falharam sistematicamente na tentativa de iniciar uma gestão adaptativa eficaz para a sustentabilidade e parecem indecisos diante do desafio.

Conclusão: Os Estados-nação sobreviveram à sua função útil (adaptativa) para a humanidade e é necessário um novo tipo de organização para a continuidade dos sistemas socioecológicos.

6.6 Leitura complementar

LONGO, S. B.; CLAUSEN, R.; CLARK, B. *The tragedy of the commodity:* Oceans, fisheries, and Aaquaculture. New Brunswick, NJ: Rutgers University Press, 2015.

Esta pesquisa inovadora contraria diretamente a "tragédia dos comuns" de Hardin, indicando que os verdadeiros problemas não são os recursos comumente utilizados, mas o papel da mercantilização e o antagonismo dos mercados para preservar modos de vida ou ecossistemas.

BURKE, A.; FISHEL, S.; MITCHELL, A.; DALBY, S.; LEVINE, D. J. Planet politics: A manifesto from the end of IR. *Millennium*, v. 44, n. 3, p. 499-523, 2016. DOI: 10.1177/0305829816636674.

Neste artigo, os autores expõem de forma convincente o modo como o nosso pensamento sobre a política mundial (relações internacionais) não conseguiu levar a sustentabilidade a sério.

NATIONAL RESEARCH COUNCIL. *The drama of the commons:* Committee on the human dimensions of global change. DIETZ, T et al. (ed.). Washington, D.C: National Academy Press, 2002.

Este compilado fornece uma revisão confiável do que sabemos sobre a gestão de recursos comuns e a solução de problemas de sustentabilidade de ação coletiva.

SCOTT, J. C. *Seeing like a state:* How certain schemes to improve the human condition have failed. New Haven, CT: Yale University Press, 1998.

Este livro detalha projetos de desenvolvimento centralizados que fracassam, causando miséria e morte, porque impõem exigências que ignoram as complexidades e interdependências que existem localmente.

YOUNG, O. R. *On environmental governance:* Sustainability, efficiency, and equity. Boulder, CO: Paradigm Publishers, 2013.

Este livro fornece uma análise lúcida e facilmente acessível das melhores pesquisas sobre desafios e soluções de governança global.

7
O colapso das civilizações e a Idade das Trevas

> **Mapa do capítulo**
> O tema final do livro é o papel da arrogância, porque o padrão mais óbvio de ruína e Idade das Trevas é que eles se repetem, mas vemos poucas evidências de aplicação dessas lições nas decisões sociais contemporâneas. Ao longo dos tempos, as civilizações mais poderosas entraram em colapso, muitas vezes devido a fracassos políticos. Sociedades profundamente complexas, como a Hohokam, surgiram e desapareceram, embora as causas do seu declínio e do declínio de outras sociedades estejam sujeitas a muito debate. Este capítulo apresentará primeiro um relato sobre arqueólogos que alertam contra colapsos simplificadores demais. Em seguida, explicará teorias plausíveis de colapso e cobrirá o colapso dos maias das terras baixas como um caso específico. Depois, passaremos para a fase talvez mais importante do colapso: a Idade das Trevas, que compreende crises sociais sistemáticas em sistemas mundiais que duram pelo menos 500 anos.

Há cerca de 4 mil anos, no Deserto de Sonora, no atual sudoeste dos Estados Unidos e norte do México, alguém plantou o que provavelmente foi o primeiro milho na América do Norte; isto ocorreu algum tempo depois de o primeiro milho domesticado ter sido plantado ao sul dessa região, algures no México, cerca de 6.300 anos antes da era atual (a.C.) (Jaenicke-Despres *et al.*, 2003). Mais tarde, a população dessa região de Sonora construiria elaborados canais de irrigação que se estendiam por mais de 73 mil km^2.

Os Hohokam sabiam o suficiente sobre os ciclos e a dinâmica do Deserto de Sonora para sustentar a agricultura durante todo o ano. Eles aprenderam a separar eficazmente as colheitas para evitar que as abelhas fizessem a polinização cruzada indesejada de flores, sabiam como fazer rotação de colheitas para evitar o esgotamento do solo e também sabiam, acima de tudo, que seus campos irrigados tinham de ser drenados para evitar a salinização.

Os antropólogos Suzanne e Paul Fish comentam sobre a notável resiliência da sociedade Hohokam:

> Os Hohokam são especialmente notáveis pela continuidade a longo prazo do seu modo de vida [...] Uma vez estabelecidos, alguns aglomerados de habitações nos maiores assentamentos persistiram – renovados, ampliados e reconstruídos – até várias centenas de anos. As praças centrais nesses assentamentos importantes permaneceram o coração da aldeia do começo ao fim [...] A estabilidade dos assentamentos foi um resultado da produtividade e sustentabilidade da agricultura Hohokam (Fish; Fish, 2008).

Na verdade, evitar a salinização é um feito notável por si só. A salinização do solo é um fator com que as primeiras civilizações, como a Mesopotâmia, tiveram de lidar face ao aumento da população e às tendências climáticas flutuantes que foram, em conjunto com o fracasso administrativo/político, responsáveis pelo colapso da civilização no Oriente Próximo.

Os Hohokam construíram quadras de bola, "Casas Grandes" (grandes construções intrincadas) e plataformas semelhantes a pirâmides que indicam que uma sociedade complexa cresceu ao redor dos rios do Deserto de Sonora e, mais tarde, se espalhou pelas áreas montanhosas do atual Arizona, por exemplo, em Flagstaff. No entanto, os Hohokam fizeram tudo isso sem uma hierarquia rígida. Nunca foram encontrados túmulos que indiquem profunda desigualdade, governantes autoritários ou mesmo burocracia. Não desenvolveram um Estado que, noutras sociedades áridas do mundo, evoluiu em torno do controle da irrigação como forma de subjugar a população (Worster, 1985).

Além disso, o rótulo "Hohokam" é provavelmente um termo mais conveniente para se referir ao que provavelmente eram múltiplos grupos sociais. Quando os espanhóis chegaram, havia várias línguas e modos de vida que indicam que os Hohokam podem ter sido um conjunto heterogêneo de grupos étnicos – mas havia unidade suficiente através dos centros monumentais para que a vida comunitária fosse coordenada. É possível que os Hohokam fossem constituídos por diferentes grupos étnicos que cooperaram o suficiente para reproduzir padrões semelhantes viáveis e adaptáveis em toda a região, tais como a partilha de culturas.

E, ainda assim, os Hohokam não existem mais dessa forma.

O antropólogo James Bayman (2001) divide o período da história dos Hohokam em quatro seções: os períodos Formativo, Pré-Clássico, Clássico e Pós-Clássico. O período agrícola inicial de formação dos Hohokam durou quase 2 mil anos, de 1000 a.C. a 700 d.C., que foi capaz de perdurar como um conjunto flexível e estável de sociedades abrangendo pelo menos o que hoje conhecemos como grande Phoenix e Tucson, em Arizona, nos Estados Unidos. No entanto, os primeiros locais da agricultura de milho datam de 1700-1200 a.C., o que significa que o povo O'odham contemporâneo e outros potenciais antepassados tribais dos Hohokam ainda no sudoeste têm uma história agrícola que remonta a quase 4 mil anos.

Durante o período Pré-Clássico, de 700 a 1150 d.C., os grupos regionais Hohokam desenvolveram comunidades mais centralizadas que se espalharam para mais longe dos assentamentos originais ao longo dos rios Salt, Gila e Santa Cruz. Nesse momento, a população aumentou.

O período Clássico durou de 1150 a 1450 d.C., quando a rede de canais foi estendida até a bacia de Tonto e o cultivo e o consumo aumentaram, mas a saúde passou a diminuir em algumas áreas e os sinais de estresse nutricional foram evidentes, à medida que as pessoas começaram a comer peixes cada vez menores. Enquanto isso, monumentos de terra, chamados de montes de plataforma, foram construídos ao redor da região que alguns estudiosos acreditam terem sido usados como residências e centros cerimoniais. Esses centros transmitiam liderança hereditária, mas eram também centros de mediação de diferentes elementos ideológicos e culturais das comunidades Hohokam. As evidências indicam que as aldeias se dedicavam à especialização em artesanato e ao comércio, mas este apresentava elevados níveis de desigualdade social. Essas atividades eram patrocinadas pelas elites, que estabeleceram laços na região mais ampla com os Pueblo Ancestrais, talvez para mitigar a escassez de alimentos e reduzir conflitos e guerras. Durante o século XIII, os Pueblo Ancestrais enfrentaram uma grave "convulsão demográfica" (leia-se: crise social que forçou o despovoamento e a migração), que trouxe migrantes para as regiões dos Mogollon e dos Hohokam.

Bayman (2001) escreve que o período Pós-Clássico, 1450-1540 d.C., "testemunhou um encerramento enigmático da sociedade Hohokam pouco antes ou imediatamente após o contato europeu na América do Norte". Infelizmente, há uma lacuna de cobertura e compreensão sobre o momento e a causa do colapso, e Bayman cita todas as seguintes variáveis que foram argumentadas como causadoras dele:

1. Inundações
2. Secas
3. Doença interna/local
4. Doença pelo contato europeu
5. Guerra interna
6. Guerra/invasão externa
7. Degradação do solo
8. Erosão do canal
9. Terremotos.

Embora existam evidências e um forte apoio, especialmente para o papel das inundações durante o período do colapso, Bayman escreve que "um número crescente de arqueólogos está insatisfeito com as explicações predominantemente ecológicas das mudanças pré-contato no sudoeste norte-americano".

Na verdade, o antropólogo Michael Wilcox (2010) acredita que essa crise foi iniciada através do contato europeu, e que tem havido um profundo mal-entendido tanto sobre os Hohokam como sobre outros grupos regionais, como os Pueblo Ancestrais (formalmente denominados Anasazi) em Chaco Canyon. Essa interpretação de uma causa europeia do colapso é coerente com o que outros estudiosos dos Hohokam também descobriram, embora ainda haja debate sobre o momento e a causa do abandono dos assentamentos em Sonora.

Os Hohokam são provavelmente os ancestrais dos Yuman e dos O'odham (formalmente chamados de Pima), mas também existem fortes laços linguísticos e culturais com os povos contemporâneos Hopi e Zuni.

Wilcox adverte que entendemos mal as mudanças radicais tanto no Deserto de Sonora quanto em Chaco Canyon, e que a ascensão e queda dessas culturas foram erroneamente registradas como um mito de desaparecimento e colapso devido à má conduta ecológica por parte dos povos originários – com a exclusão do impacto da dominação imperialista. Wilcox argumenta que o abandono das terras dos Hohokam foi proposital e que eles se mudaram para locais diferentes para evitar a coerção violenta dos espanhóis.

Será possível que os Hohokam tenham estabelecido uma das sociedades mais sustentáveis (algumas *habitações* duraram muito mais do que a era da república dos Estados Unidos), mas enfrentaram mudanças sociais radicais e colapso devido às ambições imperialistas europeias? Neste capítulo, exploramos as causas complexas do colapso social e civilizacional, que, mais uma vez, parecem ser consistentes com as fases do ciclo adaptativo. No entanto, há um debate na antropologia atualmente sobre a natureza desses colapsos.

7.1 Ponto de partida: as civilizações realmente colapsam?

Embora esteja claro que os Hohokam enfrentaram um colapso porque a sociedade se fragmentou e perdeu sua organização social, além de sofrer um evento de despovoamento, os O'odham e outros prováveis descendentes dos Hohokam continuam a sobreviver no Deserto de Sonora até hoje. Se os descendentes dos Hohokam ainda vivem na região, mas ao mesmo tempo a ruína dos Hohokam é um fato histórico, os colapsos realmente acontecem? Talvez uma pergunta melhor seja: "os colapsos ocorrem da forma como foram imaginados na cultura popular?". Talvez devido às tradições religiosas que preveem o apocalipse total, existe uma noção constante de que o colapso significa que todos os membros da população morrem. Este não é o tipo de colapso evidente no registro histórico. Na verdade, existe o perigo de simplificar demasiado a forma como o colapso ocorreu e, portanto, é importante recorrer cuidadosamente à literatura relevante em antropologia, arqueologia e história, porque estas são as principais disciplinas que estudam rigorosamente os eventos e processos.

Alguns especialistas em colapsos, como o famoso biólogo Jared Diamond (2005), argumentaram que os problemas ambientais, em conjunto com as escolhas políticas, levaram ao colapso de muitas civilizações. No entanto, em uma revisão do tema, Lawler (2010) cita sutilezas importantes que apelam ao que Poul Holm, historiador do Trinity College de Dublin, chama de

> "indústria do apocalipse que permeia a religião, o meio acadêmico e até mesmo Hollywood, com seus sucessos de bilheteria, como *2012* [um filme sobre o apocalipse global que a cultura popular acreditava ter sido previsto pelo calendário maia]".

Desde o trabalho de Diamond sobre colapsos, os antropólogos têm alertado contra o **determinismo ambiental**, que declara que as condições ambientais determinam as condições humanas. O determinismo ambiental é o extremo oposto do excepcionalismo humano, no qual as condições ambientais são completamente separadas e não afetam nem um pouco as condições humanas (cf. Capítulo 3), como um espectro de crenças.

Parte do problema advém da dificuldade de falar através de diferentes tradições acadêmicas, em que os cientistas físicos localizam uma mudança física, como a seca, mas podem encobrir o que sabemos sobre sistemas sociais e resiliência social. Sob esta condição, a mudança ambiental torna-se uma "explicação rápida" simples, mas sem uma boa noção de como as pessoas se adaptam (Holm, *apud* Lawler, 2010).

Algumas lições que os estudos nesta área revelam:

1. Os colapsos não são causados por motivos simples ou singulares.

2. As populações sob pressão deslocam-se e, portanto, mesmo que uma parte de uma sociedade entre em colapso e perca uma população significativa, outras partes dessa civilização podem adaptar-

-se ou migrar para fora da situação, onde então recriam a sua cultura e modo de vida. Por exemplo, embora os maias das terras baixas certamente tenham entrado em colapso e elas tenham sido quase totalmente despovoadas, outras áreas da cultura maia sobreviveram e continuam a sobreviver até hoje.

3. As tensões da civilização são geograficamente desiguais e o que acontece em uma região não ocorre necessariamente em outras. Assim, os estudos sobre o colapso devem ser o mais específicos possível sobre as variações regionais.

4. Existem poucos, talvez nenhum, casos de colapso em que todos morrem. Tal como no ponto 2, a migração é uma resposta lógica a pressões severas, e partes de antigas civilizações continuam vivas.

5. O colapso é um conceito de sistema, e um tipo de colapso, como o colapso de um regime político, pode não iniciar o colapso de toda a civilização; portanto, é importante ser claro sobre a que sistemas nos referimos quando discutimos colapso – isto é, colapso de quê?

Além disso, o termo "colapso" carrega alguma ambiguidade. O estudioso de Cambridge, Colin Renfrew, descreve o colapso como "a perda da administração central, o desaparecimento de uma elite, o declínio dos assentamentos e a perda da complexidade social e política", mas o conceito em si é difícil de definir estritamente (parafraseado por Lawler, 2010). Joseph Tainter, uma das principais autoridades em colapso civilizacional, define o **colapso** de forma semelhante:

> O colapso, tal como visto no presente trabalho, é um processo político. Pode ter, e muitas vezes tem, consequências em áreas como a economia, a arte e a literatura, mas é fundamentalmente uma questão da esfera sociopolítica. Uma sociedade entra em colapso quando apresenta uma perda rápida e significativa de um nível estabelecido de complexidade sociopolítica. O termo "nível estabelecido" é importante. Para se qualificar como um caso de colapso, uma sociedade deve ter estado num nível de complexidade ou estar caminhando em direção a ele há mais de uma ou duas gerações (Tainter, 1988).

Assim, o colapso implica uma mudança abrupta, mas quão abrupta? Se estamos discutindo uma civilização que existe há vários milhares de anos, se a sua população diminui ao longo de cem anos, isso é "abrupto" em relação à vida da sociedade, então algumas condições de colapso são relativas a outros pontos de referência.

Se quisermos dizer que um sistema perdeu a sua complexidade e foi simplificado abruptamente em comparação com o tempo que levou para construir essa complexidade, então sistemas entram em colapso o tempo todo, e Tainter deixa claro que civilizações complexas entraram em colapso *com regularidade ao longo da história humana*. Podemos também referir-nos ao pensamento sistêmico e falar de colapso como uma **mudança de regime** nos sistemas socioecológicos (Beddoe *et al.*, 2009). Se, no entanto, considerarmos que colapso significa "o fim completo desses sistemas políticos e do quadro civilizacional que o acompanha", então ele raramente, ou nunca, ocorre (Eisenstadt, *apud* McAnany; Yoffee, 2010).

Este capítulo irá, portanto, centrar-se na noção de perda sistêmica de complexidade em diferentes sistemas, a fim de pensar em colapso.

7.2 Como ocorrem os colapsos?

Bert M. de Vries (2007) escreve que a literatura acadêmica sobre colapso mostra três tipos principais de colapso. Esses tipos são problemas que vêm da sociedade ou de fora dela e não podem ser resolvidos:

1. Mudanças relacionadas aos recursos e ao meio ambiente, mudanças totalmente externas ou parcialmente induzidas internamente.

2. Mudanças relacionadas com a interação sob a forma de conquista ou outras formas menos dramáticas de invasão.

3. Mudanças internas na visão de mundo e na organização sociopolítica, cultural e religiosa que diminuem a adequação da resposta a eventos externos.

As mudanças ambientais externas têm sido tipicamente de natureza climática, observadas em variações climáticas de períodos mais quentes ou mais frios que afetam as colheitas de alimentos e a disponibilidade de água. Por exemplo, Weiss e Bradley (2001) observam que:

O Império Acadiano da Mesopotâmia, a civilização do Império Antigo do Egito, ou a Era dos Construtores de Pirâmides, a civilização harapeana 3B do Vale do Indo e as civilizações do Bronze III da Palestina, Grécia e Creta atingiram seu pico econômico por volta de 2300 a.C.

E então foram atingidos por uma "seca e resfriamento catastróficos que geraram abandono regional, colapso e rastreamento de *habitat* [deslocar-se conforme o *habitat* muda]" (Bradley, 2001). Assim, concluem que "muitas linhas de evidência apontam agora para a força climática como o principal agente nos repetidos colapsos sociais" (Bradley, 2001).

Essa história levanta considerações importantes para sustentar de 9 a 11 bilhões de pessoas com produções agrícolas que dependem de condições climáticas estáveis e deixa Weiss e Bradley preocupados com a estabilidade global futura. No entanto, embora o clima afete os colapsos civilizacionais nos modelos mais sofisticados, a interseção das mudanças climáticas e sociais é mais complicada porque as estratégias sociais podem construir resiliência contra esses problemas, o que será observado melhor mais adiante (cf. p. 258) (Butzer, 2012).

Além das condições climáticas, as mudanças internas também afetam as sociedades. As mudanças ambientais internas podem criar condições adequadas para a transmissão de doenças e para o desmatamento, a erosão do solo e a perda de biodiversidade através da caça etc. Mudanças demográficas, geralmente um aumento populacional, também são importantes quando uma população ultrapassa a capacidade da terra para produzir alimentos suficientes e confunde a capacidade da sociedade de cuidar de si mesma de outras maneiras.

Naturalmente, todas as razões que temos para os colapsos civilizacionais enquadram-se nestes tipos principais, mas essas causas geralmente cruzam-se e sobrepõem-se em casos específicos, como na queda de Roma. Roma sofreu mudanças sociopolíticas internas que a tornaram suscetível aos visigodos que invadiram. Geralmente, ouvimos que Roma caiu porque os povos germânicos invasores entraram nela. Isso pode ser considerado a causa imediata, ou a gota d'água que fez o copo transbordar, por assim dizer. No entanto, os romanos vinham derrotando os godos há talvez mil anos. Consequentemente, essa causa simples não explica adequadamente o colapso de Roma, por volta de 500 d.C. Em vez disso, parece que Roma primeiro se enfraqueceu, e esta é a causa última, ou a causa raiz do colapso de Roma.

Na verdade, Roma estava enfraquecendo na virada do século e quase entrou em colapso 250 anos antes. O império tinha resolvido alguns dos seus problemas anteriormente, alimentando uma população crescente através da conquista e da expansão, essencialmente criando celeiros noutras regiões, como o norte de África. No início, essa estratégia funcionou maravilhosamente bem, pelo menos para Roma; funcionou menos bem para o norte de África. Além do aumento da população, eram oferecidos grãos gratuitos aos camponeses e à nobreza romana como suborno para satisfazer problemas políticos. Para ajudar a pagar por isso, o império desvalorizou a sua moeda, e isso causou uma inflação desenfreada. Com o tempo, o dinar romano tornou-se essencialmente inútil e, por trás destas soluções, estava um problema maior que acabou por significar o fim do império.

7.3 Colapso de civilizações complexas

Tainter define sociedades complexas como aquelas que apresentam desigualdade social hierárquica e diferenças funcionais em uma sociedade (por exemplo, divisões especializadas de trabalho). Ele observa que sociedades complexas tendem a "expandir-se e dominar" e "hoje controlam a maior parte das terras e das pessoas do planeta". Tainter analisa o registro arqueológico para compreender o colapso de civilizações complexas, como os impérios maia e romano, a civilização harappiana, a Mesopotâmia, o Império Hitita e a civilização minoica, entre outras. Coerente com todos os escritores destacados nesta seção, Tainter vê o colapso como político – o que significa que se trata de uma questão de escolha e que se manifesta na mudança social.

Tainter (1988) descreve várias teorias principais sobre o colapso da civilização, e a principal delas é o "esgotamento ou cessação de um recurso ou recursos vitais dos quais a sociedade depende". Esta teoria postula que uma civilização está sujeita à

> deterioração ou esgotamento gradual de uma base de recursos (geralmente agricultura), muitas vezes devido à má gestão humana, e à perda mais rápida de recursos devido a uma flutuação ambiental ou mudança climática. Pensa-se que ambos causam o colapso através do esgotamento dos recursos dos quais depende uma sociedade complexa.

Tainter rejeita esta teoria porque ela parte do princípio de que as civilizações ficam de braços cruzados enquanto o seu futuro se esvai, mas civilizações complexas são concebidas para resolver exatamente esses problemas. Assim, ele rejeita a simples teoria de colapso da civilização por esgotamento de recursos porque a organização humana complexa é projetada para evitar este problema básico da civilização. Em vez disso, Tainter acredita que civilizações complexas entram em colapso, em última análise, devido à sua própria complexidade.

Ele argumenta que, quando uma civilização encontra um problema, como a escassez de alimentos, tende a resolvê-lo com mais complexidade (hierarquia, burocracia, gastos e especialização). Mas essa complexidade tem um custo – digamos, o custo de novas profissões/habilidades para resolver novos problemas ou expandir e conquistar novas terras. Em algum ponto desse processo, o custo de soluções complexas torna-se demasiado marginal para resolver o problema. Esse custo é pago através de um subsídio energético, que é quando uma sociedade insere no sistema mais energia que obtém de outros lugares e indivíduos para cobrir os custos crescentes. Naturalmente, essa energia provém de recursos e sistemas ecológicos, bem como de pessoas. Assim, Tainter rejeita a ideia de que as sociedades entram em colapso devido à simples escassez de recursos, mas sim como resultado da escassez de recursos que advém da resolução de problemas complexos. Poderíamos então resumir as ideias de Tainter sobre a origem do colapso como:

- um fracasso na resolução de problemas sociais;
- resultando em escassez de energia para manter a sociedade complexa.

Infelizmente, também, uma vez que a complexidade é usada para resolver um problema, não é uma questão simples reduzi-la. Pense em como os países modernos solucionam problemas às vezes adicionando burocracia. Cada acréscimo na resolução de problemas burocráticos custa energia e recursos, mas não é pouca coisa eliminar as mesmas camadas. Por exemplo, os simples termos humanos de contratar alguém e depois ter de despedi-lo criam um custo que é suportado a nível governamental, ou em conjunto a nível social, uma vez que as pessoas sofrem com o desemprego e os problemas que o acompanham. Além disso, as organizações burocráticas assumem financiamento e compromissos governamentais, e os administradores defendem essas linhas de financiamento e autoridade com vigor – por exemplo, o Departamento de Defesa dos Estados Unidos é extremamente eficaz na defesa contra cortes no seu orçamento e autoridade. No seu discurso de despedida, o presidente dos Estados Unidos, Eisenhower, alertou para o fato de este complexo militar-industrial se tornar tão poderoso que ameaçava a capacidade de líderes como os presidentes tomarem decisões sem o consentimento do complexo militar-industrial, semelhante ao aviso de Tainter:

> Uma sociedade complexa que opte pela expansão, se for bem-sucedida, acaba por chegar a um ponto em que uma maior expansão exige um custo marginal demasiado elevado. As milhas lineares da fronteira a ser defendida, o tamanho da área a ser administrada, o tamanho da administração necessária, os custos de pacificação interna, a distância de viagem entre a capital e a fronteira e a presença de concorrentes combinam-se para exercer um efeito deprimente sobre o crescimento futuro… conquistadas, as terras subjugadas e as suas populações devem ser controladas, administradas e defendidas […] Em última análise, os retornos marginais da conquista começam a cair, quando então a sociedade regressa à sua situação anterior (Tainter, 1988).

Na verdade, foi isso que aconteceu com Roma, segundo Tainter. A expansão imperial romana alimentou inicialmente os cidadãos romanos, mas, a dada altura, a energia necessária para manter estes projetos imperiais tornou-se excessiva e as conquistas acabaram por pagar apenas o suficiente para alimentar os soldados invasores. Assim, a causa última do colapso de Roma, argumenta Tainter, foi a própria complexidade, porque existe uma capacidade limitada para esta abordagem continuar a resolver os problemas de Roma, o que em última análise se resumiu a alimentar e pacificar os seus próprios cidadãos, ao mesmo tempo que se defendiam contra ameaças externas. Consequentemente, mesmo quando uma sociedade dedica mais energia à resolução dos seus problemas, essa energia torna-se cada vez menos capaz de fazer a diferença.

Em referência ao nosso mundo globalizado contemporâneo, Tainter não tem certeza se a sociedade industrial em geral atingiu o ponto em que o retorno marginal do investimento energético está em declínio, mas que *"inevitavelmente irá atingir"* – "Nas sociedades antigas, a solução para o declínio dos retornos marginais era para obter um novo subsídio energético. Em sistemas econômicos ativados em grande parte pela agricultura, pecuária e trabalho humano (e, em última análise, pela energia solar), isto foi alcançado pela expansão territorial" como em Roma e na dinastia Qin dos Estados Combatentes da China, bem como por "incontáveis construtores de impérios" (Tainter, 1988). Mas,

> numa economia que hoje é ativada por reservas de energia armazenadas, e especialmente num mundo que está cheio, este caminho não é viável (nem nunca foi permanentemente bem-sucedido) [...] Um novo subsídio energético será em algum momento essencial.

Além disso, como sociedade industrial mundial conectada, "o colapso, se e quando ocorrer novamente, desta vez será global. Nenhuma nação pode mais entrar em colapso. A civilização mundial se desintegrará como um todo. Concorrentes que evoluem como pares entram em colapso do mesmo jeito".

7.4 O ciclo adaptativo, panarquia e colapso

Pelo trabalho de Tainter, sabemos que o colapso envolve sistemas complexos, e as teorias mais avançadas de colapso funcionam a partir desse ponto de partida. Como um conjunto de sistemas complexos, sabemos que o colapso não ocorre devido a uma causa única, mas a partir de uma série de eventos que se originam em cascata a partir de gatilhos de declínio na complexidade que são coerentes e seguem o ciclo adaptativo dentro de uma panarquia.

Esses fatores são condicionados pela degradação ambiental e pelas mudanças climáticas que podem estimular a escassez de alimentos que levaria a crises de subsistência, fuga rural e declínio urbano, e epidemias que podem deixar uma civilização aberta à desintegração da ordem social, à guerra civil e externa, ao despovoamento, fragmentação política e dominação estrangeira. Nesta série de eventos, existem caminhos para respostas mais resilientes e respostas que promovem maiores rupturas.

"O processo de colapso normalmente começa com o declínio econômico ou fiscal causado por fatores externos e internos", servindo como condições prévias para o colapso (Butzer, 2012). O declínio econômico pode levar a ações adaptativas ou não adaptativas que estabilizam ou aceleram o colapso. O limiar, ou ponto de inflexão em direção ao colapso, é baixado pela degradação ambiental – por exemplo, o esgotamento das águas subterrâneas, a salinização do solo e sua erosão, o desmatamento e a degradação do solo reduzem a produtividade e podem levar à escassez de alimentos. As mudanças climáticas aceleram, então, a degradação ambiental e podem "desencadear formas mais catastróficas" de acontecimentos extremos e catástrofes naturais, como secas ou inundações.

Quando a menor produtividade econômica interrompe o comércio de produtos alimentares, enquanto os serviços ecossistêmicos são prejudicados e diminuem a produção local de alimentos ou expõem as pessoas a doenças infecciosas, o cenário está preparado para uma crise de subsistência em que as necessidades básicas das pessoas não estão sendo satisfeitas e o despovoamento avança cada vez mais em toda a civilização.

7.5 O declínio dos maias das terras baixas

Os maias das terras baixas distribuíam-se desde a atual península de Yucatán mexicana até Belize, Guatemala e Honduras (cf. Figura 12). A civilização era complexa, construindo impressionantes centros cerimoniais em Tikal e Copan, estabelecendo poderosas cidades-Estado, desenvolvendo uma compreensão diferenciada do seu ambiente enquanto criava economias intensivas com comércio de longa distância de bens de prestígio (por exemplo, ornamentos de jade) e bens de subsistência (alimentos). Os maias ocuparam as terras baixas por surpreendentes mais de 2 mil anos antes do seu colapso. A civilização atingiu o ápice entre 700 e 800 d.C., embora áreas como Chitzan Itza tenham florescido depois, talvez como um sinal de que as suas ambições políticas e militares contribuíram para o declínio de outras áreas. Uma das regiões mais estudadas é o centro urbano de Copan, que contava com pirâmides, tumbas, templos e objetos artísticos complexos, como esculturas. Durante o seu auge, esta cidade provavelmente tinha de 10 a 12 mil pessoas por quilômetro quadrado. No entanto, em 1200 d.C., a população era de apenas cerca de mil no total.

No campo da antropologia, o declínio dos clássicos maias das terras baixas é um mistério contínuo que tem sido examinado ao longo de décadas de vasta pesquisa, e o conhecimento sobre os maias das terras baixas continua a se expandir. Por exemplo, embora o sítio arqueológico Caracol, em Belize, tenha sido estudado durante décadas por antropólogos, novas técnicas avançadas de mapeamento expandiram a área de estudo em 800% apenas em 2011 (Chase *et al.*, 2011). Consequentemente, o que sabemos é certamente incompleto. Mas, nesta pesquisa, parece haver algumas conclusões consistentes, mesmo no meio do vigoroso debate: os maias entraram em colapso devido a uma série de tensões interligadas. Essas tensões ocorreram nos sistemas humanos e naturais acoplados que seguem o ciclo adaptativo. As mudanças ecológicas no terreno e no clima estiveram ligadas a condições sociais, culturais e políticas que provocaram uma espiral de crises. Existe um amplo consenso de que o declínio dos maias das terras baixas foi uma combinação de estresse climático, particularmente seca, interagindo com outras mudanças ambientais, incluindo o desmatamento, e condições políticas que levaram à fragmentação social e a conflitos violentos. Um estudo estimou que a área perdeu cerca de metade da precipitação durante esse período e até 70% no pico da seca (Evans *et al.*, 2018).

Figura 12 – Clássico reino dos maias das terras baixas
Fonte: Turner e Sabloff (2012, p. 13908-13914).

Os centros de poder dos maias das terras baixas foram abandonados e enfrentaram um despovoamento quase total em áreas como o distrito central de Petén (cf. Figura 12). Ainda assim, uma vez que algumas áreas floresceram e foi só com a conquista espanhola que os maias pré-colombianos encontraram o seu desaparecimento sistemático, alguns estudiosos têm sido cautelosos por razões coerentes com a discussão anterior sobre o uso da palavra "colapso" – mas Turner e Sabloff (2012) escrevem:

> Os maias das terras baixas centrais (CMLs) [...] e a sua grande infraestrutura de cidades, sistemas de água e paisagens geridas foram essencialmente abandonadas, no entanto, com declínios populacionais que se aproximaram dos 90%, e assim permaneceram durante bem mais de um milênio. Nesse sentido, o termo colapso é apropriado.

Estudos de ossadas maias mostram que, com o tempo, a nutrição e a saúde diminuíram. Os ossos ficaram mais curtos com o tempo; o esmalte dos dentes das crianças, degradado. Rebecca Storey (1992) descobriu que os dentes, em particular, indicam que as crianças sofreram um estresse nutricional substancial por volta dos 3 anos de idade, que é a idade típica do desmame, em Copan, no momento do colapso. Ela descobriu que mesmo crianças enterradas em grupos privilegiados estavam expostas ao estresse de doenças nutricionais e infecciosas. Além disso, há evidências de que "indivíduos de alto *status* tinham uma dieta restrita e altamente especializada" (ou seja, havia menos flexibilidade e abundância que forneceriam alternativas) do que no início do período Pré-Clássico tardio, tornando um "sistema socioeconômico mais vulnerável que acabou por se desintegrar" (Ebert *et al.*, 2019). Contudo, a investigação arqueológica e antropológica é clara: o colapso maia não pode ser visto como devido a simples problemas ambientais, mas sim como um conjunto socioecológico conjugado de causas de declínio.

Os especialistas em cultura maia Nicholas Dunning e colegas mostraram que o colapso maia provavelmente sofreu uma "espiral de risco" fatal que foi estabelecida a partir do desmatamento, que se correlacionou com dois colapsos diferentes, o Pré-Clássico Terminal do século II d.C. e o Clássico Terminal dos séculos IX e X (Dunning *et al.*, 2012). Essas espirais de risco não se espalharam uniformemente por toda a região das terras baixas, porque os assentamentos abandonados e o despovoamento ocorreram através de uma colcha de retalhos que seguiu tendências de exploração e crescimento, colapso e reorganização.

As vulnerabilidades dos diferentes centros urbanos dependiam da sua localização geográfica e das suas adaptações sociopolíticas. Por exemplo, em seções da planície interior do Yucatán existe um conjunto de planaltos elevados e bacias da Região Interior Elevada (EIR – Elevated Interior Region) com precipitação que varia com base na latitude, e as áreas na EIR têm menos acesso a fontes de água doce. Isto torna essas áreas mais vulneráveis à seca. A seca não é apenas categorizada pela falta de precipitação meteorológica, mas também tem três outras manifestações relevantes para os maias: (1) seca agrícola, que reduz a umidade do solo através da agricultura e do desmatamento; (2) seca hidrológica, que reduz os níveis das águas superficiais em riachos e lagos; e (3) seca socioeconômica, que perturba as fontes de água ao produzir bens e serviços dependentes da água. Essas formas de seca estão interligadas; por exemplo, a seca meteorológica pode levar à seca agrícola.

O desmatamento diminui a transpiração da vegetação florestal, reduzindo a precipitação que agrava as condições de seca e reduz a umidade do solo. O solo é regenerado através de cinzas e fósforo (ausentes nos solos das terras baixas, mas necessários para a agricultura), porém a regeneração do solo é retardada quando a copa das árvores que retém as cinzas e o fósforo está ausente. À medida que as necessidades dos maias crescem com o aumento da população, o pousio (descanso e recuperação da floresta) diminui, e isso reduz o nitrogênio no solo, diminuindo a fertilidade das terras. Essa mudança no solo abre a área para invasões de ervas daninhas, e as plantas cultivadas como o milho tornam-se mais vulneráveis a doenças. Aqui, as boas condições originais para a agricultura levaram à

> "redução incremental da floresta para material de construção, combustível e terras agrícolas associada ao crescimento populacional e à urbanização que teria criado uma espiral de risco na região, especialmente quando associada a outros fatores de risco ambientais e culturais" (Dunning et al., 2012).

Essas vulnerabilidades crescentes *também* estavam ligadas às condições sociopolíticas em que "as políticas maias prosperavam com base no crescimento e na expansão que canalizavam a riqueza para uma pequena elite dominante", o que acabou por enfraquecer a estrutura social que se tornaria desestabilizada pela guerra (Dunning et al., 2012). "Em suma, a rigidez do sistema e as más opções de mu-

dança criaram condições propícias ao colapso" (Dunning et al., 2012).
Outros estudiosos concordam: "uma percentagem muito pequena da
população [...] manteve autoridade e poder significativos, com grandes disparidades na riqueza e no padrão de vida da grande maioria da
população", o que era necessário para as lendárias escalas de trabalho,

> "necessárias para gerir florestas e abrir terras, captar e reter
> água, recuperar zonas úmidas, sustentar projetos de cons-
> trução monumentais e preencher as fileiras militares para
> combater e atacar outras cidades-Estado, tudo durante um
> período de aridez crescente" (Turner; Sabloff, 2012).

No entanto, entre a disparidade de experiências na região, por
vezes, pode haver um colapso sociopolítico que não reduz a população no mesmo nível. Na verdade, um aspecto da sociedade pode
perder rapidamente complexidade enquanto outros elementos permanecem intactos – um sistema político pode entrar em colapso
sem despovoamento, como no colapso da União Soviética. Da mesma forma, os sistemas econômicos podem entrar em colapso para
serem substituídos sem um necessário colapso nos sistemas culturais ou políticos; no entanto, essas condições estão inter-relacionadas. Esses sistemas estão separados na Tabela 4, que fornece uma
aproximação grosseira das variáveis iniciais associadas ao colapso
do respectivo sistema indicado. Um oito deitado é utilizado na Tabela 4 para indicar que essas variáveis estão inter-relacionadas e têm
as suas próprias condições sistêmicas, e por vezes a variável pode até
ser uma causa ou um efeito do colapso no respetivo sistema (Butzer,
2012). Além disso, deve-se dizer que, como uma variável está relacionada ao colapso de um tipo de sistema, ela não garante que
tal colapso ocorra; no entanto, a crise num sistema afeta os outros
sistemas – os mecanismos através dos quais as crises se espalham ou
não de um sistema para outro são determinados pela gravidade da
crise e pela proximidade entre os sistemas.

Um fator determinante para o colapso entre sistemas é a forma
como as variáveis desencadeiam ou alimentam um conjunto de outras condições – uma sociedade resiliente será capaz de reduzir ou
reverter mudanças negativas. Outras sociedades serão mais vulne-

ráveis a ultrapassar um limiar ou um ponto de ruptura que desencadeia uma espiral descendente de crises interligadas, observada no *back loop* do ciclo adaptativo. O colapso de uma parte de um sistema social pode não significar a ruína da civilização, mas se a civilização for apanhada numa espiral de risco, muitas vezes com o aumento da população, alterações no clima ou na fertilidade do solo, isso pode aproximar a sociedade de um limiar de rápida e indesejada mudança. Além disso, se olharmos para a categoria com mais variáveis relacionadas com o colapso, o colapso do sistema econômico é o que tem maior número. O sistema econômico em vigor em qualquer sociedade faz parte do modo como ocorre a subsistência, o que também pode levar ao colapso político e populacional. Na verdade, Butzer conclui que o declínio geralmente começa no sistema econômico, mas que os sistemas sociais e políticos têm sido a componente mais frágil, pelo menos para os Estados antigos.

Tabela 4 – Variáveis para o colapso nos principais sistemas sociais

Variáveis de colapso	Sistema sociocultural	Sistema político	Sistema econômico	Colapso populacional
Mudança tecnológica e de capital	∞		∞	
Mudanças religiosas e simbólicas	∞			
Mudança linguística	∞			
Memória cultural ou conhecimento	∞		∞	
Inflação			∞	
Intitulamentos (compromissos de pagar um determinado grupo)		∞	∞	
Corrupção		∞		
Perda da unidade política		∞		

Guerra civil	∞	∞	∞
Guerra externa	∞	∞	∞
Fome	∞	∞	∞
Escassez de alimentos	∞		
Doença			∞
Seca		∞	
Inundações		∞	
Mudanças na química da água		∞	∞
Fertilidade do solo		∞	∞
Desmatamento		∞	∞
Mudanças na temperatura climática		∞	

7.6 Idade das Trevas

Tal como o colapso das civilizações, a **Idade das Trevas** são crises de um sistema – mas são um declínio de **sistemas mundiais** inteiros. Os sistemas mundiais, um conceito discutido pela primeira vez por Wallerstein (1974), são economias multiestatais únicas com uma **divisão de trabalho**, e são chamados de sistemas "mundiais" porque o sistema cobre uma área maior do que o maior território político daquela época. São divididas pelo trabalho dos poderes centrais, periféricos (poderes marginalizados) e dos estados semiperiféricos que partilham qualidades destes últimos e dos primeiros. Desde aquela época, a pesquisa expandiu significativamente a teoria dos sistemas mundiais para incluir também os sistemas únicos durante a história mundial caracterizados por:

1. *Commodities* a granel e bens primários (modelo de Wallerstein)
2. Redes de bens de prestígio
3. Redes militares
4. Redes baseadas em informação.

A ideia central, no entanto, desde a principal contribuição de Wallerstein, é que existem agora e têm sido organizadas redes sociais únicas através do espaço e do tempo que atravessam e ligam sociedades; e que esses sistemas serão afetados uns pelos outros à medida que energia, materiais e informações são trocados. O sistema mundial em que vivemos atualmente está conectado globalmente com diferentes intensidades e *timings* dos pontos 1-4. A crise numa sociedade do sistema afeta outras, mas com um atraso e efeitos diversos em diferentes áreas do sistema. Além disso, como observado no início deste capítulo, existem privilégios díspares nos sistemas mundiais, e a crise será vista pelas elites e por outros como prejudicial, mas na periferia pode ser vista como uma oportunidade para reorganização.

A Idade das Trevas, de acordo com o estudioso Sing Chew (2002), "são períodos, em alguns casos, de contração e/ou colapso de comunidades e civilizações humanas", que "exibem condições de perturbações sociais, econômicas e políticas agudas evidenciadas por tendências como abrandamentos econômicos, rupturas sociais e políticas estruturais, desurbanização, aumento/redução da migração e perdas populacionais".

A Idade das Trevas inclui o colapso civilizacional, mas é tratada de forma diferente aqui porque:

1. O âmbito da Idade das Trevas situa-se ao nível dos sistemas mundiais (tanto ecológicos como sociais), enquanto os colapsos da civilização referem-se a sociedades singulares.

2. A Idade das Trevas inclui as consequências do colapso da civilização, enquanto as teorias do colapso tendem a concentrar-se mais nas causas e no momento do colapso.

Como os sistemas mundiais contêm *feedbacks*, muitos têm relacionamentos internos e podem se auto-organizar, são sistemas adaptativos complexos que se caracterizam por ciclos não lineares. Todos os sistemas mundiais pulsam, ou expandem-se e declinam, a várias velocidades.

A análise de Chew sobre a Idade das Trevas e a ecologia provém de um exame empírico da degradação ecológica nas várias civilizações ao longo de 5 mil anos e da comparação entre o início da degradação ecológica e a Idade das Trevas que essas sociedades experimentaram. Seu primeiro *insight* é que:

> Ao longo da história mundial, a relação entre cultura e natureza foi pontuada por períodos de degradação e crise ecológica. Tendo em conta esses resultados, a história das civilizações humanas também pode ser descrita como a "história da degradação e crise ecológica". [...] Neste sentido, a Idade das Trevas apresenta por vezes degradação ecológica, mudanças climáticas, reorganização das estruturas socioeconômicas e políticas e desafios hegemônicos (Chew, 2002).

Parte desta crise sistêmica é uma vasta perda de memória cultural, incluindo habilidades básicas de cerâmica e escrita. Podemos ver que uma Idade das Trevas surge logo após o colapso da sociedade grega. V. R. Desborough, em *The Greek dark ages*, descreve esse período da seguinte forma:

> [D]urante essas gerações, as mudanças que ocorreram são quase fantásticas. Os artesãos e artistas parecem desaparecer quase sem deixar vestígios: há muito poucas construções novas em pedra de qualquer tipo, muito menos quaisquer edifícios maciços; a técnica do metalúrgico volta ao primitivo, e o oleiro, exceto nos estágios iniciais, perde seu propósito e inspiração; e a arte de escrever é esquecida. Mas a característica marcante é que, no fim do século XII, a população parece ter diminuído para cerca de um décimo do que era pouco mais de um século antes (Desborough, 1972).

Enquanto os períodos de expansão social tendem a favorecer maior intensidade econômica e tecnologias exploradoras, durante a Idade das Trevas muitas das técnicas e tecnologias que apoiaram a expansão do crescimento social e econômico são perdidas. Como as divisões especializadas do trabalho controlam a produção de coisas específicas, como a fabricação de barris ou rodas, quando o sistema social que sustenta essas divisões desmorona, poucas pessoas ficam com as habilidades necessárias para fabricar rodas sozinhas, porque não precisavam fazê-lo antes. Se estivéssemos agora no meio da Idade das Trevas, por exemplo, poucas pessoas saberiam como construir um telefone celular. Assim, após a perda de conhecimentos especializados, a população em geral é incapaz de completar funções básicas que eram comuns antes da crise.

A Idade das Trevas histórica normalmente leva pelo menos 500 anos para terminar e permitir a reconstrução social. A Idade das Trevas são longas fases de regressão econômica e fases potenciais de regeneração ecológica. Há evidências históricas de que a saúde do crescimento econômico e a qualidade ambiental crescem em contraposição entre si, o que é difícil de refutar, e a intensidade econômica parece (a longo prazo, e talvez até em prazos mais curtos) ser inversamente proporcional à saúde ecológica.

Dito isto, *como a intensidade econômica desencadeia algumas das crises ecológicas*, a Idade das Trevas é inicialmente caracterizada por crises ecológicas nas fases inicial e intermediária, e mesmo por vezes durante toda a duração da Idade das Trevas. Se a crise ecológica continuar durante todo o período, então a Idade das Trevas proporcionará menos oportunidades regenerativas para os sistemas ecológicos.

Incluídos na crise ecológica, os problemas comuns são "níveis de desmatamento, paisagens devastadas, erosão do solo e espécies ameaçadas que sublinham estes períodos" (Chew, 2007). Acontece também que as variações climáticas muitas vezes se sobrepõem a estes outros problemas, agravando a crise. Note-se que, até a Revolução Industrial, quando a ação social começou a extrair carvão e outros hidrocarbonetos do solo, as mudanças climáticas eram um fator externo não causado pelo ser humano, mas a variabilidade climática certamente afetava as perspectivas das pessoas.

Chew explica:

> As mudanças climáticas também estão associadas à Idade das Trevas. As mudanças climáticas e as calamidades naturais, quando ocorrem durante a Idade das Trevas, geram desafios adicionais à reprodução do sistema social [...] Temperaturas superiores ao normal podem gerar problemas de salinização para o cultivo agrícola, especialmente em áreas onde a irrigação é amplamente utilizada. Também poderia reduzir o rendimento da colheita. A aridez que normalmente ocorre com as altas temperaturas frequentemente tem gerado problemas graves para os rebanhos pastoris devido à perda de folhagens e gramíneas que levaram a migrações nômades, causando assim mais pressões sociais nos pontos centrais [os poderosos centros urbanos da região] (Chew, 2002).

7.6.1 Idade das Trevas em resumo

A Idade das Trevas é desencadeada e vivenciada durante e após o colapso da civilização. São crises sistêmicas e envolvem graves perdas de tecnologia, conhecimento, competências e população. A Idade das Trevas, semelhante aos colapsos civilizacionais, está ligada e é causada pela atividade econômica que empurra o sistema ecológico para a crise, deixando o sistema social igualmente em crise. Muitas vezes, são pontuadas por variações climáticas. Por vezes, a Idade das Trevas permite a regeneração de sistemas ecológicos, e Chew adverte que isto obscurece as ligações entre a ecologia e as pressões culturais para o próximo sistema social, que então pode cometer a mesma falha normativa para limitar a degradação ecológica. Esses períodos, deveria ser óbvio, também permitem uma reorganização do poder. Se forem crises abrangendo todo o sistema e eviscerarem o sistema social anterior, após pelo menos 500 anos, haverá uma abertura para um novo arranjo de poder.

Ciclos/sequência hegemônicos são ciclos no sistema mundial em que as hegemonias centrais (atores mais poderosos do sistema) dominam o sistema e a sua organização. Os ciclos/sequência seculares são ciclos em que o sistema mundial está em colapso e a hegemonia das potências centrais está em declínio, em geral juntamente com os números da população. A Idade das Trevas é um exemplo de ciclo secular.

Como e por que os sistemas mundiais se repetem? Hall e Turchin acreditam que essas oscilações se resumem às reações políticas à perda de excedentes agrícolas e de população. Uma série de conexões que eles propõem é que:

> O crescimento da população que excede os ganhos de produtividade da terra leva a uma crise fiscal estatal devido à inflação persistente dos preços. Isto, por sua vez, leva à expansão dos exércitos e ao aumento dos custos reais [de vida]. O crescimento populacional também conduz a um aumento do número de aspirantes a cargos de elite, o que coloca ainda mais pressões fiscais sobre o Estado, levando a um aumento da competição intraelite, da rivalidade e do partidarismo. Essas tensões sobre o Estado conduzem ao descontentamento popular devido à queda dos salários reais, à miséria ru-

ral e à migração urbana. A intensificação dessas tendências acaba causando a falência do Estado e a consequente perda do controle militar, dando lugar a movimentos de elite de rebelião regional e nacional (Hall; Turchin, 2007).

O estudo dessas oscilações é muito complexo, mas, "historicamente, os ciclos de expansão levam à degradação a longo prazo de áreas maiores e, por sua vez, à transformação da ordem social" (Friedman, 2007). Dada a realidade de que os sistemas mundiais estão interligados, esses próprios ciclos espalham-se pelas geografias interligadas.

Assim, o primeiro sistema mundial da Idade do Bronze, incluindo Harappa, Mesopotâmia e Antigo Egito, experimentou uma Idade das Trevas após o colapso do sistema mundial da época e a geografia desta crise cobriu toda a área, que durou de 2200 a 1700 a.C. Esta Idade das Trevas vem logo após a primeira fase da Revolução Agrícola e encerra a Idade do Bronze entre as três principais civilizações que, juntas, formaram um sistema mundial que experimentou uma sequência secular sincronizada. Lembre-se de que a civilização pré-histórica contém o Neolítico (Idade da Pedra), depois a Idade do Bronze e depois a Idade do Ferro – embora por vezes a Idade do Cobre faça parte desta e a sequência nem sempre seja a mesma em cada civilização.

Depois de a Idade do Bronze ter sofrido a sua Idade das Trevas e o mundo ter conseguido se recuperar, as ligações econômicas tornaram-se mais intensas e o sistema mundial continuou a crescer. No sistema mundial seguinte, a civilização grega o controlava.

É claro que, uma vez que os sistemas mundiais sempre "pulsam", para a Idade das Trevas que se segue a esta segunda Idade das Trevas, a escala geográfica é visivelmente maior. Na terceira Idade das Trevas, o padrão de expansão se amplia ainda mais. É por causa dessa tendência que Chew (2002; 2007), Ponting (2007) e outros concordam, até certo ponto, que a próxima Idade das Trevas também seguirá o padrão geográfico do sistema mundial, mas hoje esse sistema mundial é, ao contrário de qualquer época anterior, praticamente todo o planeta e, portanto, uma Idade das Trevas num sistema mundial totalmente globalizado provavelmente abrangeria o globo.

7.7 Resumo

7.7.1 O que sabemos?

Em primeiro lugar, todas essas teorias sobre o colapso têm nuances diferentes, mas todas incluem, de alguma forma, alterações ambientais e, em certo sentido, causas políticas anômalas. Assim, parece ser tão improvável que a simples escassez de recursos cause o colapso quanto uma simples invasão ou um mau líder. Podemos concluir:

1. As civilizações não entram em colapso por razões causais simples (únicas). Os problemas se sobrepõem e interagem.

2. As condições ecológicas estão subjacentes às pressões reais que fazem as pessoas se deslocarem (emigrarem) ou perecerem. Muitas vezes, isto tem a ver com o excedente agrícola e o crescimento das populações para além da capacidade da região para alimentar uma sociedade.

3. Os regimes políticos são fundamentais em todos os casos porque as civilizações têm escolhas sobre como causar e resolver problemas. A política é uma chave para a sobrevivência e uma razão para a morte. Note-se, no entanto, que devido a esses fatores políticos, Malthus não estava inteiramente correto – ele pensava (pelo menos nos seus primeiros escritos) que era inevitável que as pessoas ultrapassassem o seu abastecimento alimentar, mas há escolhas ao longo de todo o caminho para tal desgraça.

A partir das histórias de colapso, continuamos a ver a importância da estrutura problemática da sustentabilidade, dos Primeiros Princípios e da natureza da falha normativa. O fato de as condições ecológicas estarem subjacentes aos requisitos básicos para manter uma sociedade em funcionamento significa que as teorias do colapso confirmam os Primeiros Princípios. Na verdade, a manutenção dos sistemas ecológicos e a sua capacidade de fornecer suporte básico à vida (alimentos, água, absorção de venenos etc.) são condições necessárias, mas insuficientes para a continuidade de uma civilização. As estruturas normativas – políticas – são as questões sociais mais contestadas de ética, governos e responsabilização que constituem os fatos mais difíceis da sustentabilidade e do seu oposto, o colapso. *O colapso, portanto, é resultado da falha normativa.*

Além disso, sabemos que quando as sociedades intensificam e expandem a sua atividade econômica, isso acaba por conduzir a uma crise sistêmica, ou Idade das Trevas, a partir da qual são necessários pelo menos 500 anos para recuperação. Essa crise inclui uma falha de memória, e a origem e as causas da falha normativa são muitas vezes esquecidas pela geração seguinte, que volta a cometer os mesmos erros. Além disso, sabemos que a Idade das Trevas ocorre em sistemas econômicos interligados e, ao longo do tempo, os sistemas econômicos mundiais têm crescido progressivamente até a escala planetária atual. As crises da Idade das Trevas ocorrem em toda a escala do respectivo sistema mundial. No mundo de hoje, poucos estariam isentos de tal crise. Por fim, todos os sistemas mundiais pulsam – expansão e degradação. Estes ciclos ocorrem ao longo da História e todos sabemos que é tolice contrariar a História, ignorando-a.

7.7.2 Considerações fundamentais

1. Como você acha que as lições dos colapsos do passado se aplicam à era moderna?

2. Qual você acha que é o papel da hierarquia, da ética e da justiça no processo de colapso da civilização?

3. Alguns estudiosos alertam que o mundo está prestes a entrar na Idade das Trevas. Quais seriam os critérios para medir uma Idade das Trevas global e quais seriam as consequências?

4. Quais você acha que são as falhas normativas mais importantes que levam ao colapso dentre aquelas listadas neste capítulo?

7.7.3 O que você acha das soluções de sustentabilidade a seguir?

Alguma destas sugestões ajudaria a evitar um colapso moderno?
1. Fechar ciclos energéticos em áreas urbanas onde os resíduos são capturados como recurso.

2. A agricultura muda para modelos mais agroecológicos que imitam os ciclos e sistemas naturais para que a erosão, os biocidas e a poluição sejam minimizados.

3. Eliminação do uso de água não essencial "de consumo" (quando a água não retorna adequadamente ao seu ciclo natural).

4. Qualquer grande projeto deve ouvir e respeitar os mais afetados, e para aqueles que não podem estar em qualquer discussão, como as gerações futuras ou os não humanos, a decisão é tomada "como se" eles estivessem lá e os seus interesses fossem considerações importantes.

5. A privatização de certas coisas é considerada ilegal e declarada patrimônio comum da humanidade para todos: a água, o pool genético, as sementes, a atmosfera.

7.7.4 *Qual é sua opinião sobre o seguinte silogismo?*

Premissa A: Ao longo do tempo, a Idade das Trevas cobriu o sistema mundial (o mercado interconectado da época).

Premissa B: O sistema mundial cobre todo o planeta neste ponto da História.

Conclusão: A próxima Idade das Trevas, caso ocorra, incluiria geograficamente todo o planeta e todos os seus habitantes.

7.8 Leitura complementar

HOLLEMAN, H. *Dust bowls of empire:* Imperialism, environmental politics, and the injustice of green capitalism. New Haven, CT: Yale University Press, 2018.

O autor Holleman documenta a forma como as forças socioeconômicas do império e do imperialismo precipitaram grandes crises ambientais.

MONTGOMERY, D. R. *Dirt:* The erosion of civilizations. Los Angeles, CA: University of California Press, 2012.

Este livro fornece uma visão fantástica sobre o papel que a erosão do solo e o esgotamento de seus nutrientes podem desempenhar no colapso das civilizações, dado que toda a vida terrestre depende de um solo saudável, mas que este solo leva eras para se formar, ainda que possa ser perdido em um relativo piscar de olhos.

HORNBERG, A.; CRUMLEY, C. *The world system and the earth system:* Global socioenvironmental change and sustainability since the neolithic. Walnut Creek, CA: Left Coast Press, 2007.

Este livro é uma revisão rigorosa da Idade das Trevas e dos principais ciclos documentados nos sistemas mundiais ao longo do tempo.

WALLERSTEIN, I. *The modern world system.* Nova York: Academic Press, 1989.

Wallerstein é o estudioso original da teoria dos sistemas mundiais, e esta é uma sinopse fácil de ler.

MCANANY, P. A.; YOFFEE, N. *Questioning collapse:* Human resilience, ecological vulnerability, and the aftermath of empire. Cambridge: Cambridge University Press, 2010.

Este livro questiona o conceito de descrições excessivamente simplistas ou dramáticas do colapso e fornece uma contraposição ao determinismo ambiental.

TAINTER, J. A. *The collapse of complex societies.* Cambridge: Cambridge University Press, 1988.

Embora as teorias do colapso sejam controversas, o livro de Tainter e a teoria proposta, de que a complexidade começa como uma solução, mas não pode ser mantida ao longo do tempo, conduzindo ao colapso, continuam a ser um clássico e sustentam bem o pensamento mais recente.

PONTING, C. A. *New green history of the world:* The environment and the collapse of great civilizations. Londres: Penguin, 2007.

Um relato muito acessível, mas essencial, dos grandes movimentos ao longo da história humana que explicam vastas desigualdades e ameaças à sustentabilidade em larga escala.

JACOBS, J. *Dark Age ahead.* Nova York: Random House, 2010.

Uma das grandes pensadoras urbanas, Jacobs explica o seu receio de que limites sociais importantes, como a responsabilidade, estão sendo perdidos e que enfrentaremos uma Idade das Trevas caso não corrijamos tais questões.

Conclusão

Os Primeiros Princípios da sustentabilidade indicam que a sustentabilidade é o processo de construção e manutenção de sistemas sociais globais de pessoas capazes, responsáveis, adaptáveis, justas e livres, que podem tomar decisões importantes e fazer *trade-offs* com previsão e prudência, e que promovem ecossistemas robustos, auto-organizados, dinâmicos e complexos em todo o mundo para as gerações atuais e futuras.

Pensada desta forma, é possível que, embora existam muitas histórias de fracasso, as lutas contínuas para tornar este mundo melhor e para manter viva a imperfeita perspectiva humana sejam o enredo mais amplo da sustentabilidade escrito nas tábuas da história humana. Podemos ver alguns dos enredos secundários se desenrolando neste texto.

Existem graves contradições na busca de um tipo de bem-estar que pode ocorrer à custa de outras fontes de bem-estar. O nosso bem-estar econômico, ou mais precisamente, o bem-estar econômico de alguns, pode ocorrer graças à equidade social ou à saúde ecológica; e, embora realçar a equidade social ou a saúde ecológica possa comprometer o crescimento econômico, todas essas condições dependem de uma interdependência complexa, em que "nunca podemos fazer apenas uma coisa" porque quaisquer que sejam as medidas que tomamos no mundo, afetamos um milhão de outras coisas ao longo do tempo (Thiele, 2011).

No entanto, somos de fato forçados a agir de uma forma ou de outra, e os nossos pressupostos de escassez e abundância, otimismo ou pessimismo sobre o futuro afetam o que realmente escolhemos fazer. Se presumirmos, como fizeram os britânicos na década de 1840, que a fome de batata entre os pobres é inevitável, poderemos optar por não fazer nada – ou de fato piorar as coisas –, face à morte e à miséria graves. Se presumirmos, por outro lado, que não existem verdadeiros problemas de sustentabilidade, tais como limites para ciclos adaptativos importantes, mais uma vez, poderemos optar por não fazer nada. Em vez disso, talvez seja melhor imaginarmos a nossa capacidade de resolver qualquer problema, sem encararmos os nossos problemas como reais, importantes e dignos de resolução. Contudo, a discussão sobre a medição da sustentabilidade nos mostra que a natureza desses desafios exigirá medidas tanto objetivas como subjetivas, e este problema torna a natureza essencialmente contestada da sustentabilidade um desafio ainda maior para administrar.

Outra questão é que as decisões que tomamos neste mundo complexo e interdependente terão efeitos distributivos nas perspectivas de vida das pessoas em todo o mundo. Isso significa que a forma como negociamos a ordem moral internacional mais ampla está relacionada com a vida e a morte, a sobrevivência e a continuidade, e a sustentabilidade e o esquecimento. Embora talvez seja uma forma severa de colocar a questão, quando os poderes dominantes, como as elites sociais, organizam o nosso mundo de uma forma que conscientemente força classes de pessoas a circunstâncias nas quais não sobreviverão, esses poderes sociais, onde quer que estejam, cometem assassinato social antitético até mesmo para visões mais mundanas de sustentabilidade. Como tal, devemos esperar que essas lutas morais pela sobrevivência, entre outros problemas, continuem a acolher lutas pelo poder através das arenas clássicas de dominação que afetarão as gerações atuais e futuras. Por essas razões, sugeri a ideia de um humanismo sustentável, que se centra na dignidade, no valor e na consideração humana dos outros, o que também exige que reconheçamos as pessoas não humanas. Infelizmente, à medida que as sociedades se estabelecem, a arrogância tende a cegar os líderes e o seu povo para a história do colapso e da Idade das Trevas que abriu caminho na história como uma ocorrência regular.

Embora seja muito difícil identificar positivamente a sustentabilidade em sistemas socioecológicos complexos, é mais fácil identificar quando as sociedades não são sustentáveis porque reduzem o bem-estar econômico, aumentam as desigualdades e degradam os sistemas ecológicos. Alguns argumentaram que a história da espécie humana chegará ao fim se não mantivermos um equilíbrio "razoável":

> Não é que a humanidade esteja tentando sustentar o mundo natural, mas sim que a humanidade esteja tentando sustentar-se a si mesma. Seremos nós que teremos de "ir" a menos que consigamos colocar o mundo à nossa volta numa ordem razoável. A precariedade da natureza é o *nosso* perigo, a *nossa* fragilidade (Sen, 2013, grifo do autor).

Os impérios, a guerra, a globalização e o crescimento econômico liderado pelo Estado distribuíram os benefícios econômicos e os danos ecológicos de forma desigual, enquanto cerca de 60% dos serviços ecossistêmicos do mundo foram degradados (MEA, 2005b). Imagine quanto tempo demorou para construir e estabelecer esses sistemas.

Vimos que existem razões importantes para esperança, quando testemunhamos algo como o Engenheiros Sem Fronteiras (ESF) utilizar tecnologias simples e baratas para abrir oportunidades de autodeterminação e infraestruturas sustentáveis que salvam vidas. Por exemplo, quando o fundador do ESF nos Estados Unidos, Bernard Amadei, dirigiu-se a estudantes de engenharia da Universidade da Flórida Central em outubro de 2011, observou o seguinte exemplo do que podemos fazer. Ele contou que estava visitando Cabul, no Afeganistão. No Afeganistão, faz frio e há escassez de combustível (lembre-se da nossa discussão ética sobre energia no Capítulo 3). Há também muitas agências internacionais trabalhando em Cabul que têm muito papel picado proveniente das suas funções burocráticas, do qual se desfazem sem pensar. Amadei e seus colegas conseguiram pegar 20 dólares em ferro e fazer uma simples prensa de manivela que, quando alimentada com papel, produzia discos de combustível. Esses discos poderiam ser vendidos por um preço que os afegãos tinham condições de pagar todos os dias. Essa prensa foi dada a um homem sem pernas que estava reduzido a mendigar por comida, e que agora tinha um emprego significativo. Encontraram então quatro rapazes para vender os discos na rua durante metade do dia. Esses meninos eram crianças que antes se prostituíam, mas agora passavam metade do dia ganhando dinheiro e a outra metade frequentando a escola. A ênfase no projeto e na engenharia, quando impulsionada por uma ética responsável, pode fornecer soluções sustentáveis que salvam vidas e melhoram o bem-estar dos que estão em pior situação. Dentro da cidade, essas pessoas viviam vidas que não eram capacitadas, mas as oportunidades de trabalho honesto através de um projeto barato, mas durável, fizeram a diferença. Suspeito que a metáfora mais relevante para esta situação foi a da Espaçonave Terra descrita pela primeira vez por Kenneth Boulding, em que os materiais que temos e os sistemas na Terra são frágeis e devemos pensar neles deliberadamente e com justiça para vivermos de forma sustentável.

É também claro que o empoderamento popular é outro requisito para que qualquer um dos Objetivos de Desenvolvimento Sustentável seja alcançado. Em Marrocos, aldeias indigentes de indígenas Amazigh fizeram parceria com uma organização não governamental, a Fundação High Atlas (HAF), cujo objetivo é construir um empoderamento autodeterminado. Em Marrocos, é possível organizar-se em coletivos formais, e esses coletivos formais têm o direito de se aproximar dos governos provinciais. A HAF tem ajudado as pessoas dessas cidades a reunirem-se, por vezes sem sequer se conhecerem antes, para discutir quais são os seus próprios objetivos e desejos, como alcançar esses objetivos, e depois realizar esse trabalho. Todos esses grupos acabam por trabalhar em problemas dos ODS, como a igualdade de gênero, a pobreza, a desigualdade de renda e a água potável. Cada grupo tem objetivos diferentes, mas cada um está melhorando a sua autonomia local – a capacidade de conhecer os seus próprios interesses, a soberania e a capacidade de perseguir e concretizar esses interesses. Esses projetos proporcionam alguns meios de renda e melhoram o seu bem-estar material. Eles ainda vivem no limite da sobrevivência, mas fazem isso juntos, e me disseram durante o trabalho de campo que "se amam", "estão unidos" e que "são uma família".

A Espaçonave Terra oposta é o que Boulding chamou de "Economia Cowboy", coerente com uma metáfora de fronteiras infinitas e intemporais com sistemas ecológicos infinitamente estáveis que nunca podem ser esgotados ou perturbados. Esse tipo de metáfora leva a projetos de modelos, engenharia e políticos que muitas vezes se parecem com a hidrelétrica de Belo Monte ou com as areias betuminosas de Alberta, que servem uma minoria de pessoas, ao mesmo tempo que minam a integridade social e ecológica.

Cada uma dessas histórias constitui uma discussão mais ampla sobre como as pessoas viverão neste planeta, quais são as perspectivas das gerações futuras e até mesmo a natureza do restante da vida na Terra no Antropoceno.

É minha esperança pessoal que comecemos a mudar os princípios básicos de funcionamento da civilização mundial para sermos mais coerentes com Bernard Amadei e o Engenheiros sem Fronteiras, Satprem Maïni e o Auroville Earth Institute, e a falecida Wangari Maathai e o Movimento do Cinturão Verde do que com as areias betuminosas, a hidrelétrica de Belo Monte ou os movimentos de Ceticismo Ambiental/Negacionismo Climático. Acredito sinceramente que os filhos dos nossos filhos partilharão de tal preferência.

Leitura complementar

LITFIN, K. *Eco-Villages:* Lessons for sustainable community. Cambridge: Polity Press, 2014.

Litfin entrelaça magistralmente histórias de pessoas e comunidades, tanto em países ricos como pobres, que construíram juntas vidas boas e sustentáveis.

MANIATES, M.; MEYER, J. M. *The environmental politics of sacrifice.* Cambridge: MIT Press, 2010.

Muitas coisas sobre sustentabilidade soam como sacrifício; esses autores remodelam a maneira como pensamos o sacrifício, em parte reconhecendo o que algumas pessoas já sacrificam por uma vida boa.

DAVIS, W. *The wayfinders:* Why ancient wisdom matters in the modern world. Toronto: House of Anansi, 2009.

Cultura e memória diversificadas são fundamentais para a nossa sobrevivência. Davis narra elegantemente esse drama.

RIDGEWAY, S.; JACQUES, P. *The power of the talking stick:* Indigenous politics and the world ecological crisis. Boulder, CO: Paradigm, 2013.

Neste livro, a coautora Sharon Ridgeway e eu apresentamos uma crítica ao sistema mundial atual e pedimos que o movimento indígena mundial seja ouvido. Os líderes deste movimento argumentam sem qualquer constrangimento que devemos defender a Mãe Terra se quisermos que a humanidade tenha um futuro.

Glossário

Adequação institucional: Quando as regras institucionais se ajustam ao problema ambiental e à escala.

Agência: Ter a capacidade de fazer escolhas.

Antropoceno: Período da história geológica em que a atividade humana domina todos os ecossistemas da Terra.

Antropocentrismo: Conjunto de valores que coloca os seres humanos no auge da importância global. O **antropocentrismo humanista** acredita que proteger a natureza é importante porque ajudará outras pessoas; o **antropocentrismo profundo** não valoriza ou valoriza muito pouco a natureza.

Arenas de dominação: Aquele espaço político em que os projetos do Estado, das empresas e da sociedade civil competem por influência não apenas sobre os detalhes básicos da política, mas sobre o amplo cenário moral em que a política é feita.

Assassinato social: Quando os poderes dominantes numa sociedade colocam conscientemente grupos de pessoas em circunstâncias mortais e não fazem nada para mudar essa circunstância.

Autonomia (sociedade civil): Quando a sociedade civil pode expressar os seus próprios interesses autênticos, e esses interesses não são ditados pelo estado das empresas.

Biocentrismo: Valoriza toda a vida.

Biodiversidade: "A soma total de todas as plantas, animais, fungos e micro-organismos da Terra; sua variação genética e fenotípica; e as comunidades e ecossistemas dos quais fazem parte" (Dirzo; Raven, 2003).

Biomassa: A massa total de todos os organismos em uma área. A biomassa é a base de todos os alimentos e energia (a biomassa do passado está subterrânea em depósitos de hidrocarbonetos como carvão ou petróleo, mas o elemento comum é o carbono através de formas de vida baseadas em carbono).

Capacidade de carga: O número máximo de indivíduos que podem ser sustentados numa população sem prejudicar os ecossistemas dos quais dependem.

Capital natural: O estoque de recursos renováveis e não renováveis da Terra que evoluiu ao longo de bilhões de anos.

Capital social: Redes sociais de conhecimento, confiança, instituições e sistemas de reciprocidade.

Capital: Um ativo que produz renda ou excedente; pode ser capital humano, financeiro, físico, social ou ecológico/natural. Esses ativos produzem a base de todo o consumo.

Carona (*free rider*): Um **problema de ação coletiva** em que um indivíduo se beneficia de um recurso fornecido publicamente sem pagar.

Ceticismo ambiental/Contramovimento de negacionismo climático: A proposição de que (principalmente) os problemas ambientais globais, como as mudanças climáticas, não são autênticos – não são reais e/ou importantes, de modo que não há problemas com a continuidade da espécie humana a longo prazo. O negacionismo ambiental e climático é implementado por um **contramovimento** conservador numa tentativa de proteger o progresso moderno do Ocidente e os hábitos e poder de consumo do hemisfério norte.

Ciclo adaptativo: Um modelo de como os sistemas complexos mudam ao longo do tempo, e liga ecossistemas e sistemas sociais em "ciclos adaptativos intermináveis de crescimento, acumulação, reestruturação e renovação" (Holling, 2001).

Ciclo do carbono: O vasto ciclo de mobilização e absorção de carbono através dos sistemas terrestre, marinho e atmosférico da Terra.

Colapso: A perda repentina e dramática de complexidade.

Conceito essencialmente contestado: Um conceito essencialmente contestado é aquele que possui vários significados legítimos que não podem ser resolvidos por meio da argumentação.

Contramovimento: Uma tentativa consciente e organizada de se opor a reivindicações e esforços de um movimento social, normalmente para reduzir ou remover as mudanças exigidas por ele.

Crescimento exponencial: Crescimento fracionário do estoque ao longo do tempo a uma taxa constante.

Déficit ecológico (*overshoot*): O uso excessivo dos recursos disponíveis, mas ainda proporciona um tempo para correção antes de um colapso.

Determinismo ambiental: A suposição equivocada de que as condições ambientais determinam totalmente as ações que as pessoas realizam.

Divisão de trabalho: Quando pessoas diferentes ocupam empregos diferentes e especializados para atender às necessidades sociais.

Ecocentrismo: Valoriza tudo dentro dos sistemas ecológicos, incluindo as paisagens.

Economicismo: Quando as condições econômicas são mais valorizadas pelas pessoas do que outros valores, como valores sociais ou ecológicos.

Entropia: O processo de degradação da energia toda vez que ela é transformada. Faz parte da Segunda Lei da Termodinâmica e é imutável. A entropia leva ao **equilíbrio termodinâmico**.

Epistemologia: O estudo, processo ou estrutura de como sabemos o que pensamos que podemos saber. Frequentemente discutido como "sistemas de conhecimento".

Equilíbrio termodinâmico: É quando a transformação de energia cessa e o metabolismo necessário à vida é impossível.

Escalas: Sistemas interligados através de dimensões de tempo e espaço.

Estrutura de oportunidades políticas: Condições contextuais relativas a capacidade e organização dos Estados-nação, eventos importantes que concentram a atenção e preocupação do público, e o arranjo de interesses de diferentes grupos, incluindo a disponibilidade de alianças que permitem ou restringem oportunidades de influência da sociedade civil.

Estrutura problemática da sustentabilidade: O problema de todos os organismos terem um metabolismo que requer consumo e descarte de energia e matéria fornecida pelos sistemas ecológicos; mas o consumo perturba os próprios ecossistemas necessários para um metabolismo saudável e, portanto, a vida dos organismos ao longo do tempo.

Excepcionalismo humano: Conjunto de crenças de que a humanidade é tão distinta e especial, que está isenta do restante das leis da natureza, dos limites ecológicos ou mesmo das pressões evolutivas, incluindo a extinção.

Falha normativa: Falha de uma sociedade ou grupo de sociedades em instituir as injunções normativas contra os requisitos do P1 e, portanto, falha em fornecer as restrições normativas para garantir as necessidades básicas.

Gestão adaptativa: Tomar decisões para construir sistemas socioecológicos resilientes para tornar as sociedades menos vulneráveis e mais resistentes às perigosas perspectivas de mudanças rápidas a nível local que são esperadas quando mudanças lentas são feitas a nível global.

Haloceno: O período geológico atual que foi estabelecido há quase 12 mil anos, após a última era glacial.

Hegemonia: Poder que o povo geralmente não questiona, mas que incorpora regras da sociedade que são normalizadas para realmente reforçar os interesses da classe dominante por meio do Estado.

Heurística: Regras práticas oriundas de tentativa e erro. A heurística pode ser mais útil quando medidas precisas não estão disponíveis ou são muito caras para serem coletadas, embora a heurística também possa levar a generalizações incorretas.

Humanismo sustentável: A ideia de que a sustentabilidade requer um novo humanismo que reconheça a dignidade e o valor dos outros, incluindo os não humanos. É uma posição que acredita que a sustentabilidade exige que o pensamento, os valores e a ação humanos sejam compassivos.

Idade das Trevas: Períodos de ampla crise social nos sistemas mundiais que se seguem ao colapso de civilizações individuais.

Instituições: Sistemas de regras, normas, estratégias, papéis e procedimentos de tomada de decisão; as instituições podem ser leis formais, ou expectativas informais, ou qualquer coisa intermediária. As instituições não são organizações, embora as organizações possam ter e aplicar regras.

Interação institucional: Quando as instituições afetam umas às outras.

Intitulamento: A capacidade de alguém de dispor de um bem ou serviço, por exemplo, comida. Sen escreve sobre duas categorias de intitulamento: troca e dotação. O intitulamento baseado em troca refere-se a todas as maneiras pelas quais alguém, geralmente uma família, pode trocar algo por comida, por exemplo, usando o salário de um trabalho para comprar pão. O intitulamento baseado em dotação refere-se aos recursos que uma família possui para ter acesso aos alimentos, como terra para cultivar trigo para pão.

Limiar (*threshold*): Momento em que as alterações lentas se acumulam e "sobrevém uma profunda incerteza", provocando uma enorme mudança (Holling, 2003).

Limites planetários: As pré-condições estimadas para o bem--estar humano.

Milhão de espécies-ano: Uma forma de calcular as taxas de extinção, espécies-ano refere-se a todos os anos em que se espera que todas as espécies existam, em que, se houver 15 milhões de espécies, cada ano equivale a 15 milhões de espécies-ano e cada espécie tem uma distribuição média de 1-10 milhões de anos de existência. A taxa de extinção normal ou de fundo é de 1-0,1 espécie por milhão de espécies-ano ou 0,0001%, entendida pela medição das extinções através do registo fóssil; estima-se que a atual taxa de extinção esteja mais próxima de 0,1% das espécies estimadas por ano, mil vezes maior do que a taxa sem perturbação humana na teia da vida.

Movimento social: Uma tentativa consciente e organizada de fazer exigências à sociedade, normalmente a partir de esforços populares. Ver também **contramovimento**.

Mudanças de regime, também conhecidas como mudanças catastróficas ou mudanças de estado: Mudanças rápidas do sistema de um estado estável para um estado diferente.

Mudanças ecológicas estruturais: Mudanças nos ecossistemas que alteram os sistemas maiores e não apenas partes desses sistemas, tais como comunidades biológicas, ciclos químicos e de nutrientes, o sistema climático, o ciclo hidrológico e outras mudanças ecológicas em todo o sistema.

Negacionismo climático: Veja **Ceticismo ambiental**.

Neoliberalismo: Um sistema político econômico que tenta transferir o poder das arenas estatais e sociais para as arenas econômicas; favorece a desregulamentação e a redução dos gastos do Estado em redes de segurança social e proteções ambientais.

Oceano Mundial: O conjunto das bacias conectadas dos oceanos Atlântico, Pacífico, Índico, Antártico e Ártico.

Ontologia: "Onto" significa ser, e uma ontologia é o modo de ser, o modo de vida e o sentido do propósito humano no mundo.

Os limites do crescimento (LTG): Além de ser uma série de livros encabeçada por Donella Meadows, limites do crescimento é um conceito que diz respeito às restrições de qualquer sistema.

Panarquia: Ciclos adaptativos hierárquicos aninhados.

Pegada ecológica: Uma medida de consumo traduzida na quantidade de terra ou mar necessária para esse consumo.

Perspectivas de vida: As oportunidades que um indivíduo tem para melhorar a qualidade e a duração de sua vida.

Pessoa não humana: Entidade dotada do valor e do reconhecimento de ter interesses próprios como pessoa, mas que não é humana.

Postura moral: Que merece reconhecimento pelo valor inerente.

Primeiros Princípios da sustentabilidade: Requisitos fundamentais para a continuidade a longo prazo de qualquer sociedade: **P1**: Sem suportes de vida ecológicos, não há sociedade. Essa relação é imutável. Uma sociedade sustentável deve manter a integridade dos sistemas e ciclos da Terra que fornecem suporte essencial à vida. **P2**: Que tipo de sociedade cresce num espaço ecológico é uma questão baseada em valores, mas as sociedades sustentáveis devem observar restrições normativas: o sistema social não será sustentável se prejudicar os suportes de vida ecológicos (princípio da responsabilização e da contenção). O sistema social não será sustentável se militar o bastante contra si mesmo ou se for aniquilado por outros (princípio da justiça). O sistema social deve ser adaptável aos desafios e mudanças para evitar a evolução das vulnerabilidades (princípio da previsão).

Princípio da diferença: Uma proposta de John Rawls de que se uma pessoa racional não soubesse que tipos de privilégios ou obstáculos tinha na vida e, portanto, não soubesse que tipos de recursos – direitos, riqueza, oportunidades etc. – possuía, essa pessoa concordaria com regras que só permitiam a desigualdade quando beneficiasse os menos favorecidos.

Princípio da Precaução (PP): O PP indica que a ação protetora não deve esperar pela certeza científica e que, ao tomar uma decisão ambientalmente arriscada, devemos pecar pelo lado da cautela e da moderação para proteger a saúde humana, os futuros serviços ecossistêmicos, como medicamentos, pesquisa, a vida de não humanos e outros valores não econômicos.

Princípio do dano: Um argumento do utilitarista britânico John Stuart Mill, que postula que a única restrição justificada da liberdade de alguém é prevenir o dano (prejuízo físico, não apenas mera ofensa) a outra pessoa.

Problema da entropia sustentável: O problema de manter energia conversível suficiente para ter sociedades e ecossistemas complexos sem devastá-los e simplificá-los, além do ponto em que nenhum deles sobreviverá.

Problemas de ação coletiva: Problemas que surgem quando os indivíduos resistem a cooperar uns com os outros a fim de proporcionar um bem comum para todos.

Produtividade primária líquida (PPL): A produção primária é a taxa de crescimento da biomassa proveniente da respiração das plantas e da fotossíntese, em que a produção primária bruta é a soma total de toda a energia produzida pelas plantas, mas parte dessa energia é utilizada para o crescimento delas próprias. A energia restante produzida, mas não utilizada pela planta, constitui a produção primária líquida.

Recurso não renovável: Recursos, como o petróleo, que não se reproduzem nem se renovam ao longo do tempo. Os recursos renováveis, como a pesca, as florestas e a maioria dos aquíferos, reproduzem-se ou renovam-se ao longo do tempo.

Rendimento Máximo Sustentável (RMS): Uma quantidade teórica de colheita que pode ser extraída de um recurso, como a quantidade de peixe ou madeira, sem prejudicar a população.

Resiliência: A capacidade de um sistema sofrer uma perturbação e depois regressar ao seu estado original, evitando uma mudança de regime.

Responsabilidade social corporativa (RSC): Quando as empresas assumem autenticamente a responsabilidade pelos impactos dos negócios.

Revolução agrícola: Mudança para a agricultura sedentária a partir da subsistência de caçadores-coletores que começou com o trigo emmer plantado no Crescente Fértil há cerca de 10 mil anos.

Revolução Industrial: Iniciada na Grã-Bretanha há cerca de 250 anos, a industrialização envolve a mudança da energia solar contida nas plantas para a energia solar contida no carvão e no petróleo (e, inicialmente, na madeira) para alimentar máquinas como a locomotiva a vapor. Com o aproveitamento de mais poder e energia e, portanto, de mais trabalho, tais como campos cultivados maiores, a Revolução Industrial propiciou o crescimento de grandes economias e importantes transformações sociais, desde mudanças na guerra até mudanças na dinâmica doméstica e no trabalho.

Revolução Verde: O projeto começou na década de 1940 para industrializar a agricultura com insumos químicos, variedades de culturas de alto rendimento e, eventualmente, modificação genética para maior rendimento por acre de agricultura.

Serviços ecossistêmicos: Capital natural; bens e serviços ecológicos que são essenciais para o bem-estar humano. Os serviços ecossistêmicos são de quatro tipos: de provisão, culturais, de regulação e de suporte.

Sexta Grande Extinção: O ritmo atual de perda de biodiversidade é de cem a mil vezes as taxas normais de extinção e, como houve cinco outros períodos pontuados de extinção no tempo geológico, esta é a Sexta Grande Extinção.

Sinérgico: Interação dinâmica de efeitos.

Sistema complexo: Ver **Sistema**.

Sistema socioecológico: Os sistemas sociais e ecológicos acoplados ou integrados que coevoluem.

Sistema: Um conjunto organizado de partes que criam um todo unificado maior que nenhuma das partes poderia ter produzido sozinha. Um **sistema complexo** é aquele que possui muitas partes internas e muitos relacionamentos entre essas partes, de modo que a alteração de uma parte produz resultados imprevisíveis.

Sistemas mundiais: Economias multiestatais únicas com uma divisão de trabalho que cobre uma área maior do que o maior território político da época. Estão divididos pelo trabalho dos poderes centrais, da periferia (poderes marginalizados) e dos estados semiperiféricos que partilham qualidades destes últimos e dos primeiros.

Soberania popular: O poder da sociedade civil para converter as exigências da maioria em políticas.

Soberania: O poder de controlar os interesses de um grupo político, geralmente um país, com direitos de não interferência de outros.

Sociedade civil: Aquela parte da sociedade que não é responsável pelos governos estatais nem pelas grandes corporações e produção econômica; a associação de pessoas que compõem organizações não governamentais, movimentos sociais e outras organizações não estatais e não empresariais.

Sustentabilidade forte: Ver **Sustentabilidade fraca *versus* sustentabilidade forte**.

Sustentabilidade fraca *versus* sustentabilidade forte: A sustentabilidade fraca argumenta que podemos continuar a consumir bens e serviços ecológicos a um ritmo crescente, enquanto a sustentabilidade forte insiste em limites estritos ao consumo de ecossistemas, o que significa que são necessárias mudanças sociais mais radicais para a sustentabilidade sob a versão forte.

Sustentabilidade: (cf. debate sobre a definição de sustentabilidade no cap. 2). Definição literal: capacidade de aguentar; a definição de Brundtland de "desenvolvimento sustentável" é o desenvolvimento que "satisfaz as necessidades do presente sem comprometer a capacidade das gerações futuras de satisfazerem as suas próprias necessidades"; a definição do autor: o processo imperfeito de construção e manutenção de sistemas sociais globais de pessoas capazes, responsáveis, adaptáveis, justas e livres, que podem tomar decisões importantes e fazer *trade-offs* com previsão e prudência, que promovem ecossistemas robustos, auto-organizados, dinâmicos e complexos em todo o mundo para as gerações atuais e futuras.

Taxa de transferência (*throughput*): A atividade econômica de "retirar, produzir e descartar" de e para sistemas naturais, consumindo capacidades dos ecossistemas.

Tragédia dos comuns: Uma espécie de problema de ação coletiva em que os indivíduos têm um incentivo para minar o bem comum em prol dos seus próprios interesses e existem poucas regras que os impeçam de fazê-lo.

Transição demográfica: A teoria de que os grupos pré-industriais têm altas taxas de fertilidade e mortalidade e crescimento populacional lento. Durante a industrialização, a saúde e a nutrição melhoram, aumentando a expectativa de vida da população, estimulando uma rápida taxa de crescimento populacional. À medida que as populações se tornam mais seguras, têm menos filhos e as taxas de crescimento populacional estabilizam ou diminuem.

Três Es: Os chamados três pilares da sustentabilidade são a equidade social, a saúde econômica e a integridade ecológica.

Tripé da sustentabilidade (TBL): Uma estrutura de contabilidade qualitativa para medir o progresso sustentável através de pessoas, lucros e melhoria planetária.

Vulnerabilidade: O oposto da resiliência, vulnerabilidade é a suscetibilidade a perturbações. A vulnerabilidade varia de acordo com a natureza do sistema e a exposição e sensibilidade a uma ameaça específica.

Referências

ADGER, W. N.; BROWN, K.; TOMPKINS, E. L. The political economy of cross-scale networks in resource co-management. *Ecology & Society*, v. 10, n. 2, 2005. Disponível em: www.ecologyandsociety.org/vol10/iss2/art9. Acesso em: 28 maio 2014.

ALAM, D. S. *et al.* Adult cardiopulmonary mortality and indoor air pollution: A 10-year retrospective cohort study in a low-income rural setting. *Global Heart*, v. 7, n. 3, p. 215-221, 2012.

ANAND, S.; SEN, A. Human development and economic sustainability. *World Development*, v. 28, p. 2029-2049, 2000.

ANEREGG, W. R. L. *et al.* The roles of hydraulic and carbon stress in a widespread climate-induced forest die-off. *Proceedings of the National Academy of Sciences*, v. 109, p. 233-237, 2012.

ANDERSSON, K.; AGRAWAL, A. Inequalities, institutions, and forest commons. *Global Environmental Change*, v. 21, n. 3, p. 866-875, 2011.

ANGEL, J. L. Health as a crucial factor in the changes from hunting to developed farming in the eastern Mediterranean. *In:* COHEN, M. N.; ARMELAGOS, G. J. (ed.). *Paleopathology at the Origins of Agriculture*. Londres: Academic Press, 1984. p. 51-74.

ARCHER, D. *et al.* Atmospheric lifetime of fossil fuel carbon dioxide. *Annual Review of Earth and Planetary Sciences*, v. 37, p. 117-134, 2009.

ARROW, K. *et al.* Are we consuming too much? *Journal of Economic Perspectives*, v. 18, p. 147-172, 2004.

ATKISSON, A. *Believing Cassandra:* How to be an optimist in a pessimist's world. 2nd ed. Hoboken, NJ: Earthscan, 2012.

AUROVILLE EARTH INSTITUTE. *Welcome to Earth Architecture!* Auroville, Tami Nadu, Índia, 2013. Disponível em: www.earth-auroville.com/index.php. Acesso em: 24 nov. 2013.

BAGCHI, A. K. *Perilous passage:* Mankind and the global ascendancy of capital. Lanham, MD: Rowman & Littlefield, 2005.

BAKER, N. D. The "new spirit" and its critics. *Foreign Affairs*, v. 12, p. 1-19, 1933.

BARRETT, C. B. *et al.* Conserving tropical biodiversity amid weak institutions. *Bioscience*, v. 51, p. 497-502, 2001.

BAYMAN, J. M. The Hohokam of southwest North America. *Journal of World Prehistory*, v. 15, p. 257-311, 2001.

BECK, U. *World risk society.* Cambridge: Polity Press, 1999.

BECKERMAN, W. A *Poverty of reason:* Sustainable development and economic growth. Oakland, CA: Independent Institute, 2002.

BEDDOE, R. *et al.* Overcoming systemic roadblocks to sustainability: The evolutionary redesign of worldviews, institutions, and technologies. *Proceedings of the National Academy of Sciences*, v. 106, p. 2483-2489, 2009.

BETTENCOURT, L. M. A.; KAUR, J. Evolution and structure of sustainability science. *Proceedings of the National Academy of Sciences*, v. 108, n. 49, p. 19540-19545, 2011.

BIERMANN, F. *et al.* Navigating the Anthropocene: Improving earth system governance. *Science*, v. 335, p. 1306-1307, 2012a

BIERMANN, F. *et al.* Transforming governance and institutions for global sustainability: Key insights from the Earth System Governance Project. *Current Opinion in Environmental Sustainability*, v. 4, p. 51-60, 2012b.

BLOMQVIST, L. *et al.* The Ecological Footprint remains a misleading metric of global sustainability. *PLoS Biology*, v. 11, e1001702, 2013.

BORRELLI, P. *et al.* An assessment of the global impact of 21st century land use change on soil erosion. *Nature Communications*, v. 8, 2017.

BORUCKE, M. *et al.* The National Footprints Accounts, 2012 edition. Oakland, CA: Global Footprint Network, 2013. Disponível em: www.footprintnetwork.org/images/article_uploads/National_Footprint_(accounts_2012_Edition_Report.pdf. Acesso em: 26 nov. 2013.

BOSERUP, E. *The conditions of agricultural growth:* The economics of agrarian change under population pressure. New Brunswick, NJ: Aldine Transaction, 2005.

BOULANGER, P.-M. The life-chances concept: A sociological perspective in equity and sustainable development. *In:* RAUSCHMAYER, F.; OMANN, I.; FRUHMANN, J. (ed.). *Sustainable development:* Capabilities, needs, and wellbeing. Abingdon: Routledge, 2011.

BOYD, D. R. *The environmental rights revolution:* A global study of constitutions, human rights, and the environment. Vancouver, BC: University of British Columbia Press, 2011.

BOYD, D. R. Right to a healthy environment: Good practices – Report of the Special Rapporteur on the issue of human rights obligations relating to the enjoyment of a safe, clean, healthy and sustainable environment. Nova York: United Nations Human Rights Council, 2019.

BRONDIZIO, E. S.; OSTROM, E.; YOUNG, O. R. Connectivity and the governance of multilevel social-ecological systems: The role of social capital. *Annual Review of Environment and Resources*, v. 34, n. 1, p. 253-278, 2009. DOI 10.1146/annurev.environ.020708.100707.

BUCHANAN, G. M. *et al.* Assessment of national-level progress towards elements of the Aichi Biodiversity Targets. *Ecological Indicators*, v. 116, 2020. DOI 10.1016/j.ecolind.2020.106497.

BUCK, S. No tragedy of the commons. *Environmental Ethics*, v. 7, p. 48-54, 1985.

BULLETIN OF THE ATOMIC SCIENTISTS. Doomsday Clock overview. 2007a. Disponível em: http://thebulletin.org. Acesso em: 28 maio 2014.

BULLETIN OF THE ATOMIC SCIENTISTS. It is 5 minutes to midnight. 2007b. Disponível em: http://thebulletin.org. Acesso em: 28 maio 2014.

BULLETIN OF THE ATOMIC SCIENTISTS. 2020 Doomsday Clock announcement. 2020. Disponível em: https://thebulletin.org/doomsday-clock/?gclid=CjwKCAjwgbLzBRBsEiwAXVIygI_SlUDFCC4awuSO GQspH9XRHA7VFrDA9MchkUzG9FA2ZXWRmVKushoCd_kQA vD_BwE#. Acesso em: 14 mar. 2020.

BUTZER, K. W. Collapse, environment, and society. *Proceedings of the National Academy of Sciences*, v. 109, p. 3632-3639, 2012.

CARDINALE, B. J. *et al.* 2012. Biodiversity loss and its impact on humanity. *Nature*, v. 486, p. 59-67.

CARPENTER, P. A.; BISHOP, P. C. The seventh mass extinction: Human-caused events contribute to a fatal consequence. *Futures*, v. 41, p. 715-722, 2009.

CASEBEER, W. D. Moral cognition and its neural constituents. *Nature Reviews Neuroscience*, v. 4, p. 840-845, 2003.

CASSMAN, K. G. *et al.* Agricultural sustainability and intensive production practices. *Nature*, v. 418, p. 671-677, 2002.

CEBALLOS, G.; EHRLICH, P. R.; RAVEN, P. H. Vertebrates on the brink as indicators of biological annihilation and the Sixth Mass Extinction. *Proceedings of the National Academy of Sciences*, 2020. DOI 10.1073/pnas.1922686117.

CELÂL, A. M. Ş.; ATAYMAN, S.; ÖZEREN, S. A scale of greatness and causal classification of mass extinctions: Implications for mechanisms. *Proceedings of the National Academy of Sciences*, v. 105, p. 13736-13740, 2008.

CENTENO, M. A.; COHEN, J. N. The arc of neoliberalism. *Annual Review of Sociology*, v. 38, p. 317-340, 2012.

CHAPIN, F. S.; DÍAZ, S. Interactions between changing climate and biodiversity: Shaping humanity's future. *Proceedings of the National Academy of Sciences*, v. 117, p. 6295-6296, 2020.

CHAPIN, F. S. *et al.* Consequences of changing biodiversity. *Nature*, v. 405, p. 234-242, 2000.

CHASE, A. F. *et al.* Airborne LiDAR, archaeology, and the ancient Maya landscape at Caracol, Belize. *Journal of Archaeological Science*, v. 38, p. 387-398, 2011.

CHENG, L. *et al.* How fast are the oceans warming? *Science*, v. 363, p. 128-129, 2019.

CHEW, S. Globalisation, ecological crisis, and Dark Ages. *Global Society*, v. 16, p. 333-356, 2002.

CHEW, S. *The recurring Dark Ages:* Ecological stress, climate changes, and system transformation. Lanham, MD: Rowman & Littlefield, 2007.

CLARK, M. Fisheries for orange roughy on seamounts in New Zealand. *Oceanologica Acta*, v. 22, n. 6, p. 593-602, 1999.

DFO. Fisheries and Oceans Canada. *Charting a new course:* Towards the fishery of the future: Report of the task force on incomes and adjustment in the Atlantic fishery. Departamento de Comunicações. Ottawa, Ontario: Task Force on Incomes and Adjustment in the Atlantic Fishery, 1993.

CORSON, C.; MACDONALD, K. I. Enclosing the global commons: The convention on biological diversity and green grabbing. *Journal of Peasant Studies*, v. 39, p. 263-283, 2012.

DALY, H. Ecuadorian court recognizes constitutional right to nature. Chester, PA: Widener Environmental Law Center Blog, 2011. Disponível em: http://blogs.law.widener.edu/envirolawblog/2011/07/12/ecuadorian-court-recognizes-constitutional-right-to-nature/. Acesso em: 20 abr. 2013.

DALY, H. *et al.* Are we consuming too much – for what? *Conservation Biology*, v. 21, p. 1359-1362, 2006.

DAVIDSON, D. J.; GISMONDI, M. *Challenging legitimacy at the precipice of energy calamity.* Nova York: Springer, 2011.

DAVISON, A. Contesting sustainability in theory-practice: In praise of ambivalence. *Continuum: Journal of Media & Cultural Studies*, v. 22, p. 191-199, 2008.

DENT, M.; PETERS, B. *The crisis of poverty and debt in the Third World.* Londres: Routledge, 2019.

DESBOROUGH, V. R. D. A. *The Greek Dark Ages.* Londres: Benn, 1972.

DeSOMBRE, E. R. Global environmental institutions. *In:* WEISS, T.; WILKINSON, R. (ed.). *Global Institutions.* Londres: Routledge, 2006.

DESORMEAUX, D.; JENSON, D.; ENZ, M. K. The first of the (Black) memorialists: Toussaint Louverture. *Yale French Studies*, v. 107, p. 131-145, 2005.

DE TOCQUEVILLE, A. *Democracy in America and two essays on America.* Nova York: Penguin Classics, 2003.

DE VRIES, B. In search of sustainability: What can we learn from the past? *In:* HORNBORG, A.; CRUMELY, C. (ed.). *The world system and the Earth system:* Global socioenvironmental change and sustainability since the Neolithic. Walnut Creek, CA: Left Coast Press, 2007.

DE VRIES, B.; GOUDSBLOM, J. (ed.). *Mappae mundi:* Humans and their habitats in a long-term socio-ecological perspective: Myths, maps and models. Amsterdã: Amsterdam University Press, 2003.

DE WAAL, F. B. M. *Our inner ape:* A leading primatologist explains why we are who we are. Nova York: Riverhead Books, 2005.

DE WAAL, F. B. M. Putting the altruism back into altruism: The evolution of empathy. *Annual Review of Psychology*, v. 59, p. 279-300, 2008.

DIAMOND, J. *Collapse:* How societies choose to fail or succeed. Nova York: Viking/Allen Lane, 2005.

DIAZ, R. J.; ROSENBERG, R. Spreading dead zones and consequences for marine ecosystems. *Science*, v. 321, p. 926-929, 2008.

DIETZ, T.; FITZGERALD, A.; SHWOM, R. Environmental values. *Annual Review of Environment and Resources*, v. 30, p. 335-372, 2005.

DIRZO, R.; RAVEN, P. H. Global state of biodiversity and loss. *Annual Review of Environment and Resources*, v. 28, p. 137-167, 2003.

DISCOVERY INSTITUTE. About Discovery. 2012. Disponível em: www.discovery.org/about.php. Acesso em: 4 dez. 2012.

DOBSON, A. *Green political thought.* Nova York: Routledge, 2000.

DOBSON, A. *Citizenship and the environment.* Oxford: Oxford University Press, 2003.

DOWER, N. Global economy, justice and sustainability. *Ethical Theory and Moral Practice*, v. 7, p. 399-415, 2004.

DOYLE, T. Sustainable development and Agenda 21: The secular bible of global free markets and pluralist democracy. *Third World Quarterly*, v. 19, p. 771-786, 1998.

DRESNER, S. *The principles of sustainability.* 2nd ed. Londres: Earthscan, 2008.

DUNLAP, R. E. Paradigms, theories, and environmental sociology. *In:* DUNLAP, R.E. *et al.* (ed.). *Sociological theory and the environment:* Classical foundations, contemporary insights. Lanham, MD: Rowman & Littlefield, 2002. p. 329-350.

DUNLAP, R. E.; VAN LIERE, K. D. Commitment to the dominant social paradigm and concern for environmental quality. *Social Science Quarterly*, v. 65, p. 1013-1028, 1984.

DUNNING, N. P.; BEACH, T. P.; LUZZADDER-BEACH, S. Kax and kol: Collapse and resilience in Lowland Maya civilization. *Proceedings of the National Academy of Sciences*, v. 109, p. 3652-3657, 2012.

EBERT, C. E. *et al*. The role of diet in resilience and vulnerability to climate change among early agricultural communities in the Maya Lowlands. *Current Anthropology*, v. 60, n. 4, p. 589-601, 2019. DOI 10.1086/704530.

EHRENFELD, D. W. *The arrogance of humanism*. Oxford: Oxford University Press, 1981.

EMERSON, J. W. *et al*. *Environmental Performance Index and Pilot Trend Environmental Performance Index*. New Haven, CT: Yale Center for Environmental Law and Policy, 2012.

ENGELS, F. *The condition of the working class in England in 1844*. Londres: George Allen and Unwin, [1844] 1993.

EVANS, N. P. *et al*. Quantification of drought during the collapse of the classic Maya civilization. *Science*, v. 361, n. 6401, p. 498-501, 2018. DOI 10.1126/science.aas9871.

EZE, M. O. Humanitatis-Eco (eco-humanism): An African environmental theory. *In*: AFOLAYAN, A.; FALOLA, T. (ed.). *The Palgrave Handbook of African Philosophy*. Nova York: Springer, 2017.

EZZATI, M.; KAMMEN, D. M. Household energy, indoor air pollution, and health in developing countries: Knowledge base for effective interventions. *Annual Review of Energy and the Environment*, v. 27, n. 1, p. 233-270, 2002.

FAO. *The state of the world fisheries and aquaculture*. Roma: Food and Agriculture Organization of the United Nations, 2012.

FAO. *The state of world fisheries and aquaculture 2020*. Roma: Food and Agriculture Organization of the United Nations, 2020.

FAO *et al*. *Brief to the state of food security and nutrition in the world: Transforming food systems for affordable healthy diets*. Roma: FAO, 2020.

FERGUSON, N. Complexity and collapse. *Foreign Affairs*, v. 89, n. 2, p. 18-32, 2010.

FERGUSON, N. *Civilization:* The six ways the West beat the rest. Nova York: Allen Lane, 2011.

FIALA, N. Measuring sustainability: Why the ecological footprint is bad economics and bad environmental science. *Ecological Economics*, v. 67, p. 519-525, 2008.

FISCHER, J. *et al.* Mind the sustainability gap. *Trends in Ecology & Evolution*, v. 22, n. 12, p. 621-624, 2007.

FISH, S. K.; FISH, P. R. *The Hohokam millennium.* Santa Fe, NM: School for Advanced Research Press, 2008.

FOLKE, C. Resilience: The emergence of a perspective for social-ecological systems analyses. *Global Environmental Change*, v. 16, p. 253-267, 2006.

FOLKE, C. *et al.* Adaptive Governance of social-ecological systems. *Annual Review of Environment and Resources*, v. 30, p. 441-473, 2005.

FOLKE, C.; KÅBERGER, T. Recent trends in linking the natural environment and the economy. *In:* FOLKE, C.; KÅBERGER, T. (ed.). *Linking the natural environment and the economy:* Essays from the Eco-Eco Group. Dordrecht: Kluwer, 1991.

FRASER, E. D. G. Social vulnerability and ecological fragility building bridges between social and natural sciences using the Irish potato famine as a case study. *Conservation Ecology*, v. 7, 2003.

FRIEDMAN, J. Sustainable unsustainability: Toward a comparative study of hegemonic decline in global systems. *In:* HORNBORG, A.; CRUMLEY, C. (ed.). *The world system and the Earth system:* Global socio-environmental change and sustainability since the Neolithic. Walnut Creek, CA: Left Coast Press, 2007.

FRIEDMANN, H. The political economy of food: The rise and fall of the postwar international food order. *American Journal of Sociology*, v. 88, p. S248-S286, 1982.

FRIEDMANN, H.; McMICHAEL, P. Agriculture and the state system: The rise and decline of national agricultures, 1870 to the present. *Sociologia Ruralis*, v. 29, n. 2, p. 93-117, 1989. DOI 10.1111/j.1467-9523.1989. tb00360.x.

FUCHS, D. *et al.* Which way forward in measuring the quality of life? A critical analysis of sustainability and well-being indicator sets. *Global Environmental Politics*, v. 20, n. 2, p. 12-36, 2020. DOI 10.1162/glep_a_00554.

FULLER, R. B. *Operating manual for Spaceship Earth.* Zurique: Lars Müller Publishers, 2008.

GAODI, X. *et al. China ecological footprint 2012:* Consumption, production, and sustainable development. Pequim: World Wildlife Fund Beijing Office, Global Footprint Network, Institute of Zoology, Zoological Society of London, China Council for International Cooperation on Environment and Development, 2012.

GARCIA, S. M.; ROSENBERG, A. A. Food security and marine capture fisheries: Characteristics, trends, drivers and future perspectives. *Philosophical Transactions of the Royal Society B: Biological Sciences*, v. 365, p. 2869-2880, 2010.

GAREAU, B. *From precaution to profit:* Contemporary challenges to environmental protection in the Montreal Protocol. New Haven, CT: Yale University Press, 2013.

GELLERS, J. C. *The global emergence of constitutional environmental rights*. Londres: Routledge, 2017.

GIBBON, E. *The history of the decline and fall of the Roman Empire*. Londres: Penguin, 1994.

GILLIGAN, C. Hearing the difference: Theorizing connection. *Hypatia*, v. 10, p. 120-127, 1995.

GILLIS, J. With deaths of forests, a loss of key climate protectors. *The New York Times*, p. A1, 1º out. 2011.

GLOBAL FOOTPRINT NETWORK. The ecological footprint. 2019. Disponível em: www.footprintnetwork.org.

GODWIN, W. *Enquiry concerning political justice, and its influence on morals and happiness:* By William Godwin. Londres: G. G. and J. Robinson, 1798.

GOODALL, J. Essays on science and society: Learning from the chimpanzees: A message humans can understand. *Science*, v. 282, n. 5397, 2184-2185, 1998.

GOODALL, J. Bridging the chasm: Helping people and the environment across Africa. *Environmental Change & Security Project Report*, v. 9, p. 1-5, 2003.

GOODLAND, R. The concept of sustainability. *Annual Review of Ecology and Systematics*, v. 26, p. 1-24, 1995.

GRAMSCI, A. *Prison notebooks*. Buttigieg, J. A. (ed.). vol. 1-3. Nova York: Columbia University Press, 1996.

GUNDERSON, L. H.; HOLLING, C. S. (ed.). *Panarchy*: Understanding transformations in human and natural systems. Washington, D.C.: Island Press, 2002.

HALDANE, A. *The dog and the frisbee*. Trabalho apresentado no 36º Simpósio de Política Econômica do Federal Reserve Bank de Kansas City, "The Changing Policy Landscape". Jackson Hole, Wyoming, 2012.

HALE, S. The new politics of climate change: Why we are failing and how we will succeed. *Environmental Politics*, v. 19, p. 255-275, 2010.

HALL, A.; BRANFORD, S. Development, dams and Dilma: The saga of Belo Monte. *Critical Sociology*, v. 38, p. 851-862, 2012.

HALL, T.; TURCHIN, P. Lessons from population ecology for worldsystems analyses of long-distance synchrony. *In:* HORNBERG, A.; CRUMELY, C. (ed.). *The world system and the Earth system.* Walnut Creek, CA: Left Coast Press, 2007.

HANDE, H. H. Reliable, renewable rural energy. *In:* SMITH, C. E. (Ed.). *Design for the Other 90%*. Nova York: Cooper-Hewitt, National Design Museum/Smithsonian Institute, 2007. p. 47-49.

HANSEN, J. *et al.* Target atmospheric CO_2: Where should humanity aim? *The Open Atmospheric Science Journal*, v. 2, 2008.

HARDIN, G. The tragedy of the commons. *Science*, v. 162, p. 43-48, 1968.

HARDIN, G. Commentary: Living on a lifeboat. *Bioscience*, v. 24, n. 10, p. 561-568, 1974.

HARDIN, G. *Living within limits:* Ecology, economics, and population taboos. Nova York: Oxford University Press, 1995.

HAWKEN, P.; LOVINS, A.; LOVINS, L. H. *Natural capitalism:* Creating the next Industrial Revolution. Nova York: Little, Brown and Company, 1999.

HAWKEN, P.; LOVINS, A.; LOVINS, L. H. *Natural capitalism:* The next Industrial Revolution. Londres: Earthscan, 2010.

HAY, P. R. *Main currents in western environmental thought.* Bloomington, IN: Indiana University Press, 2002

HAYANGA, A. J. Wangari Mathai: An African woman's environmental and geopolitical landscape. *International Journal of Environmental Studies*, v. 63, p. 551-555, 2006.

HEATH, A. W.; STAPPENBELT, B.; ROS, M. Uncertainty analysis of the limits to growth model: Sensitivity is high, but trends are stable. *GAIA – Ecological Perspectives for Science and Society*, v. 28, p. 275-283, 2019.

HEATHER, P. *The Fall of the Roman Empire:* A new history of Rome and the Barbarians. Oxford: Oxford University Press, 2006.

HEMPEL, L. C. Conceptual and analytical challenges in building sustainable communities. *In:* MAZMANIAN, D. A.; KRAFT, M. E. (ed.). *Toward sustainable communities:* Transition and transformations in environmental policy. Cambridge, MA: MIT Press, 2009.

HERTEL, T. W. The global supply and demand for agricultural land in 2050: A perfect storm in the making? *American Journal of Agricultural Economics*, v. 93, p. 259-275, 2011.

HICKEL, J. Is it possible to achieve a good life for all within planetary boundaries? *Third World Quarterly*, v. 40, p. 18-35, 2019.

HOEKSTRA, A. Y.; MEKONNEN, M. M. The water footprint of humanity. *Proceedings of the National Academy of Sciences*, v. 109, p. 3232-3237, 2012.

HÖHLER, S. The environment as a life support system: The case of Biosphere 2. *History and Technology*, v. 26, p. 39-58, 2010.

HOLLING, C. S. Understanding the complexity of economic, ecological, and social systems. *Ecosystems*, v. 4, p. 390-405, 2001.

HOLLING, C. S. *Foreword:* The backloop to sustainability. Cambridge: Cambridge University Press, 2003.

HOLLOWAY, G.; SOU, T. Has Arctic sea ice rapidly thinned? *Journal of Climate*, v. 15, p. 1691-1701, 2002.

HUBER, P. *Hard green:* Saving the environment from the environmentalists, a conservative manifesto. Nova York: Basic Books, 1999.

HULL, R. All about Eve: A report on environmental virtue ethics today. *Ethics & the Environment*, v. 10, p. 89-110, 2005.

HUMPHREYS, D. *Logjam:* Deforestation and the crisis of global governance. Londres: Earthscan, 2006.

HUSEMAN, J.; SHORT, D. "A slow industrial genocide": Tar sands and the indigenous peoples of northern Alberta. *The International Journal of Human Rights*, v. 16, p. 216-237, 2012.

ONU. Organização Mundial da Saúde. *Global nutrition report:* Action on equity to end malnutrition. Bristol: The Independent Group, 2020.

CONFERÊNCIA MUNDIAL SOBRE OS POVOS INDÍGENAS NA RIO+20 E A MÃE TERRA. *Declaração da Kari-Oca 2.* Rio de Janeiro, Brasil, 2012.

CÚPULA INTERNACIONAL DE POVOS INDÍGENAS SOBRE DESENVOLVIMENTO SUSTENTÁVEL. Declaração de Kimberley da Cúpula Internacional de Povos Indígenas sobre Desenvolvimento Sustentável. 2002. Disponível em: www.iwgia.org/sw217.asp.

IPCC. Intergovernmental Panel on Climate Change. *Climate change 2013:* The physical science basis. STOCKER, T. F. *et al.* (ed.). Grupo de trabalho I para o Quinto relatório de avaliação do painel intergovernamental sobre mudanças climáticas. Cambridge: IPCC, 2013.

JACKSON, J. B. C. Ecological extinction and evolution in the brave new ocean. *Proceedings of the National Academy of Sciences*, v. 105, p. 11458-11465, 2008.

JACKSON, T. The post-growth challenge: Secular stagnation, inequality and the limits to growth. *Ecological Economics*, v. 156, p. 236-246, 2019.

JACOBS, M. Sustainable development as a contested concept. *In:* DOBSON, A. (ed.). *Fairness and futurity.* Oxford: Oxford University Press, 1999.

JACQUES, P. J. The rearguard of modernity: Environmental skepticism as a struggle of citizenship. *Global Environmental Politics*, v. 6, n. 1, p. 76-101, 2006. DOI 10.1162/glep.2006.6.1.76.

JACQUES, P. J. *Environmental skepticism:* Ecology, power, and public life. Burlington, VT: Ashgate Publishing, 2009.

JACQUES, P. J. Emerging issues: Civil society in an environmental context. *In:* FAIRFAX, S.; RUSSELL, E. (ed.). *The guide to US environmental policy.* Washington, D.C.: CQ Press, 2014.

JACQUES, P. J. Are world fisheries a global panarchy? *Marine Policy*, v. 53, p. 165-170, 2015.

JACQUES, P. J.; DUNLAP, R. E.; FREEMAN, M. The organization of denial: Conservative think tanks and environmental scepticism. *Environmental Politics*, v. 17, p. 349-385, 2008.

JAENICKE-DESPRES, V. *et al.* Early allelic selection in maize as revealed by ancient DNA. *Science*, v. 302, p. 1206-1208, 2003.

JAROSZ, L. The political economy of global governance and the world food crisis: The case of the FAO. *Review (Fernand Braudel Center)*, v. 32, p. 37-60, 2009.

JENNI, K. Western environmental ethics: An overview. *Journal of Chinese Philosophy*, v. 32, p. 1-17, 2005.

JONES, A. H. M. *The later Roman Empire, 284-602:* A social, economic, and administrative survey. Baltimore, MD: Johns Hopkins University Press, 1964.

JONES, R. C. Science, sentience, and animal welfare. *Biology & Philosophy*, v. 28, n. 1, p. 1-30, 2012.

KANNINEN, T. *Crisis of global sustainability.* Londres: Routledge, 2013.

KAPLAN, R. The coming anarchy: How scarcity, crime, overpopulation, tribalism, and disease are rapidly destroying the social fabric of our planet. *The Atlantic Monthly*, fev. 1994.

KATES, R. W.; PARRIS, T. M.; LEISEROWITZ, A. A. What is sustainable development? Goals, indicators, values, and practice. *Environment*, v. 47, p. 8-21, 2005.

KERTCHER, C. From Cold War to a system of peacekeeping operations: The discussions on peacekeeping operations in the UN during the 1980s up to 1992. *Journal of Contemporary History*, v. 47, p. 611-637, 2012.

KIRCH, P. V. Archaeology and global change: The Holocene record. *Annual Review of Environment and Resources*, v. 30, p. 409-440, 2005.

KORSGAARD, C. M. *Fellow creatures: Kantian ethics and our duties to animals.* Palestras Tanner sobre valores humanos. Ann Arbor, MI: University of Michigan, 2004.

KUMMU, M. *et al.* The world's road to water scarcity: Shortage and stress in the 20th century and pathways towards sustainability. *Scientific Reports*, v. 6, 38495, 2016.

KUMMU, M. *et al.* Is physical water scarcity a new phenomenon? Global assessment of water shortage over the last two millennia. *Environmental Research Letters*, v. 5, 034006, 2010.

LARKIN, P. A. Epitaph for the concept of Maximum Sustained Yield. *Transactions of the American Fisheries Society*, v. 106, n. 1, p. 1-11, 1977.

LAWLER, A. Collapse? What collapse? Societal change revisited. *Science*, v. 330, p. 907-909, 2010.

LEE, K. *Compass and gyroscope:* Integrating science and politics for the environment. Washington, D.C.: Island Press, 1993.

LEISEROWITZ, A. A.; KATES, R. W.; PARRIS, T. M. Sustainability values, attitudes, and behaviors: A review of multinational and global trends. *Annual Review of Environment and Resources*, v. 31, p. 413-444, 2006.

LEVITUS, S. *et al.* World Ocean heat content and thermosteric sea level change (0-2000 m), 1955-2010. *Geophysical Research Letters*, v. 39, L10603, 2012.

LINDSEY, R. *Climate change:* Atmospheric carbon dioxide. Washington, D.C.: National Oceanic and Atmospheric Administration, 2019. Disponível em: www.climate.gov/news-features/understanding-climate/climate-change-atmospheric-carbon-dioxide. Acesso em: 1º fev. 2020.

LINDSEY, R.; DAHLMAN, L. *Climate change:* Global temperature. Washington, D.C.: National Oceanic and Atmospheric Administration, 2020. Disponível em: www.climate.gov/news-features/understanding-climate/climate-change-global-temperature. Acesso em: 1º fev. 2020.

LOBO, R.; JACQUES, P. J. SOFIA's choices: Discourses, values, and norms of the World Ocean Regime. *Marine Policy*, v. 78, p. 26-33, 2017.

LOMBORG, B. *The skeptical environmentalist:* Measuring the real state of the world. Nova York: Cambridge University Press, 2001.

LOMBORG, B.; RUBIN, O. The dustbin of history: Limits to growth. *Foreign Policy*, v. 133, p. 42-44, 2002.

LONDOÑO, E.; ANDREONI, M.; CASADO, L. Amazon deforestation soars as pandemic hobbles enforcement. *The New York Times*, 6 jun. 2020. Disponível em: www.nytimes.com/2020/06/06/world/americas/amazon-deforestation-brazil.html. Acesso em: 19 jun. 2020.

LOVEJOY, T. A tsunami of extinction. *Scientific American*, v. 308, p. 33-34, 2012.

LUERS, A. The surface of vulnerability: An analytical framework for examining environmental change. *Global Environmental Change*, v. 15, p. 214-223, 2005.

MAATHAI, W. "The river has been crossed": Wangari Maathai and the mothers of the Green Belt Movement: An interview with Wangari Maathai. *In:* JETTER, A.; ORLECK, A.; TAYLOR, D. (ed.). *The politics of motherhood:* Activist voices from left to right. Hanover, NH: University Press of New England, 1997.

MAATHAI, W. *Nobel Peace Prize lecture*. Estocolmo: The Nobel Committee, 2004.

MAFFI, L. *Bio-cultural diversity for endogenous development: Lessons from research, policy, and on-the-ground experiences.* Trabalho apresentado na Conferência Internacional sobre Desenvolvimento Endógeno e Diversidade Biocultural, Genebra, Suíça. 3-5 out. 2006.

MALTHUS, T. R. *An essay on the principle of population, as it affects the future improvement of society with remarks on the speculations of Mr. Godwin, M. Condorcet, and other writers.* Electronic Scholarly Publishing Project, [1798] 1988. Disponível em: www.esp.org.

MAY, J. R. Making sense of environmental human rights and global environmental constitutionalism. *In:* ALAM, S. *et al.* (ed.). *Routledge handbook of international environmental law.* Londres: Routledge, 2020.

McANANY, P. A.; YOFFEE, N. *Questioning collapse:* Human resilience, ecological vulnerability, and the aftermath of empire. Cambridge: Cambridge University Press, 2010.

McDONALD, R. I. *et al.* Urban growth, climate change, and freshwater availability. *Proceedings of the National Academy of Sciences*, v. 108, p. 6312-6317, 2011.

McKEE, J. K. Reawakening Malthus: Empirical support for the Smail scenario. *American Journal of Physical Anthropology*, v. 122, n. 4, p. 371-374, 2003.

McMICHAEL, A. J.; BUTLER, C. D.; FOLKE, C. New visions for addressing sustainability. *Science*, v. 302, p. 1919-1920, 2003.

McMICHAEL, A. J.; WOODRUFF, R. E.; HALES, S. Climate change and human health: present and future risks. *The Lancet*, v. 367, p. 859-869, 2006.

MEADOWS, D. H. Envisioning a sustainable world. *Solutions*, v. 3, p. 11-14, 2012.

MEADOWS, D. H.; MEADOWS, D.; RANDERS, J. *Beyond the Limits:* Global collapse or a sustainable future. White River Junction, VT: Chelsea Green Publishing, 1992.

MEADOWS, D. H. *et al. The limits to growth:* A report for the Club of Rome's Project on the predicament of mankind. Nova York: Universe Books, 1972.

MEADOWS, D. L. *et al. Dynamics of growth in a finite world.* Cambridge, MA: Wright Allen Press, Inc, 1974.

MEADOWS, D. L.; RANDERS, J.; MEADOWS, D. H. *Limits to growth:* The 30-year update. White River Junction, VT: Chelsea Green Publishing, 2004.

MENCKEN, H. L. *In defense of women.* Nova York: AA Knopf, 1922.

MIGDAL, J. The state in society: An approach to struggles for domination. *In:* MIGDAL, J.; KOHLI, A.; SHUE, V. (ed.). *State power and social forces:* Domination and transformation in the Third World. Cambridge: Cambridge University Press, 1977.

MILES, E. L. On the increasing vulnerability of the World Ocean to multiple stresses. *Annual Review of Environment and Resources*, v. 34, p. 17-41, 2009.

MILL, J. S. *On liberty.* Londres: Penguin, 1974.

MEA. Millennium Ecosystem Assessment. *Ecosystems and human well-being:* A framework for assessment. Washington, D.C.: Island Press, 2003.

MEA. Millennium Ecosystem Assessment. *Ecosystems and human well-being:* Synthesis. Washington, D.C.: Island Press, 2005a.

MEA. Millennium Ecosystem Assessment. *Ecosystems and human well-being:* Our human planet: Summary for decision-makers. Washington, D.C.: Island Press, 2005b.

MEA. Millennium Ecosystem Assessment. *Living beyond our means:* Natural assets and human well-being. Washington, D.C.: Island Press, 2005c.

MOLDAN, B.; JANOUŠKOVÁ, S.; HÁK, T. How to understand and measure environmental sustainability: Indicators and targets. *Ecological Indicators*, v. 17, p. 4-13, 2012.

MOLL, P. The discreet charm of the Club of Rome. *Futures*, v. 25, p. 801-805, 1993.

MONTGOMERY, D. R. Soil erosion and agricultural sustainability. *Proceedings of the National Academy of Sciences*, v. 104, p. 13268-13272, 2007.

MONTGOMERY, D. R. *Dirt:* The erosion of civilizations. Los Angeles, CA: University of California Press, 2012.

MORA, C. *et al.* Global human footprint on the linkage between biodiversity and ecosystem functioning in reef fishes. *PLoS Biology*, v. 9, e1000606, 2011.

MORRIS, D. W. Adaptation and habitat selection in the eco-evolutionary process. *Proceedings of the Royal Society B*, v. 278, p. 2401-2411, 2011.

MYERS, N. Biodiversity and the precautionary principle. *Ambio*, v. 213, p. 74-79, 1993.

MYERS, S. S.; PATZ, J. A. Emerging threats to human health from global environmental change. *Annual Review of Environment and Resources*, v. 34, p. 223-252, 2009.

NAIDOO, R.; FISHER, B. *Reset sustainable development goals for a pandemic world*. Nova York: Nature Publishing Group, 2020.

NOAA. National Oceanic and Atmospheric Administration. *Trends in atmospheric carbon dioxide*. Mauna Loa, Havaí: U.S. Department of Commerce. Earth System Research Laboratory, Global Monitoring Division, 2014.

NATIONAL RESEARCH COUNCIL. *Our common Jjourney:* A transition toward sustainability. Washington, D.C.: National Academies Press, 1999.

NAVARRETE, C. D. *et al.* Fear is readily associated with an outgroup face in a minimal group context. *Evolution & Human Behavior*, v. 33, n. 5, p. 590-593, 2012.

NEE, S. The great chain of being. *Nature*, v. 435, p. 429, 2005.

NORGAARD, R. B.; BAER, P. Collectively seeing complex systems: The nature of the problem. *Bioscience*, v. 55, p. 953-960, 2005.

NORTON, B. G. *Searching for sustainability:* Interdisciplinary essays in the philosophy of conservation biology. Cambridge: Cambridge University Press, 2002.

NORTON, B. G. *Sustainability:* A philosophy of adaptive ecosystem management. Chicago, IL: University of Chicago Press, 2005.

NOSS, R. F. *et al.* Bolder thinking for conservation. *Conservation Biology*, v. 26, n. 1, p. 1-4, 2012.

ODUOL, W.; KABIRA, W. M. The mother of warriors and her daughters: The women's movement in Kenya. *In:* BASU, A. (ed.). *The challenge of local feminisms:* Women's movements in global perspective. Boulder, CO: Westview Press, 1995.

O'HARA, S. U. Economics, ethics and sustainability: Redefining connections. *International Journal of Social Economics*, v. 25, p. 43-62, 1998.

OKEREKE, C. *Global justice and neoliberal environmental governance:* Ethics, sustainable development and international co-operation. Nova York: Routledge, 2007.

O'NEILL, D. W. *et al.* A good life for all within planetary boundaries. *Nature Sustainability*, v. 1, p. 88-95, 2018.

OPHULS, W. The scarcity society. *The Harpers Monthly*, p. 47-52, abr. 1974.

OPHULS, W. *Plato's revenge:* Politics in the age of ecology. Cambridge, MA: MIT Press, 2011.

O'RIORDAN, T.; CAMERON, J. *Interpreting the precautionary principle.* Londres: Earthscan/James & James, 1994a.

O'RIORDAN, T.; CAMERON, J. The history and contemporary significance of the precautionary principle. *In:* O'RIORDAN, T.; CAMERON, J. *Interpreting the precautionary principle.* Londres: Earthscan/James & James, 1994b. p. 12-30

ORR, D. Four challenges for sustainability. *Conservation Biology*, v. 16, p. 1456-1460, 2002.

ORR, D. Can we avoid the perfect storm? *Solutions*, v. 3, 2012. Disponível em: www.thesolutionsjournal.com/node/1124. Acesso em: 28 maio 2014.

OSTROM, E. *et al.* Revisiting the commons: Local lessons, global changes. *Science*, v. 284, p. 278-283, 1999.

OVERPECK, J. T.; COLE, J. E. Abrupt change in Earth's climate system. *Annual Review of Environment and Resources*, v. 31, n. 1, p. 1-31, 2006.

PAARLBERG, R. L. *Food politics:* What everyone needs to know. Oxford: Oxford University Press, 2010.

PAEHLKE, R. *Democracy's dilemma:* Environment, social equity, and the global economy. Cambridge, MA: MIT Press, 2004.

PARK, J.; CONCA, K.; FINGER, M. (ed.). *The crisis of global environmental governance:* Towards a new political economy of sustainability. Nova York: Routledge, 2008.

PARRIS, T. M.; KATES, R. W. Characterizing and measuring sustainable development. *Annual Review of Environment and Resources*, v. 28, p. 559-586, 2003.

PEREIRA, H. M.; NAVARRO, L. M.; MARTINS, I. S. Global biodiversity change: The bad, the good, and the unknown. *Annual Review of Environment and Resources*, v. 37, p. 25-50, 2012.

PETERSON, D. *Jane Goodall:* The woman who redefined man. Nova York: Houghton Mifflin Harcourt, 2008.

PETERSEN, W. The Malthus-Godwin debate, then and now. *Demography*, v. 8, p. 13-26, 1971.

PIMENTEL, D. Food for thought: A review of the role of energy in current and evolving agriculture. *Critical Reviews in Plant Sciences*, v. 30, p. 35-44, 2011.

PIMENTEL, D. *et al.* Environmental, energetic, and economic comparisons of organic and conventional farming systems. *Bioscience*, v. 55, n. 7, p. 573-582, 2005.

PINCHOT, G. *The fight for conservation*. Nova York: Doubleday, Page & Company, 1910.

POLAK, P. *Out of poverty*. São Francisco, CA: Berrett-Koehler, 2008.

PONTING, C. *A new green history of the world:* The environment and the collapse of great civilizations. Londres: Penguin, 2007.

POPE, D. P. *et al.* Risk of low birth weight and stillbirth associated with indoor air pollution from solid fuel use in developing countries. *Epidemiologic Reviews*, v. 32, n. 1, p. 70-81, 2010.

PRINCEN, T. Principles for sustainability: From cooperation and efficiency to sufficiency. *Global Environmental Politics*, v. 3, p. 33-50, 2003.

RAWLS, J. *A theory of justice*. Cambridge, MA: Belknap Press of Harvard University Press, 1971.

RAWORTH, K. *Doughnut economics:* Seven ways to think like a 21st-century economist. White River Junction, VT: Chelsea Green Publishing, 2017.

RAY, D. K. *et al*. Climate change has likely already affected global food production. *PloS One*, v. 14, 2019.

REDCLIFT, M. Sustainable development (1987-2005): An oxymoron comes of age. *Sustainable Development*, v. 13, p. 212-227, 2005.

REDFORD, K. H.; BROSIUS, J. P. Diversity and homogenization in the endgame. *Global Environmental Change:* Human and Policy Dimensions, v. 16, p. 317-319, 2006.

REES, W. E. Ecological footprints and appropriated carrying capacity: What urban economics leaves out. *Environment and Urbanization*, v. 4, n. 2, p. 121-130, 1992.

REES, W. E.; WACKERNAGEL, M. The shoe fits, but the footprint is larger than Earth. *PLoS Biology*, v. 11, 2013. DOI 10.1371/journal.pbio.1001701.

RIDGEWAY, S.; JACQUES, P. *The power of the talking stick:* Indigenous politics and the world ecological crisis. Boulder, CO: Paradigm Publishers, 2013.

ROBERT, K.-H. *et al*. A compass for sustainable development. *International Journal of Sustainable Development & World Ecology*, v. 4, n. 79, 1997.

ROBERTSON, G. P.; VITOUSEK, P. M. Nitrogen in agriculture: Balancing the cost of an essential resource. *Annual Review of Environment and Resources*, v. 34, p. 97-125, 2009.

ROBINSON, W. I. Global capitalism theory and the emergence of transnational elites. *Critical Sociology*, v. 38, p. 349-363, 2012.

ROCKSTRÖM, J. *et al*. Planetary Boundaries: Exploring the safe operating space for humanity. *Ecology and Society*, v. 14, 2009. Disponível em: www.ecologyandsociety.org/vol14/iss2/art32. Acesso em: 28 maio 2014.

ROGERS, R. *The oceans are emptying:* Fish wars and sustainability. Nova York: Black Rose Books, 1995.

RORTY, R. Justice as a larger loyalty. *Ethical Perspectives*, v. 4, p. 139-151, 1997.

ROSER, M.; RITCHIE, H.; ORTIZ-OSPINA, E. World population growth. 2013. [Atualização de 2019.] Disponível em: https://ourworl dindata.org/world-population-growth.

ROTMANS, J.; DE VRIES, B. (ed.). *Perspectives on global change:* The TARGETS approach. Cambridge: Cambridge University Press, 1997.

ROUSSEAU, J. J. Discourse on the origin of inequality. Indianapolis, IN: Hackett Publishing, [1775] 1992.

RUNNING, S. W. Approaching the limits. *Science*, v. 339, p. 1276-1277, 2013.

SACHS, J. D. *et al.* Six transformations to achieve the Sustainable Development Goals. *Nature Sustainability*, v. 2, p. 805-814, 2019.

SAITH, A. Inequality, imbalance, instability: Reflections on a structural crisis. *Development and Change*, v. 42, p. 70-86, 2011.

SANDLER, R. L. Environmental virtue ethics. *In: The international encyclopedia of ethics.* Hoboken, NJ: Wiley Online Library, 2013.

SCHÄFER, M. S. Online communication on climate change and climate politics: A literature review. *Wiley Interdisciplinary Reviews: Climate Change*, v. 3, n. 6, p. 527-543, 2012.

SCHEFFER, M. *et al.* Catastrophic shifts in ecosystems. *Nature*, v. 413, p. 591-596, 2001.

SCHLOSBERG, D. Reconceiving environmental justice: Global movements and political theories. *Environmental Politics*, v. 13, p. 517-540, 2004.

SCHLOSBERG, D. Theorising environmental justice: The expanding sphere of a discourse. *Environmental Politics*, v. 22, p. 37-55, 2013.

SEN, A. Famines. *World Development*, v. 8, p. 613-621, 1980.

SEN, A. The ends and means of sustainability. *Journal of Human Development and Capabilities*, v. 14, p. 6-20, 2013.

ŞENGÖR, A. M. C.; ATAYMAN, S.; ÖZEREN, S. A scale of greatness and causal classification of mass extinctions: Implications for mechanisms. *Proceedings of the National Academy of Sciences*, v. 105, p. 13736-13740, 2008.

SIMON, J. *The ultimate resource.* Princeton, NJ: Princeton University Press, 1981.

SIMON, J. *Hoodwinking the nation.* New Brunswick, NJ: Transaction Publishers/Cato Institute, 1999.

SIMON, J.; KAHN, H. (ed.). *The resourceful Earth:* A response to Global 2000. Oxford: Blackwell, 1984.

SMAIL, J. K. Remembering Malthus: A preliminary argument for a significant reduction in global human numbers. *American Journal of Physical Anthropology,* v. 118, n. 3, p. 292-297, 2002.

SMIL, V. Energy in the twentieth century: Resources, conversions, costs, uses, and consequences. *Annual Review of Energy and the Environment,* v. 25, p. 21-51, 2000.

SMIL, V. *Harvesting the biosphere:* What we have taken from nature. Cambridge, MA: MIT Press, 2012.

SMIL, V. *Energy and civilization:* A history. Cambridge, MA: MIT Press, 2017.

SMITH, W. J. *A rat is a pig is a dog is a boy:* The human cost of the Animal Rights Movement. Nova York: Encounter Books, 2012.

SMITH, Z. A.; FARLEY, H. *Sustainability:* If it's everything, is it nothing? Londres: Routledge, 2014.

SOLT, F. Measuring income inequality across countries and over time: The standardized world income inequality database. *Social Science Quarterly,* v. 101, n. 3, p. 1183-1199, 2020.

SORON, D.; LAXER, G. Thematic introduction: Decommodification, democracy, and the battle for the commons. *In:* LAXER, G.; SORON, D. (ed.). *Not for sale:* Decommodifying public life. Peterborough, ON: Broadview Press, 2006. p. 15-37.

SOUTHERN POVERTY LAW CENTER. Garrett Hardin. 2020. Disponível em: www.splcenter.org/fighting-hate/extremist-files/individual/garrett-hardin.

SPAISER, V. *et al.* The sustainable development oxymoron: Quantifying and modelling the incompatibility of Sustainable Development Goals. *International Journal of Sustainable Development and World Ecology,* v. 24, p. 457-470, 2017.

STEFFEN, W.; ROCKSTRÖM, J.; COSTANZA, R. How defining Planetary Boundaries can transform our approach to growth. *Solutions*, v. 2, n. 3, 2011. Disponível em: www.thesolutionsjournal.com/node/935. Acesso em: 28 maio 2014.

STEWART-HARAWIRA, M. Returning the sacred: Indigenous ontologies in perilous times. *In:* WILLIAMS, L.; ROBERTS, R.; MCINTOSH, A. (ed.). *Radical human ecology:* Intercultural and indigenous approaches. Farnham: Ashgate, 2012.

STOETT, P. *Global ecopolitics:* Crisis, governance, and justice. Toronto: University of Toronto Press, 2012.

STONE, D. A. *et al.* The detection and attribution of human influence on climate. *Annual Review of Environment and Resources*, v. 34, p. 1-16, 2009.

STOREY, R. The children of Copan: Issues in paleopathology and paleodemography. *Ancient Mesoamerica*, v. 3, n. 1, p. 161-167, 1992.

SURVIVAL INTERNATIONAL. Belo Monte Dam background briefing. [201?]. Disponível em: www.survivalinternational.org/about/belo-mon te-dam. Acesso em: 28 maio 2014.

SWYNGEDOUW, E.; HEYNEN, N. C. Urban political ecology, justice and the politics of scale. *Antipode*, v. 35, p. 898-918, 2003.

TAINTER, J. A. *The collapse of complex societies.* Cambridge: Cambridge University Press, 1988.

CLUBE DE ROMA. Founding the Club of Rome. 2006. Disponível em: www.clubofrome.at/peccei/clubofrome.html. Acesso em: 26 fev. 2011.

THE GREEN BELT MOVEMENT. Our history. 2013. Disponível em: www.greenbeltmovement.org/who-we-are/our-history. Acesso em: 1º jan. 2013.

THIELE, L. P. *Indra's net and the Midas touch:* Living sustainably in a connected world. Cambridge, MA: MIT Press, 2011.

TINKER, G. An American Indian theological response to eco-justice. *In:* WEAVER, J. (ed.). *Defending Mother Earth:* Native American perspectives on environmental justice. Maryknoll, NY: Orbis Books, 1996.

TURNER, B.; SABLOFF, J. A. Classic Period collapse of the Central Maya Lowlands: Insights about human-environment relationships for sustainability. *Proceedings of the National Academy of Sciences*, v. 109, p. 13908-13914, 2012.

TURNER, G. M. A comparison of The limits to growth with 30 years of reality. *Global Environmental Change*, v. 18, p. 397-411, 2008.

TURNER, R. K. Sustainability: Principles and practice. *In:* REDCLIFT, M. (ed.). *Sustainability:* Critical concepts in the social sciences. vol. 2. Londres: Routledge, 2005.

ONU. United Nations General Assembly. Resolution adopted by the General Assembly on 25 September 2015. Transforming our world: the 2030 Agenda for Sustainable Development. New York: United Nations, 2015.

ONU. United Nations Population Division. *World population prospects.* Nova York: United Nations, 2012.

ONU. UN Sustainable Development Goals Office. Goal 6: Ensure access to water and sanitation for all. 2020. Disponível em: www.un.org/sustai nabledevelopment/water-and-sanitation. Acesso em: 12 out. 2020.

VANDERHEIDEN, S. *Atmospheric justice:* A political theory of climate change. Oxford: Oxford University Press, 2008.

VELDERS, G. J. *et al.* The importance of the Montreal Protocol in protecting climate. *Proceedings of the National Academy of Sciences*, v. 104, p. 4814-4819, 2007.

VERNON, J. *Hunger:* A modern history. Cambridge, MA: Harvard University Press, 2007.

VITOUSEK, P. M. *et al.* Human appropriation of the products of photosynthesis. *Bioscience*, v. 36, p. 368-373, 1986.

VITOUSEK, P. M. *et al.* Human domination of Earth's ecosystems. *Science*, v. 277, p. 494-499, 1997.

VIZZINI, S. et al. Ocean acidification as a driver of Community simplification via the collapse of higher-order and rise of lower-order consumers. *Scientific Reports*, v. 7, p. 4018, 2017.

VOLLAN, B.; OSTROM, E. Cooperation and the commons. *Science*, v. 330, p. 923-924, 2010.

WACKERNAGEL, M. *et al.* Tracking the ecological overshoot of the human economy. *Proceedings of the National Academy of Sciences (PNAS)*, v. 99, p. 9266-9271, 2002.

WALKER, B. *et al.* Resilience management in social-ecological systems: A working hypothesis for a participatory approach. *Conservation Ecology*, v. 6, n. 1, 2002. Disponível em: www.consecol.org/vol16/iss1/art14. Acesso em: 28 maio 2014.

WALKER, B. *et al.* A handful of heuristics and some propositions for understanding resilience in social-ecological systems. *Ecology and Society*, v. 11, n. 1, 2006. Disponível em: www.ecologyandsociety.org/vol11/iss1/art13. Acesso em: 28 maio 2014.

WALLERSTEIN, I. *The modern world system.* Nova York: Academic Press, 1974.

WATERS, F. *The book of Hopi:* The first revelation of the Hopi's historical and religious world-view of life. Nova York: Penguin Books, 1963.

WEISS, H.; BRADLEY, R. S. What drives societal collapse? *Science*, v. 291, p. 609-610, 2001.

WELLS, S. *Pandora's seed:* The unforeseen cost of civilization. Nova York: Random House, 2010.

WESTERN, D. Human-modified ecosystems and future evolution. *Proceedings of the National Academy of Sciences (PNAS)*, v. 98, p. 5458-5465, 2001.

WIEDMANN, T.; BARRETT, J. A review of the Ecological Footprint Indicator – perceptions and methods. *Sustainability*, v. 2, p. 1645-1693, 2010.

WILCOX, M. Marketing conquest and the vanishing Indian: An Indigenous response to Jared Diamond's Guns, Germs, and Steel and Collapse. *Journal of Social Archaeology*, v. 10, p. 92-117, 2010.

WILDMAN, D. *et al.* Implications of natural selection in shaping 99.4% nonsynonymous DNA identity between humans and chimpanzees: Enlarging genus Homo. *Proceeding of the National Academy of Sciences*, v. 100, p. 7181-7188, 2003.

WILLIAMS, C. C.; MILLINGTON, A. C. The diverse and contested meanings of sustainable development. *Geographical Journal*, v. 170, p. 99-104, 2004.

WILSON, J. *Introduction to social movements.* Nova York: Basic Books, 1973.

BANCO MUNDIAL. *Life expectancy at birth, total (years)*. Washington, D.C.: The World Bank, 2019.

BANCO MUNDIAL. *Poverty*. 2020. Disponível em: www.worldbank.org/en/topic/poverty/overview. Acesso em: 13 jun. 2020.

WCED. World Commission on Environment and Development. *Our common future*. Oxford: Oxford University Press, 1987.

WORSTER, D. *Rivers of empire:* Water, aridity, and the growth of the American West. Nova York/Newbury Park, CA: Pantheon Books/Sage, 1985.

WU, S.-H. *et al.* Global hunger: A challenge to agricultural, food, and nutritional sciences. *Critical Reviews in Food Science and Nutrition*, v. 54, p. 151-162, 2012.

XU, C. *et al.* Future of the human climate niche. *Proceedings of the National Academy of Sciences*, 2020. DOI 10.1073/pnas.1910114117

YOUNG, I. M. *Justice and the politics of difference.* Princeton, NJ: Princeton University Press, 1990.

YOUNG, O. R. Effectiveness of international environmental regimes: Existing knowledge, cutting-edge themes, and research strategies. *Proceedings of the National Academy of Sciences*, v. 108, p. 19853-19860, 2011.

YOUNG, O. R. Sugaring off: Enduring insights from long-term research on environmental governance. *International Environmental Agreements: Politics, Law and Economics*, v. 13, n. 1, p. 87-105, 2013.

Índice Remissivo

A

Acidificação dos oceanos 43, 57, 63, 171
Acordo de Paris 13, 228
Acosta, A. 209
Adequação institucional 218
África
  Austral 156, 236
  norte da 40, 41
  Protetorado da África Oriental
    (posteriormente, Quênia) 212
  Subsaariana 21, 24
Agência moral 179, 197, 198, 201, 207, 247
Agenda 232, 234, 235, 300, 318
Agricultura 22, 26, 32, 41, 50, 51, 52, 70,
  100, 103, 107, 109, 111, 125, 136, 165,
  171, 200, 212, 249, 250, 251, 259, 261,
  266, 277, 292
Água 22, 24, 30, 42, 48, 50, 52, 54, 55,
  56, 59, 61, 66, 70, 71, 75, 76, 89, 91, 92,
  94, 95, 98, 100, 101, 111, 134, 136, 141,
  154, 155, 156, 165, 168, 169, 171, 177,
  181, 187, 194, 199, 214, 215, 219, 222,
  237, 238, 240, 241, 247, 256, 258, 265,
  266, 267, 275, 277, 282
Águas subterrâneas 170, 223, 262
Alberta, Canadá 98, 99, 283
Alimentos 22, 41, 49, 50, 52, 54, 59, 61,
  69, 70, 75, 87, 103, 108, 112, 113, 125,
  133, 147, 148, 149, 152, 153, 154, 167,
  187, 207, 208, 214, 225, 252, 256, 257,
  259, 262, 263, 275
Amadei, B. 281, 283
Amazigh, povo 282
Amazônia 220, 221, 237
América do Norte 65, 99, 100, 222, 249, 252
América Latina 21, 222
Anand, S. 194
Anasazi, povo 252
Antibióticos 199
Antiga Lei dos Pobres inglesa 106
Antropoceno 39, 57, 58, 91, 283

Antropocentrismo 197, 200, 201, 202
  humanista 200
  profundo 200, 201
Apropriação de terras 214
Aquecimento global 13, 24, 47, 57, 114,
  201, 228, 247
Arenas de dominação 240, 242
Argélia 236
Aristóteles 192, 224
Arizona 180
Armadilha população-alimento 103
Ártico 24, 57, 131
Ásia 21, 40
Atlântico 48, 67
Auroville Earth Institute 98, 283
Austrália 68, 129, 237
Avaliação Ecossistêmica do Milênio 30,
  74, 119

B

Bacias hidrográficas 214
Beck, U. 27, 28
Belize 263
Belo Monte 219, 220, 221, 231, 283
Besouro escolitíneo 90
Betume 100
Biocentrismo 202
Biodiversidade 13, 15, 23, 24, 32, 53, 54,
  57, 78, 95, 114, 136, 155, 165, 167, 184,
  200, 202, 233, 236, 245
  funcional 165
  perda de 23, 26, 53, 54, 57, 62, 76,
    111, 114, 131, 159, 164, 165, 167,
    168, 170, 232, 233, 245, 257
Biotecnologia 129
Boserup, E. 97, 102, 107, 108, 109, 110, 116
Boulding, K. 282, 283
Brasil 13, 137, 219, 220, 234, 238
Brundtland, G.H. 44, 116, 238
buen vivir 206
Bulletin of the Atomic Scientists 129, 130

321

C

Cabul 281
Caiapós 220
Canadá 65, 66, 67, 68, 98, 99, 100
Capacidade de carga 103, 105, 110, 114, 128, 133, 134, 145, 230
Capital 21, 29, 30, 70, 135, 146, 147, 150, 154, 193, 194, 229, 231, 237, 260
   humano 29
   natural 29, 30, 70, 135, 193
   social 29, 229, 230, 237
Capitalismo 19, 20, 26, 27, 132, 173, 211, 243
Carona 229
Carta da Terra 232, 237
Cassandra 115
Cavalo de Troia 115
Chaco Canyon 252, 253
Chennai 98
Chew, S. 270, 271, 272, 273, 274
China 21, 137, 234, 261
Cícero 183
Ciclo adaptativo 36, 79, 80, 81, 84, 85, 87, 88, 89, 91, 92, 94, 95, 158, 164, 172, 217, 253, 262, 263, 268
Ciclo de feedback 146
Ciclo do carbono 55, 136
Cidadania ecológica 195
Civilização harapeana 257
Civilização minoica 258
Clube de Roma 145, 152
Colapso da civilização 26, 37, 42, 239, 250, 259, 270, 273, 276
Colapso dos maias das terras baixas 249
Colheitas 24, 111, 134, 147, 169, 193, 236, 250, 256
Colonialismo 21
Combustível 50, 54, 110, 141, 214, 266, 281
Comissão Mundial sobre Florestas e Desenvolvimento Sustentável 235
Condorcet, Marquês de 102
Conferência das Nações Unidas sobre Meio Ambiente e Desenvolvimento 118, 232
Conferência Mundial sobre os Povos Indígenas na Rio+20 e a Mãe Terra 205
Conservação 23, 84, 87, 90, 95, 193, 202, 213, 218, 219, 232, 235
Constituição do Equador 208, 244
Consumo 19, 21, 27, 36, 43, 48, 50, 69, 70, 71, 73, 96, 101, 118, 119, 133, 134, 135, 136, 137, 138, 140, 141, 142, 146, 148, 152, 153, 154, 155, 172, 173, 177, 187, 189, 192, 210, 216, 224, 226, 227, 235, 243, 246, 251, 277

Contramovimento do Ceticismo Ambiental 26, 110
Controle de natalidade 235
Convenção-Quadro das Nações Unidas sobre Mudanças Climáticas 228
Convenção sobre a Diversidade Biológica 232
Cornucopianismo 110
Corrupção 150
Crescimento exponencial 85, 146, 166
Creta 257
Cretáceo 53
Cúpula Internacional de Povos Indígenas sobre Desenvolvimento Sustentável 206
Cúpula Mundial para o Desenvolvimento Sustentável 237

D

Daly, H. 27, 64, 73, 209
Dar es Salaam, Tanzânia 115
Declaração da Kari-Oca 2 206
Declaração de princípios juridicamente não vinculativa para um consenso mundial sobre a gestão 232, 235
Declaração do Milênio da ONU 118
Declaração sobre Meio Ambiente e Desenvolvimento 232
Deloria, V. 206
Departamento de Defesa dos Estados Unidos 260
Desenvolvimento sustentável 36, 73, 74, 78, 97, 116, 117, 118, 123, 124, 125, 126, 132, 155, 157, 188, 215, 234, 235, 243, 245, 247
Desertificação 28, 222, 231
Deserto de Sonora 249, 250, 253
Desigualdade 15, 22, 27, 30, 33, 50, 101, 118, 141, 151, 153, 156, 172, 179, 186, 187, 188, 189, 190, 194, 220, 235, 243, 246, 250, 252, 258, 282
Desmatamento 42, 214, 219, 220, 236, 237, 257, 262, 264, 265, 266, 272
Desnutrição 21, 22, 50
Determinismo ambiental 254, 278
Devoniano 53
Diamond, J. 254
Dióxido de carbono 24, 28, 55, 57, 89, 90, 95, 100, 136, 139, 143, 165, 166, 170, 171, 218, 228, 234
Direitos de propriedade 221, 226, 227, 228
Dobson, A. 151, 196, 210

E

Ecocentrismo 202
Economicismo 174
Ecossistemas marinhos 23
Egito 257, 274
Einstein, A. 129
Eisenhower, D.D. 260
Elkington, J. 174
Engenheiros Sem Fronteiras 281
Erosão 50, 52, 54, 76, 93, 148, 152, 183, 200, 213, 214, 219, 257, 262, 272, 277
Escala 30, 54, 60, 63, 67, 80, 87, 88, 89, 90, 99, 165, 171, 174, 176, 200, 213, 218, 233, 237, 240, 274, 276, 278
Escassez 36, 40, 42, 50, 55, 71, 75, 92, 97, 103, 105, 109, 112, 113, 152, 172, 225, 227, 252, 259, 260, 262, 275, 279, 281
Espaçonave Terra 115, 282, 283
Espiral de risco 265, 266, 268
Estados Unidos 13, 14, 16, 26, 28, 47, 51, 65, 66, 68, 87, 90, 95, 100, 109, 111, 115, 118, 122, 129, 141, 145, 170, 184, 187, 190, 193, 230, 234, 235, 241, 249, 253, 260, 281
Estrutura de oportunidades políticas 241
Estrutura problemática da sustentabilidade 35, 65, 69, 71, 118, 133, 175, 217, 275
Ética 35, 36, 76, 108, 179, 180, 182, 183, 184, 192, 194, 195, 196, 197, 198, 201, 202, 205, 206, 207, 208, 209, 276, 281
Ética da virtude 192, 195, 196, 198, 207
Ética deontológica 194
Ética feminista do cuidado 195
Ética utilitarista 192, 195, 205
Europa 20, 21, 40, 145, 211
Eutrofização 165
Excepcionalismo humano 114, 198, 254
Expectativa de vida 21, 49, 51, 60, 147, 148, 152, 154, 189
Exploração ecologicamente viável de todos os tipos de florestas 232, 235
Explorações industriais 199
Externalidades 101

F

Falha normativa 75, 76, 77, 216, 217, 273, 275, 276
Fermi, E. 129

Fertilidade 52, 68, 70, 91, 107, 146, 147, 266, 268
Filipinas 235
Fome 13, 21, 22, 67, 70, 87, 102, 103, 111, 113, 115, 118, 122, 135, 153, 189, 191, 215, 279
Formação do solo 30
Forrester, J. 145
Fórum Social Mundial 205
Fósforo 50, 57, 164, 165, 168, 266
Fuller, B. 44, 58, 80
Furacões 24

G

Gases de efeito estufa 15, 55, 63, 91, 93, 127, 210, 228, 234, 244
Gênero 22, 118, 157, 194, 214, 231
Georges, B. 65, 84
Gestão adaptativa 79, 89, 93, 158, 217, 239, 246, 247
Globalização 187, 235, 238, 281
Godwin, W. 97, 102, 105, 106, 107, 110
Goodall, J. 202, 203, 204, 205
Gramsci, A. 242, 243
Grande Cadeia do Ser 201
Graybeard, D. 204, 205
Grécia 257
Guatemala 263
Guepardo-asiático 25
Guerra 85, 103, 105, 130, 145, 150, 181, 204, 262, 266, 281
Guerra de Troia 115

H

Hardin, G. 108, 109, 114, 123, 133, 134, 224, 225, 226, 228, 230, 248
Hawking, S. 58
Hegemonia 240, 241, 242, 243, 273
Hempel, M. 123, 124
Heurística 92, 158, 168, 171, 172
Hidrato de metano 91
Hiroshima 129
Hohokam, povo 249, 250, 251, 252, 253
Holismo ecológico 205
Holling, C.S. 79, 80, 81, 82, 84, 91
Holocausto 198
Honduras 263
Hopi, povo 179, 180, 181, 182, 183, 319
Humanismo sustentável 16, 34, 185, 186, 280
Hunos 41

I

Idade das Trevas 37, 249, 269, 270, 271, 272, 273, 274, 276, 277, 278, 280
Idade do Bronze 274
Idade do Cobre 274
Igualdade de gênero 15, 282
Igualdade moral 194
Imperialismo 21, 277
Império Acadiano 257
Império Hitita 258
Império Romano 39, 40, 41, 48, 51, 60
Incêndios florestais 24, 55
Índia 21, 81, 98, 137
Índice de Desempenho Ambiental 156
Inflação 258, 273
Inglaterra 41, 123, 230
Instituições 29, 33, 34, 36, 76, 78, 127, 187, 190, 191, 199, 210, 211, 217, 218, 221, 222, 226, 228, 229, 230, 232, 237, 239, 245, 246, 247
Interação institucional 218
Intitulamento 112
Inundações 57, 252, 262
Islândia 13, 68

K

Kant, I. 178, 192, 196, 197
King, A. 145

L

Lavagem verde corporativa 217
Leakey, L. 204
Lee, K. 158
Lei natural 183
Leis de Cercamento 230
Lenape 48
Leopold, A. 47, 205
Liberalismo 20
Limiar 43, 52, 67, 76, 77, 80, 87, 89, 90, 91, 92, 131, 188, 262, 268
Limites planetários 36, 128, 157, 158, 164, 167, 171, 172, 173, 176
Lomborg, B. 151, 152
Los Angeles 115, 277

M

Maathai, W. 213, 214, 215, 216, 231, 283
Mãe Terra 98, 180, 205, 220
Maïni, S. 98, 283
Malária 24

Malthus, T. 97, 102, 103, 104, 105, 106, 107, 108, 109, 110, 116, 127, 131, 275
Marrocos 141, 282
Matson, P. 134
Mesopotâmia 250, 257, 258, 274
Metano 90, 169
Metas de Aichi 233
México 129, 249
Mill, J.S. 184, 192, 196
Mineração a céu aberto 100
Modelos climáticos 143
Moi, D. 212, 214, 215
Motins 213
Movimento ambientalista 151, 241
Movimento Anticivilização 26, 27
Movimento do Cinturão Verde 214, 215, 283
Movimento indígena mundial 205
Movimentos sociais 37, 81, 231, 240, 241
Mudanças climáticas 23, 26, 42, 47, 50, 55, 57, 63, 75, 90, 129, 130, 153, 154, 159, 164, 165, 166, 170, 171, 176, 185, 210, 211, 228, 229, 233, 234, 236, 240, 245, 257, 262, 271, 272
Mudanças de regime 83, 93

N

Nações Unidas 22, 85, 116, 118, 139, 144, 202, 228, 232, 238, 243, 247
Nagasaki 129
Negacionismo Climático 26, 28, 243, 283
Neoliberalismo 20, 99, 221, 236
Neolítico 274
Nitrogênio 57, 159, 164, 168, 169, 170, 171, 266
Norton, B. 46, 47, 79, 96, 202
Noruega 68, 116
Nova Inglaterra 66
Nova Zelândia 13, 68, 122, 244

O

Objetivos de Desenvolvimento do Milênio 22, 118, 119
Objetivos de Desenvolvimento Sustentável da ONU 23
OCDE 145
Oceano 24, 34, 56, 68, 90, 92, 95, 136, 161, 165, 171, 208
Oceano Antártico 84
Oceano Mundial 56, 57, 88, 223
O'odham 251, 253
Ophuls, W. 182, 183, 190, 209, 225
Ordem moral 179, 182, 183, 196, 280

Ordoviciano 53
Organização Mundial do Comércio 229, 233, 236
Oriente Próximo 250
Orr, B. 87, 88
Orr, D. 42, 43, 47, 63
Os limites do crescimento 36, 93, 128, 144, 191
Ostras 48
Ostrom, E. 29, 191, 226, 229
Overshoot 135

P

Pacha Mama 208, 244
Palestina 257
Panarquia 85, 87, 89, 90, 95, 96, 217, 262
Paradigma do Excepcionalismo Humano 197
Paradigma social dominante 20
Paris 115, 145, 228
Patrimônio comum da humanidade 223, 277
Peccei, A. 145
Pegada de carbono 142
Pegada ecológica 36, 128, 132, 133, 134, 135, 137, 139, 143, 148, 157, 178, 196, 210
Pegada hídrica 142
Peixe-relógio 84
Permiano 53
Perspectivas de vida 39, 188, 190, 280
Pesca 53, 57, 65, 66, 67, 68, 84, 85, 87, 88, 93, 114, 121, 222, 230
Pessoas não humanas 185, 203, 206, 244, 280
Petróleo 55, 69, 94, 100, 152, 154, 164, 189
Pinchot, G. 193
Platão 192, 201
Pobreza 13, 21, 22, 105, 109, 117, 118, 122, 151, 184, 188, 189, 282
Poderes centrais 269
Populações 13, 21, 41, 45, 55, 62, 66, 68, 84, 90, 93, 97, 99, 102, 105, 107, 111, 114, 115, 147, 202, 209, 211, 223, 231, 247, 254, 260, 275
Postura moral 197, 198, 200, 201, 207
Povos indígenas 48, 101, 205, 219, 220, 223
Primeiros Princípios 34, 36, 37, 65, 68, 74, 75, 77, 94, 130, 155, 158, 176, 191, 275, 279
Princen, T. 76, 77, 78
Princípio da diferença 33, 194, 211
Princípio da Precaução 131
Problemas de ação coletiva 36, 217, 222, 224, 229
Produtividade primária líquida 134
Programa Internacional da Geosfera-

Biosfera 245
Programa Internacional das Dimensões Humanas das Mudanças Ambientais Globais 245
Programa Mundial de Pesquisa Climática 245
Projeto Manhattan 129, 177
Protocolo de Kyoto 234
Pueblo, povo 252

Q

Quênia 212, 213

R

Raciocínio moral 179, 202, 208
Randers, J. 144, 145, 147, 153
Rawls, J. 33, 191, 194, 211
Realismo limitado 46
Rebelião Mau Mau 212
Recifes de coral 15, 56, 114
Rees, W. 132, 133, 137, 139
Reino Unido 28, 234
Relatório Brundtland 97, 116, 125, 137, 173, 221, 232
Relógio do Juízo Final 128, 129
Rendimento Máximo Sustentável 82
Resilience Alliance 81, 82, 92, 96
Resiliência 25, 40, 60, 77, 79, 83, 84, 87, 93, 111, 122, 123, 125, 136, 215, 217, 250, 254, 257
Responsabilidade social corporativa 174
Revolução Agrícola 49, 51, 274
Revolução Industrial 24, 49, 55, 59, 171, 272
Revolução Verde 103, 165
Rinoceronte-negro-ocidental 25
Roosevelt, F. 129
Roosevelt, T. 193
Rousseau, J.-J. 223
Rússia 21, 137

S

Salinização 250, 262, 272
Saneamento 23
Secas 24, 50, 57, 236, 237, 262
Segunda Guerra Mundial 51, 59, 60, 68, 128
Sen, A. 107, 112, 113, 194, 281
Serviços ecossistêmicos 29, 30, 49, 74, 75, 91, 119, 131, 139, 217, 262, 281
Sétima Grande Extinção 233
Sexta Grande Extinção 53, 63, 167, 233

Simon, J. 110, 114, 151
Sistema de Contabilidade Ambiental e
Econômica 139
Sistemas mundiais 249, 269, 270, 273,
274, 276, 278
Sistemas socioecológicos 36, 79, 80, 82,
84, 90, 91, 92, 93, 94, 177, 217, 248,
256, 280
Smil, V. 69, 96, 134, 135, 189
Soberania 87, 213, 228, 231, 241, 242, 282
Sociedade civil 14, 20, 37, 122, 127, 188,
215, 220, 223, 240, 241, 242, 246, 247
Subsistência 48, 75, 100, 102, 104, 112,
184, 213, 230, 262, 263, 268
Suécia 156
Sustentabilidade forte 73
Sustentabilidade fraca 73, 116

T

Tainter, J. 255, 256, 258, 259, 260, 261,
262, 278
Tanzânia 115, 203
Taxas de mortalidade 146, 189, 220
Terciário 53
Terra Nova 65, 66, 67, 68, 70
Tinker, G. 205, 206
Tragédia dos comuns 36, 224, 226, 228, 248
Transição demográfica 147
Três Es 35, 123
Triássico 53
Tripé da sustentabilidade 36, 72, 155,
157, 173, 174, 175

U

União Europeia 228
União Internacional para a Conservação
da Natureza 25
União Nacional Africana do Quênia 212
União Soviética 267
Urbanização 171, 266

V

Vale do Indo 257
Vândalos 41
Vaticano 235
Vitousek, P. 134, 169, 170, 223
Vulnerabilidade 54, 76, 84, 93, 122, 125,
185, 217

W

Wackernagel, M. 132, 136, 137, 139
Waters, F. 180, 181
Wollstonecraft, M. 105
World3 128, 144, 147, 148, 154

X

Xingu, Parque do 219

Y

Young, O. 29, 222
Young, Y.M. 185
Yucatán 263, 265
Yuman, povo 253

Z

Zimbábue 156
Zimbardo, P. 198
Zonas mortas 57, 165, 169
Zonas úmidas 54, 170, 234, 267

Conecte-se conosco:

 facebook.com/editoravozes

 @editoravozes

@editora_vozes

 youtube.com/editoravozes

+55 24 2233-9033

www.vozes.com.br

Conheça nossas lojas:

www.livrariavozes.com.br

Belo Horizonte – Brasília – Campinas – Cuiabá – Curitiba
Fortaleza – Juiz de Fora – Petrópolis – Recife – São Paulo

EDITORA VOZES LTDA.
Rua Frei Luís, 100 – Centro – Cep 25689-900 – Petrópolis, RJ
Tel.: (24) 2233-9000 – E-mail: vendas@vozes.com.br